AI시대, 미래형 인재 양육을 위한
식습관 지침서

강혜숙 박사의
내 아이를 위한 음식코칭

지은이 강혜숙

목차

프롤로그
- 건강한 모발을 가진 너에게_17
- 어차피 '이생망'인데_19
- 먹어야 면역이 생기지요_21
- 뭔가 자꾸 먹고 싶다_22
- 입력오류_24
- 과자를 너무 좋아하는 너에게_32
- 우리 아이도 음식중독일까?_34
- 쉽게 살찌는 비결, 야식_36
- 소아암과 ADHD_38
- 가공식품과 폭력성_41
- 가공식품과 인성_43
- 음식과 영혼_45
- 비만과 난임_47
- 살리느냐 죽이느냐 그것이 문제로다_49

01
그냥 내버려 두세요!

02
뭐가 문제라고 그래?

1. **내 돈 주고 사지 말 것들**_55
2. **물보다 흡수가 빠른 음료수**_57
   - 외식을 좋아하는 너에게_57
   - 음료수 효과_60
   - 치아와 뼈 건강_63
   - 스트레스를 풀기 위해 _65
   - 카페인과 성장호르몬_67
   - 카페인 섭취 경로_69
3. **어른도 좋아하는 햄과 소시지**_72
   - 미트볼 이야기_72
   - 소시지는 어느 부위로 만들까?_74
   - 더 착하고 순한 맛_76
   - 햄 없는 김밥_78
   - 김밥과 단무지 이야기_83
   - 단무지 실험_85
4. **아이스크림은 삼종세트**_87
   - 아이스크림 가족 이야기_87
   - 물과 기름을 연결하다_88
   - 유화제와 환경독소_90
   - 어디에 유화제가 많이 들었나?_92
   - 합법화된 마약_94
   - 산딸기 크림봉봉_95
5. **싸고 맛있는 과자**_97

- 여드름으로 고민하는 너에게_97
- GMO를 먹으면_99
- 제초제 내성 GMO의 위협_101
- GMO 과자의 성분_104
- 1회 제공량_106
- 약국에서 쇼핑을_108
- 자일리톨 껌_109
- 젤리는 돼지껍질_111
- 어린이 기호식품_112
- 사라지는 것들 _114

6. 암소의 피눈물, 우유_116
- 로라 이야기_116
- 완전식품이란?_117
- 칼슘 패러독스_120
- 1등급 우유_122
- 우유와 유기환경오염물질_123
- 1%의 맛_125

7. 음식이란 이름의 쓰레기_126
- 정크푸드란?_126
- 슈퍼사이즈 미_128
- 걸작 혹은 쓰레기_129
- 담배를 선택하듯이_131
- 반수치사량_133
- 생체실험_136
- 라면은 환경 파괴의 주범_138
- 라면 대화_139

03
그래서 어쩌라고?

1. 좋은 식습관 들이기 위한 준비_145
- 도대체 뭘 먹어야 할까 _145
- 습관 반전 훈련_149
- 신호 포착하기 _150
- 습관은 정체성_153
- 텔레비전 끄기_155
- 배경 바꾸기_158
- 물 잘 마시기_159

2. 섬유질이 많은 식품 먹기_162
- 섬유질은 조절물질_162
- 현미 전도사에게_164
- 생명이 있는 현미_166
- 아이가 현미를 먹어도 될까?_169
- 장 건강과 피틴산_172
- 완전 현미밥상_174
- 허리둘레 감사_176
- 건강하게 살찌고 빼는 방법_178

3. **제철 음식 먹기_180**
   - 우리 몸과 조화를 이루는 음식_180
   - 가공 저장법의 탄생_182
   - 냉장고가 멈춘 날_184
4. **좋은 단백질과 지방 먹기_186**
   - 좋은 단백질과 나쁜 단백질_186
   - 부자와 간암 이야기 _188
   - 소는 어떻게 근육이 많을까?_189
   - 단백질을 많이 먹으면 손해_190
   - 우리의 친구 지방_194
   - 필수지방산과 트랜스지방산_195
   - 지방은 하루에 얼마나 먹으면 될까? _199
5. **다양한 빛깔 먹기_201**
   - 다양한 빛깔이 주는 영양 지혜_201
   - 부분의 합이 전체일까?_203
   - 생으로 조금 먹어보기 _206

04
진짜 가능해?

1. **'내 돈 주고 사지 않기'의 뜻_213**
   - 포크로 투표하기_213
   - 가정경제에도 이득_215
   - 아이 미래에 투자하기_218
2. **밥상 하브루타 _220**
   - 마음 하나 되기 _220
   - 밥상 하브루타 주제 100선_222
   - 음식 하브루타 하기 좋은 그림책_225
   - 음식 하브루타 하기 좋은 영상_228
3. **식습관 개선 프로젝트 :
   건강한 공동체에서 음식 경험 다시 배우기_230**
   - 지식에서 행동으로_230
   - 한 주간 식단 기록하기_232
   - 일주일에 하루만이라도_236
   - 하루 더 건강하게_243
   - 가공식품은 일주일에 하루만_247
   - 꿈속에서도 자연식_251
   - 가공식품이라는 낙타_253
4. **21일간의 도전 후기_255**
   - 식습관 개선 프로젝트 참가자 후기_259
5. **건강한 먹거리 판매처_263**

에필로그 : 자연밥상의 힘으로_266

부록 : 가공식품 없는 건강 레시피 모음_268

추천사

헌법 제35조 1항은 "모든 국민은 건강하고 쾌적한 환경에서 생활할 권리를 가지며 국가와 국민은 환경보전을 위하여 노력하여야 한다"라고 건강권을 명시하고 있다. 그러나 안전하고 건강한 식품을 섭취하고자 하는 국민 모두의 바람은 아직 이루어지지 않고 있다. 안전하고 건강한 식품은 유전자의 발현에 긍정적인 영향을 미친다. 이는 궁극적으로 개개인의 건강 상태에 변화를 가져옴으로써 적극적인 삶을 살아갈 수 있다. 하지만 식품에 관한 올바른 정보와 지식이 없으면 건강하고 행복한 삶이란 불가능하다.

21세기는 우리 아이들의 시대이며 또한 식품의 시대이다. 다음 세대를 짊어질 아이들이 건전한 사고를 하려면 올바른 식생활 습관이 중요하다. 《강혜숙 박사의 내 아이를 위한 음식 코칭》의 발간은 참 시의적절하고, 올바른 길로 인도하는 이 시대의 지침서가 되리라고 믿어 의심치 않는다.

우리는 식품을 맛으로 먹거나 끼니를 때우는 정도로 여긴다. 식품의 안전성과 기능성이나 영양의 균형에는 대체로 무관심하다가 체력과 기력이 떨어지고 병이 생기면 비로소 영양이라든가 위생, 식단에 신경을 쏟게 된다. 그러나 무엇보다 중요한 것은 어려서부터 건강한 식생활에 관해 올바로 배우고 실천하는 것이다.

《강혜숙 박사의 내 아이를 위한 음식 코칭》은 바로 그 해답을 제시하고 있다. 질병의 대부분은 지금까지 섭취한 매일 매일의 식사에 좌우되므로 먼저 가공식품 줄이기와 식습관 개선이 필수적이다. 물론 환경의 영향도 고려해야 한다. 유전적 특성으로 형성된 성격이 스트레스에 취약하거나 사회적, 문화적 환경으로 오는 스트레스 또한 질병을 일으키는 결정적 요인이 된다. 세균이나 바이러스 같은 미생물만 질병을 일으키는 것은 아니다. 가공식품 섭취로 필수 불가결한 영양소가 결핍되거나 그에 따른 생체 기관의 기능 부전으로 질병이 발생할 수 있다. 그런 상황에서는 병원균이 더 잘 침투하고 증식할 것이다.

이 책을 통하여 내 아이뿐만 아니라 자신의 건강을 지키는 가장 바람직한 식생활 습관을 배울 수 있다. 건강을 위한 우리들의 바람은 올바른 지식을 습득함으로써 상당부분 해결할 수 있다. 그동안 이렇게 유익한 책을 집필하느라 수고하신 강혜숙 박사에게 격려와 박수를 보낸다.

최재수
부경대학교 연구특임교수 · 명예교수(약학박사) /
전 부경대학교 식품영양학과 교수

프롤로그

가공식품 없이

　아이가 아침에 일어나서 하는 첫 번째 말은 "엄마, 배고파요.", 아침밥 먹으면서 묻는 말은 "오늘 점심은 뭐예요?"입니다. 우리 집 세 아이는 식습관이 모두 다릅니다. 먹긴 잘 먹는데 먹어본 것이나 자극적인 것만 먹는 아이, 평소 먹는 양은 적지만 빵이라면 자다가도 눈을 번쩍 뜨는 아이, 뭐든 눈에 보이는 대로 계속 먹는 아이…. 그렇다 보니, 음식 하나를 만들어도 잘 안 먹는 아이가 꼭 하나는 있습니다.

　그중 한 아이에게 음식중독 증상이 있어서 식습관 개선 프로젝트로 '가공식품 없는 21일'을 시작했습니다. 간단하지만 편리함보다 정성을, 패스트푸드보다는 슬로푸드를 만들어 먹였습니다. 그 덕분에 부모도 건강해졌습니다. 프로젝트를 막 시작할 때는 자연밥상을 차리는 것보다 온 가족의 마음을 모으는 것이 가장 어려웠습니다. 아이들은 부모 몰래 기회를 엿보고, 외출하면 여기저기서 손짓하는 유혹이 많기 때문입니다. 다행히 한 사람이 흔들리지 않으니 프로젝트를 성공시켰습니다. 가공식품이 없어도 아이들이 맛있게 잘 먹었습니다.

　프로젝트 이후에 달라진 점이 있습니다. 아이가 절제하는 모습이 보였습니다. 우리 뇌에 예전 습관이 그대로 기록돼 있어서 때로 몰래 먹기도 합니다. 그래도 절제는 뇌의 보상경로를 중독 이전으로 되돌려 주는 효과가 있습니다. 두 번째 달라진 점은 아이가 가공식품을 먹을 때면 어김없이 아토피 증상이 나타나서 뭘 먹었는지 숨기기 힘들다는 것입니다. 가공식품의 폐해를 직접 경험했기 때문에 언젠가는 스스로 분별할 수 있으리라 기대합니다.

우리는 가공식품을 권하는 사회에 살고 있습니다. 광고와 미디어를 통해 막강한 자본 세력이 우리를 세뇌시켰습니다. 현대인은 가공식품 없이 살 수 없다고…. 먹는다는 것은 생명의 교류입니다. 생명력 있는 자연식을 먹는 습관을 만들어 주는 것은 아이의 미래에 투자하는 것입니다. 자연식을 먹은 아이는 가공식품을 먹은 아이보다 천천히 자랄 수도 있지만, 건강하고 활기찬 삶이라는 아이템을 얻습니다.

이 책에 가공식품 없이 살아가는 방법을 적었습니다. 가공식품이 아이에게 어떤 영향을 미치는지 궁금한 분, 음식에 관한 정보가 너무 많아 헷갈리는 분, 건강한 요리법을 알고 싶은 분께 이 책이 도움이 될 것입니다. 식습관은 유전이 아니라 학습된 것입니다. 따라서 아주 작은 것부터 하나씩 실천하면 좋은 식습관이 들게 할 수 있습니다. 식습관을 바꾸기에 너무 늦은 때란 없습니다. 양육자가 포기하지만 않으면 됩니다. 자연식이 모든 아이의 건강을 보장하지는 않지만, 가공식품으로는 아이의 건강을 보장할 수 없기 때문입니다.

01

AI시대, 미래형 인재 양육을 위한 식습관 지침서

강혜숙 박사의 내 아이를 위한 음식코칭

1장
그냥 내버려 두세요!

1장
그냥 내버려 두세요!

건강한 모발을 가진 너에게

태연아!

너의 머리숱과 건강한 모발은 정말 부러워. 가끔 네 머리카락의 일부를 엄마한테 주면 좋겠다고 생각할 때가 있어. 엄마에게는 줄 수 없지만 다른 친구들에게 줄 수 있다니 얼마나 다행이니. 몇 년 전에도 큰 결심을 해 주었지. 자르기 전날까지만 해도 싫다고 하더니만 자르고 나서 예쁜 미소로 인증사진 찍어줘서 얼마나 사랑스러웠는지 몰라.

머리가 길면 예쁜 머리끈이나 머리핀으로 묶을 수도 있고, 머리를 땋을 수도 있지. 머리 모양도 기분에 따라 다양하게 바꿀 수 있어. 머리를 짧게 자르고 싶을 때도 있지. 그렇다고 그냥 잘라서 버리기에는 네 머리카락이 너무 아까웠어. 너의 긴 머리카락이 필요한 사람이 있대. 그 머리카락을 그냥 버리지 말고 필요한 사람을 위해 사용하면 좋겠더라고.

너처럼 긴 머리카락을 보내주면 그걸로 소아암 환자를 위해 가발을 만든대. 암에 걸린 어린 친구가 항암치료를 하다 보면 머리카락이 자꾸 빠져서 암을 치료하는 동안은 머리를 아예 밀어버리지. 게다가 소아암 환자가 계속 늘어나는가 봐.

최근에는 코로나가 심하게 걸려서 입원했는데 백혈병으로 발전된 친구도 있더라고. 텔레비전에서 환자복 입고 마스크 쓰고 손에는 주삿바늘을 꼽고 힘이 없어서 휠체어에 타고 이동하는 친구들을 본 적이 있을 거야.

만약 네게 머리카락이 하나도 없다면 마음이 어떨 것 같아? 물론 태연이는 머리카락이 없어도 예쁠 거야. 하지만 거울을 볼 때마다 뭔가 허전하고 슬플지도 몰라. 하지만 누군가 선물한 가발을 쓰고 거울 앞에 서면 이제 병이 다 나은 것 같다는 생각이 들고 힘이 날 것 같아. 우리 태연이는 기쁨을 누리고 나누는 사람이잖아. 아픈 친구들에게도 태연이가 기쁨을 나눠줄 수 있는 좋은 방법인 것 같아. 그리고 머리를 자르면 네가 더 성숙해 보이고 키가 더 커 보여.

다시 한번 네 머리카락을 다른 친구를 위해 나눠줄 수 있을까? 소아암 환자를 위한 가발을 만드는 어머나(어린 암환자를 위한 머리카락 나눔) 운동본부에 모발을 보내면 된대. 네가 나눌 마음이 생기면 알려줘. 네가 어떤 결정을 해도 엄마는 널 사랑하니까 부담 갖지마.

태연이를 사랑하는 엄마가

어차피 '이생망'인데

얼마 전에 큰아이가 잠자다가 코가 막혀서 깊은 잠을 못 이루고 뒤척였습니다. 코가 막히는 것 외에 다른 증세는 없어서 이비인후과를 찾아갔습니다. 의사는 콧속을 들여다보더니 알레르기성비염이라며 약을 꾸준히 먹고, 코에 뿌리는 노잘 스프레이를 꾸준히 사용하면 낫기도 한다고 했습니다. 다시 말해 알레르기성비염은 잘 낫지 않는 고질병이란 말입니다. 어쩌다 고질병이 되었을까요?

작년에 제가 건강검진을 했더니 위내시경 결과 장상피화생 소견이 보인다고 했습니다. 장상피화생이 진행되면 위암이 될 수 있다고 합니다. 오래된 증상이기도 해서 어떤 음식을 먹지 말아야 하는지 물었더니 의사는 이렇게 말했습니다. "한국 사람이 김치같이 짜고 매운 것을 안 먹을 수 있겠어요? 그냥 먹던 대로 드시고, 약으로 조절하면 됩니다." 참 편리한 제안이지만 음식에는 신경 쓰지 않아도 될까요?

요즘은 20~30대에 암으로 사망하는 비율이 증가하고 있습니다. 암 외에도 희귀한 병이 정말 많습니다. 아토피라는 말도 30년 전만 해도 드물게 있는 희귀한 난치병이라 생각했는데, 이제는 일반 피부질환이 되었습니다. ADHD(Attention Deficit Hyperactivity Disorder: 주의력결핍 과잉행동장애)도 흔해졌고 알레르기성비염이나 천식이 있는 사람, 당뇨나 비만, 암환자도 집안에 한두 명은 있습니다. 이런 병이 생긴 원인이 뭘까요?

원인을 알 수 없는 병이 많아서 약은 대부분 증상 완화에 초점을 맞춥니다. 암처럼 목숨을 위협할 수 있는 병에도 음식에 관한 조언을 듣기가 힘듭니다. 식사보다는 약으로 조절하라는 말은 환자와 의사 모두에게 편리하기 때문입니다. 그러나 많은 병의 원인은 우리의 생활습관에 관련됩니다. 비만이나 당뇨는 잘못된 식생활에서 오는 대표적 질병입니다. 위암이나 대장암 외에도 음식이 암의 원인인 경우가 많습니다. 아토피나 알레르기성비염, 천식, ADHD를 일으키는 원인이 되는 성분이 무엇인지 콕 집어 말할 수 없지만, 첨가물이 들어간 가공식품을 먹지 않았을 때 증상이 호전되는 것은 확실합니다.

그러나 바쁜 현실에 가공식품 없이 어떻게 밥상을 차릴 수 있느냐고, 먹고 싶은 것도 못 먹으며 사는 것이 삶이냐고 항변하고 싶을 겁니다. 어차피 '이생망(이번 생은 망함)'인데 하고 싶은 대로 하게 두라는 말입니다. 지구상에 인구가 너무 많으니 짧고 굵게 사는 것이 지구를 위하는 길이라고 말하는 이도 있습니다.

내 몸을 위해서라면 어떤 음식을 먹고 어떤 병이 걸린다 해도 그것은 내 선택이니 결과도 받아들일 수 있습니다. 하지만 아이는 선택권이 없을 뿐만 아니라 어떤 음식이 몸에 좋고 나쁜지 잘 모릅니다. 다만 입에 맛있다는 정도를 알 뿐입니다. 부모가 줘서 먹기 시작한 음식이 아이의 몸을 상하게 하고 있다면 한번쯤 고민해 봐야 하지 않을까요? 맛있게 먹은 간편한 음식이 내 아이를 아프게 하고, 음식만 바꿔도 건강할 수 있다면 고민하지 않을 수 없습니다.

먹어야 면역이 생기지요

제가 음식 분별 강의를 한 이후 우리 아이들은 GMO(Genetically Modified Organism: 유전자변형식품)이나 색소, 보존료 같은 식품첨가물에 관한 지식이 생겼습니다. 이것이 왜 문제인지 자세히는 모르지만, 설탕이 많이 들어간 과자나 청량음료, 껌이 몸에 좋지 않다는 것은 알고 있습니다. 하지만 내용은 잘 모르고 겉만 아는 지식을 삶에 실천하기는 어렵습니다. 특히 익숙하게 여기던 것, 내가 편하고 좋다고 여기던 것을 배제해야 할 때는 더욱 그렇습니다. 머리로 제대로 아는 것과 아는 것을 실천하는 것은 많이 다른 일입니다. 머리에서 가슴으로 45cm 내려오는 것도 힘든데, 손과 발이 있는 1m 너머로 전달되려면 두 배 이상의 노력과 의지가 필요합니다. 아이에게 가공식품을 먹이지 말라고 하면, 많은 엄마는 이렇게 얘기합니다.

"그런 음식도 먹어야 면역이 생기지요. 안 먹고 살 수는 없잖아요."
"밖에 나가면 어차피 다 먹으니까, 그냥 사 줘요."

어린이집이나 유치원에서 소풍갈 때면 아이들에게 간식을 하나씩 가져오라고 합니다. 대부분의 아이는 과자와 음료수를 싸 갑니다. 저는 수제쿠키나 과일, 물을 싸 주었습니다. 다행히 우리 아이들은 자기 간식을 자랑스러워했습니다.

그런데 이제 좀 컸다고 아이가 달라졌습니다. 교회나 청소년센터 모임에 가면 과자, 핫도그, 햄버거, 치킨, 피자 같은 것을 간식으로 줍니다. 집에서 먹지 못하는 것을 본 아이는 눈이 똥그래지면서 손과 입으로 그런 것을 영접해 들입니다. 이런 정크푸드를 계속 먹으면 면역이 생길 거라며 계속 먹어도 괜찮을까요? 우리 아이처럼 아토피성 피부질환이 있는 아이들도 먹으면 면역이 생겨서 나아질까요? 나이가 들면 아토피가 저절로 나을까요?

뭔가 자꾸 먹고 싶다.

지난여름에 있었던 일입니다. 먹고 또 먹어도 허기진 느낌이 며칠 지속되었습니다. 한동안 먹지 않았던 달콤한 아이스크림이 자꾸 머릿속에 떠올랐습니다. 스트레스가 늘었는지, 늦더위 때문인지 아무튼 아이스크림 생각이 떠나지 않았습니다. 아이스크림을 하나 사서 먹으니 기분이 좋아졌습니다. 그런데도 뭐가 부족한지 다음 날도 그다음 날도 달콤한 것을 찾고 있었습니다. 미숫가루에 꿀을 잔뜩 넣어 먹어보았지만 역시 그뿐이었습니다.

뭘 먹으면 이 증세가 사라질까 고민하면서 마트에 갔다가 로컬푸드 판매대에서 호박잎과 풋고추가 눈에 띄었습니다. 호박잎은 때 지나면 더는 볼 수 없는 귀한 식재료입니다. 고추는 하우스 재배한 것과 달리 자연 치유 흔적이 있고 살짝 구부러진 것이 공판장에서 좋은 등급을 받는 매끈한 고추와 달리 뭔가 야생의 힘이 느껴졌습니다.

호박잎은 줄기 쪽에서 살살 꺾어 가며 거친 껍질을 조금 벗겨내고, 물로 씻어서 찜통에 넣어 쪄냈습니다. 진한 초록색이 된 호박잎을 꺼내 채반에 밭쳐 한김 식힌 다음 초록빛 물기를 꾹 눌러 짜냈습니다. 멸치액젓에 대파와 마늘, 통깨, 고춧가루, 들기름을 넣고 양념장을 만들었습니다. 고추를 찍어 먹을 된장에 들기름과 깨를 추가하니 군침이 돌았습니다. 호박잎쌈과 풋고추를 먹고 나니 뭔가를 갈망하는 증세가 사라졌습니다. 그제야 내가 왜 그렇게 달콤한 것이 먹고 싶었는지 알아챘습니다. 에너지가 잘 만들어지지 않았던 모양입니다.

우리가 흔히 말하는 '몇 칼로리를 먹었다'고 하는 것은 그만큼의 에너지를 만들어 낼 가능성이 있는 원료를 먹었다는 뜻입니다. 500kcal를 먹었다고 우리 몸에서 그만큼의 에너지를 다 만드는 것은 아닙니다. 음식이 에너지가 되려면 소화·흡수 과정을 거쳐 세포 안으로 들어가야 합니다. 거기서 포도당을 분해하는 해당 과정과 전자전달 과정을 거쳐야 ATP(Adenosine triphosphate: 아데노신삼인산)라는 에너지가 만들어집니다. ATP가 있어야 뇌에서부터 발가락까지 움직일 수 있습니다. 이때 비타민과 무기질이 개입해 보조효소로 작용하지 않으면 아무리 많이 먹어도 충분한 에너지를 만들어 낼 수 없습니다. 에너지가 없으니 사람이 쉽게 지치고 피곤해집니다.

우리 몸은 필요한 영양소와 음식을 연결 지어서 기억하고 있습니다. 뭔가 결핍되면 자꾸 먹고 싶어집니다. 이것저것 닥치는 대로 먹다가 그 성분이 충족되면 그제야 식욕이 줄어듭니다. 그 음식에 어떤 성분이 들어 있는지는 잘 몰라도 우리 몸은 그 필요를 채우고 나면 그 과정을 세포가 기억합니다. 프레드 프로벤자 교수는 오랜 세월 축적된 '세포의 기억력'으로 우리는 먹고 싶은 음식을 찾을 수 있다고 말합니다. 세포의 기억력은 대를 이어 유전되기도 하고 현재 식습관이 기록되어 업데이트되기도 합니다.[1]

그런데 비타민과 무기질이 필요한데 엉뚱하게도 왜 아이스크림을 원했을까요? 그동안 그렇게 연결해 놓았기 때문입니다. 이것이 바로 '입력오류'입니다. 가공식품이 슈퍼마켓 판매대를 점령한 이후 우리의 미각은 자연스러운 맛보다는 가공된 맛에 길들여졌습니다. 자연식품 대신 가공식품을 먹으면서 미량영양소 갈망 현상을 포만감으로 눌러버렸습니다.

> *** ATP 생성 과정 :** 한 분자의 포도당(glucose)이 세포로 들어가면 세포질에서 먼저 해당 과정(glycolysis)을 거쳐서 두 분자의 피루브산을 만듭니다. 이어서 피루브산이 세포 소기관인 미토콘드리아로 이동하여 크레브스 회로를 거치면서 NADH 3분자와 $FADH_2$ 1분자 같은 고에너지 단위를 생성합니다. 이후 미토콘드리아 내막에서 전자를 전달하는 과정을 거치면 포도당 한 분자로부터 ATP를 최대 38분자까지 생성합니다. NAD(Nicotinamide Adenine Dinucleotide)와 FAD(Flavin Adenine Dinucleotide)는 비타민B군인 니아신과 리보플라빈이 함유된 조효소입니다. 이런 비타민과 무기질은 우리 몸에서 합성되지 않기 때문에 반드시 음식으로 섭취해야 합니다.

---

[1] 프레드 프로벤자, 영양의 비밀, Bronstein (2020).

입력오류

입력오류란 자신에게 어떤 영양소가 필요할 때 몸에 필요한 영양소가 없는 엉뚱한 음식을 섭취함으로써 영양소와 음식이 잘못 짝지어진 것을 세포가 기억하는 현상입니다. 이로써 다음에 어떤 영양소가 필요할 때 그 가공식품을 연상하게 됩니다. 마치 스마트폰에서 어떤 파일을 열 수 있는 앱을 항상 이것으로 사용하겠다고 잘못 입력해 놓은 것과도 비슷합니다. 입력오류는 음식중독으로 가는 과정입니다.

가공식품이 보급된 이후 우리의 미각은 달고 기름진 맛에 익숙해져서 자연의 맛을 잘 느끼지 못합니다. 채소 대신 가공식품을 배가 빵빵해지도록 먹고 나면 너무 배가 불러서 소화가 잘 안 되니 불쾌하고, 더는 건강한 음식이든 뭐든 먹고 싶은 생각이 사라집니다. 이런 입력오류는 우리 몸을 서서히 병들게 합니다.

입력오류의 대부분은 비타민이나 미네랄이 부족할 때 칼로리가 높은 음식을 찾습니다. 정밀검사를 하지 않고는 우리 몸에 어떤 영양소가 부족한지 정확히 알아낼 수는 없습니다. 그러나 아이의 식사일지를 꼼꼼히 적어 보면 식사에 어떤 문제가 있는지 발견할 수 있습니다. 아이가 언제 무엇을 얼마만큼 먹었는지 음식의 종류, 양, 시간을 일주일간 기록하면 아이의 식습관이 어느 정도 파악됩니다.

아이가 좋아하는 가공식품에는 비타민과 미네랄이 부족하고 정제당, 나트륨, 포화지방산, 식품첨가물이 많이 함유되어 있습니다. 이런 입력오류는 비타민과 미네랄 부족 현상에 따른 갈망이라고 볼 수 있습니다. 먹을수록 에너지는 생기지 않고 살만 찝니다. 먹은 음식이 에너지로 바뀌지 않고 대사 과정에서 열만 생겨서 몸이 덥고 건조해져서 가렵기도 합니다. 이렇게 에너지가 부족하면 쉽게 지치기 때문에 바깥에 나가 놀기도 싫고, 나가지 않으면 활동량이 줄어서 살이 찌는 악순환이 이루어집니다.

미량영양소가 부족하면 건강기능식품으로 종합비타민과 미네랄을 섭취하면 되지 않을까

묻습니다. 그것도 하나의 방법이긴 합니다. 그러나 잘 생각해 보면 이중 낭비입니다. 정크푸드를 먹고 영양제로 영양소를 보충하는 방법과 건강한 음식으로 영양소를 보충하는 방법 중 어느 쪽이 나을까요? 대부분이 후자를 선택합니다. 그러나 생각과 달리 우리 몸은 전자를 따라갑니다. 그만큼 정크푸드는 한 번 맛보면 빠져나올 수 없는 중독성이 있다는 의미입니다. 바쁜 일상에 지친 현대인에게 정크푸드는 뻔뻔스러운 유혹입니다.

우리가 음식을 먹는 이유는 에너지를 얻기 위해서입니다. 정크푸드를 먹은 후 영양제를 먹어야만 에너지를 만들 수 있다면, 영양제 값을 합친 가격이 정크푸드의 실제 값이 됩니다. 처음부터 영양소가 고루 들어 있는 음식을 먹는다면 굳이 영양제를 사 먹지 않아도 됩니다. 우리나라 고유의 한식이야말로 입력오류를 최소화할 수 있는 가성비 높은 밥상입니다.

> **Tip. 어떤 때 입력오류가 생기기 쉬울까요?**
>
> - 인스턴트나 가공식품 위주로 먹을 때
> - 라면이나 국수 같은 탄수화물 위주로 먹을 때
> - 밥을 국물에 말아서 반찬 없이 먹을 때
> - 꼭꼭 씹지 않고 허겁지겁 먹을 때
> - 스트레스를 처리하느라 에너지를 다 써버렸을 때

> **Tip. 입력오류를 방지하려면**
>
> - 뭔가 먹고 싶을 때 후보 식품에서 가공식품 제외하기
> - 주변에 과일, 채소, 견과류 같은 건강한 먹거리 배치하기
> - 가공식품을 권하지 않는 느슨한 공동체와 함께하기

Tip. 영양제가 도움이 되지 않는 이유

- 같은 영양소라도 식품에 있는 것보다 흡수율이 낮아서
- 합성 과정에서 생기는 이성체 화합물의 부작용 때문에
- 과량 복용하면 독이 될 수 있으므로
- 안전성이 보장되지 않은 저렴한 GMO 원료를 사용하므로
- 오히려 몸의 불균형을 초래할 수 있기 때문에

Tip. 미량영양소 결핍 증상

평소와 달리 아이가 힘이 없고 얼굴이 창백해요 : 적혈구 형성과 관련된 철분이나 엽산, 비타민B12가 부족하다는 뜻일 수 있습니다. 철분이 많은 녹황색 채소나 해조류, 붉은 살코기를 먹이면 철분과 엽산, 비타민B12를 동시에 보충할 수 있습니다. 대변 색을 통해서 아이가 출혈성 질환이 있는지도 점검하면 좋습니다. 붉은 혈액이 보이는 경우는 직장이나 항문이 찢어진 경우이고, 검은 변을 보면 위장에 출혈이 있는 경우입니다. 물론 변이 검다고 다 출혈은 아닙니다. 전날 먹은 음식의 색이 변에 반영되는 경우도 있으니 아이가 뭘 먹었는지 생각해 봅시다. 쑥떡이나 미역, 김, 블루베리, 아로니아 같은 진한 색 음식을 많이 먹었을 때 변이 검거나 어두운 초록색이 되기도 합니다. 여름에 수박이나 토마토를 많이 먹으면 변이 붉어지기도 합니다. 그런 경우가 아닌데도 대변이 검거나 피가 섞여있다면 병원을 반드시 찾아가야 합니다.

양치질할 때 잇몸에서 피가 자주 나거나 몸에 멍이 잘 들어요 : 비타민C 부족입니다. 고추 같은 생채소와 감귤류 같은 새콤한 과일을 섭취하면 비타민C를 보충할 수 있습니다. 피부나 뼈, 근육, 혈관, 연골 같은 결합조직을 구성하는 데는 콜라겐이라는 단백질이 있습니다. 콜라겐은 세 가지 아미노산이 연결되어서 만들어지는데, 셋을 하나로 합체하기 위해서는 비타민C가 필요합니다. 물론 조심성이 없어서 자주 부딪히고 멍이 드는 것은 영양소 부족과 관련이 없습니다. 증상은 비타민C 부족과 비슷하지만 원인이 전혀 다른 경우도 있습니다. 피가 자주 나는 건 비슷하지만, 한번 피가 나면 잘 멎지 않는다거나 다칠 만한 부위가 아닌데 멍이 들었으면 혈소판 감소증이나 백혈병, 혈우병 같은 질환에 따른 증상일 수도 있으니 정밀 검사가 필요합니다.

무기력증이나 우울감이 있습니다 : 비타민D와 비타민B군이 부족한 경우일 수 있습니다. 실외 활동을 거의 하지 않고, 밖에 나가도 햇빛에 노출되는 면적이 작아서 비타민D가 부족할 확률이 높습니다. 비타민B군은 현미, 비타민D는 말린 버섯에 많이 들어 있습니다. 정크푸드를 많이 먹으면 장내에서 세로토닌 형성이 줄어들면서 우울해지기도 합니다. 아이든 어른이든 생활환경을 잘 살펴보고 우울의 원인을 찾아 해결하십시오. 우울증세가 심하면 심리상담이나 항우울제의 도움도 필요합니다.

만날 감기를 달고 살아요 : 미량영양소(비타민과 무기질)가 부족해서 면역이 떨어진 것으로 보입니다. 바이러스에 감염될 환경에 있다고 해서 모든 사람이 감염되지 않는 걸 보면 개인 면역의 차이를 느낄 수 있습니다. 감기에 걸려 소아과에 가면 영양제를 권합니다. 손쉬운 방법입니다. 아이가 아플 때는 영양제도 필요하지만 영양제에만 의존하지 말고 식습관을 바꿔 봅시다. 그러면 영양제가 필요하지 않습니다. 게다가 아이들 영양제에는 단맛이 많아서 입맛을 떨어뜨리는 원인이 되기도 합니다. 면역에 중요하다고 알려진 아연을 잘 섭취하려면 굴, 붉은 살코기, 현미 같은 통곡물이나 콩류, 표고버섯, 견과류에 아연이나 미량영양소가 많이 함유되어 있습니다.

비타민(Vitamin)

비타민은 탄수화물, 지방, 단백질처럼 에너지원은 아니지만 에너지를 만드는 과정 즉, 대사 과정에 꼭 필요한 성분입니다. 비타민이 없을 때는 생명이 위험해져서 생명을 뜻하는 'vital'과 아민기의 'amine'이 합쳐진 말입니다. 그러나 모든 비타민에 아민기가 있는 것이 아니라서 '-e'를 빼고 'vitamin'이라고 쓰게 되었습니다.

비타민은 물에 녹는 수용성 비타민과 기름에 녹는 지용성 비타민으로 나뉩니다. 비타민A, D, E, K는 지용성 비타민이라서 많이 섭취하면 간이나 지방조직에 저장됩니다. 비타민 B군과 비타민C가 수용성 비타민인데 이들은 많이 먹어도 필요한 만큼만 사용하고 나머지는 소변으로 배출됩니다.

지용성 비타민(기름에 녹는 성질을 띤 비타민)

비타민A(레티놀, β-카로틴) : 시력 유지, 골격과 치아 성장, 생식에 중요합니다. 레티놀은 간, 장어, 다랑어, 버터, 달걀노른자 같은 동물성 식품에, β-카로틴은 녹색과 노란색을 띠는 채소와 과일에 들어 있습니다.

비타민D(D$_2$: 에르고칼시페롤, D$_3$: 콜레칼시페롤) : 골격을 형성하고 혈액 속 칼슘을 일정하게 유지시키는 역할을 합니다. 햇빛을 받으면 우리 몸에서 합성됩니다. 말린 버섯에 가장 많고 삼치, 정어리, 고등어, 달걀에도 있습니다.

비타민E(토코페롤, 토코트리에놀) : 항산화 비타민입니다. 노화물질이 우리 몸에 쌓이는 것을 막아주고, 재생산에 관여합니다. 식물성기름, 견과류, 콩류, 종실류, 녹황색 채소에 들어 있습니다.

비타민K(K$_1$: 필로퀴논, K$_2$: 메나퀴논, K$_3$: 메나디온) : 혈액응고 단백질인 프로트롬빈을 합성하고, 뼈 형성에 관여하는 오스테오칼신 합성에 필요합니다. 장내 박테리아가 합성하고 고춧잎, 머위, 취나물, 시금치, 배추우거지 같은 녹황색 채소, 곡류, 과일에 들어 있습니다.

수용성 비타민(물에 녹는 성질을 가진 비타민)

비타민B$_1$(티아민) : 에너지 대사 과정의 조효소인 TPP의 구성 성분입니다. 효모에 가장 많고 보리순, 땅콩, 통밀가루, 현미, 콩류, 돼지고기에 들어 있습니다.

비타민B2(리보플라빈) : 에너지 대사 과정의 조효소 FMN, FAD의 구성 성분이며 산화환원반응에서 수소 전달, 지질 과산화물 분해에 관여합니다. 녹색채소 특히 브로콜리, 무청, 고춧잎, 시금치, 간, 우유나 치즈, 현미에 들어 있습니다.

비타민B3(니아신) : 에너지 대사 과정의 조효소 NAD, NADP의 구성 성분이며 전자와 수소이온을 전달합니다. 싸리버섯에 많고 육류 내장, 닭고기, 생선, 견과류, 참깨, 들깨, 현미에 들어 있습니다.

판토텐산 : CoA의 구성 성분으로서 에너지대사, ACP(아실 운반 단백질)의 구성, 스테로이드 호르몬, 아세틸콜린, 헴 구조 합성에 관여합니다. 판토텐산은 그 이름도 그리스어의 모든 곳(everywhere)을 뜻하는 'pantos'에서 유래되었습니다. 대부분의 식품에 들어 있고, 특히 버섯, 청국장, 달걀노른자, 간, 치즈, 땅콩, 생선, 현미에 풍부하게 들어 있습니다.

비오틴 : CO_2를 운반하는 카르복실화효소의 조효소입니다. 달걀노른자, 견과류, 콩류, 고구마, 부추, 마늘, 콜리플라워, 가지, 현미에 들어 있고 소화기관 내 미생물이 일부 합성합니다.

비타민B6 : PLP, PMP의 구성 성분이며, 아미노기전이반응, 단백질, 요소합성, 신경전달물질 생성, 헤모글로빈 합성에 관여합니다. 말린 버섯, 해바라기 씨, 김, 생강가루, 감자, 시금치, 쇠간, 동식물성 식품에 고루 들어 있습니다.

엽산 : 새로운 세포 성장을 위한 DNA 합성(푸린, 피리미딘 염기 생성)에 관여하고, 비타민B12에 메틸기를 제공하여 메티오닌을 형성합니다. 보리순, 김, 검정콩, 말린 버섯, 시금치, 호박잎 같은 진한 푸른 잎채소, 난황, 청국장, 콩류, 종실류에 많이 들어 있습니다.

비타민B12 : 새로운 세포 성장을 위한 DNA합성, 신경세포의 수초 형성에 관여합니다. 동물성식품, 특히 말린 굼벵이, 쇠간 같은 내장육, 바지락, 굴, 꼬막, 대합 같은 조개류, 김, 분유에 들어 있습니다.

비타민C : 콜라겐, 카르니틴, 호르몬, 신경전달물질 합성, 항산화작용과 철분 흡수를 증가시키는 역할을 합니다. 미니파프리카, 고추, 김, 케일, 유자껍질, 돌산갓, 키위, 산마늘, 무청, 고구마, 밤, 시금치, 감귤류, 아욱, 양배추, 파래 등에 고루 들어 있습니다.

무기질(mineral)

대량 무기질 (우리 몸에서 많이 발견되는 무기질)

칼슘(Ca) : 골격과 치아 형성, 혈액 응고, 근육 수축과 이완, 신경전달, 세포벽의 투과성 조절, 효소(ATPase)의 활성화에 관여합니다. 건멸치, 건새우, 푸른 잎채소, 두부, 파래, 치즈에 많이 들어 있습니다. 소장에서 10~30%를 흡수하고 비타민D가 흡수를 도와주지만, 섭취량의 70~80%가 배설됩니다.

인(P) : 80%가 골격 형성에 관여하고 나머지는 세포의 구성 성분, 포도당과 글리세롤의 흡수, 지방산의 이동, 에너지대사(효소, ATP), 완충 작용을 합니다. 멸치, 북어, 건새우, 호박씨, 분유, 치즈, 육류, 생선, 달걀노른자, 콩류, 견과류에 들어 있습니다.

마그네슘(Mg) : 세포 내 액의 양이온으로서 골격과 치아 형성, 당질과 단백질 대사의 활성, 근육 이완 작용, 신경의 흥분성 조절, 특정 펩타이드 활성에 관여합니다. 함초, 말린 미역, 고춧잎, 호박씨, 코코아, 천일염, 참깨에 많이 함유되어 있고, 고구마줄기, 더덕, 도라지에도 들어 있습니다.

나트륨(Na) : 세포 외 액의 양이온으로서 수분평형 조절, 산-염기 균형, 근육의 자극반응, 포도당 흡수에 관여합니다. 소금, 간장, 된장, 젓갈, 육류에 들어 있습니다.

칼륨(K) : 세포 내 액의 양이온으로서 산-염기 균형을 담당하고, 신경근육의 흥분 조절과 근육 수축, 글리코겐과 단백질 합성에도 관여합니다. 소장에서 90%를 흡수하고 신장을 통해 소변으로 배출됩니다. 말린 다시마, 고춧잎, 머위, 토란대, 배추우거지 같은 말린 나물류, 미역줄기, 쥐눈이콩, 콩류, 건조과일, 채소류, 육류에 고루 함유되어 있습니다.

염소(Cl) : 세포 외 액의 음이온, 산-염기 균형, 신경자극 전달, 염산 형성에 관여합니다. 대부분 소장에서 흡수되고 신장을 통해 소변으로 배출됩니다. 소금에 들어 있습니다.

황(S) : 비타민과 아미노산의 구성 성분으로서 효소 활성화, 고열량 유황 결합, 에너지 대사, 해독 작용에 관여합니다. 함황 아미노산에서 분리된 유황은 소장에서 흡수되고 신장을 통해 소변으로 배출됩니다. 육류, 달걀, 치즈, 콩류에 들어 있습니다.

미량 무기질 (우리 몸에서 조금 발견되는 무기질)

철(Fe) : 헤모글로빈과 효소의 구성 성분이며, 세포의 산화, 정상 면역 기능, 산소의 이동과 저장 역할을 합니다. 전복 내장, 쑥, 톳, 잔멸치, 쇠고기, 달걀노른자, 돼지 부산물, 푸른 잎채소에 많이 들어 있습니다.

아연(Zn) : 효소의 구성 요소로서 인슐린 기능 증가, 상처 회복에 중요합니다. 굴, 간, 육류, 견과류, 치즈, 달걀노른자에 들어 있습니다.

구리(Cu) : 금속효소의 구성 성분으로서 철의 산화작용, 헤모글로빈 합성에 관여합니다. 쇠간, 꼴뚜기, 굴, 견과류, 콩류, 종실류에 들어 있습니다.

요오드(I) : 갑상샘호르몬 합성에 중요하고, 미역, 김 같은 해조류에 가장 많으며, 북어, 메추리알, 분유에 들어 있습니다.

셀레늄(Se) : 치아의 구성 성분으로 글루타티온 과산화 효소의 구성 성분이고 비타민E와 함께 항산화 작용에 관여합니다. 브라질너트, 함초환, 북어, 잔멸치, 건미역, 달걀노른자에 들어 있습니다.

망간(Mn) : 골격 형성, 당질, 지방, 단백질 대사에 관련된 효소 활성, 아르기닌 분해효소 등 효소 구성원입니다. 녹찻가루, 보리미숫가루, 건참취나물, 건고구마줄기, 밤, 배추우거지, 들깨, 더덕, 호박씨, 대두, 현미에 들어 있습니다.

몰리브덴(Mo) : 효소 성분, 잔틴 산화효소의 조효소로서 콩, 팥 같은 콩류에 많고 김, 들깨, 현미에도 들어 있습니다.

코발트(Co) : 비타민B12의 구성 성분으로 내장육과 조개류에 주로 들어 있습니다.

과자를 너무 좋아하는 너에게

사랑하는 수연아

왜 과자를 좋아하는지 묻는다면 참 바보 같은 질문이겠지? 엄마도 어릴 때 과자 한 봉지 사 먹으려고 할아버지 주머니에 있는 돈을 몰래 꺼낸 적도 있었어. 그때 한참 맛있는 과자가 쏟아져 나왔고, 친척들이 우리 집에 오실 때면 '종합선물세트'라는 걸 사들고 왔어. 거기엔 평소에 먹어보지 못하던 비스킷, 쿠키, 스낵, 사탕, 캐러멜 같은 과자류가 잔뜩 들어 있었지.

수연아, 가끔 아빠가 너에게 원하는 과자를 사 주시잖아. 그걸 먹고 나면 네가 만족할 줄 알았는데, 한 번 먹고 나면 다음 날도 또 먹고 싶어 하더라. 네 허벅지에서부터 종아리까지 피딱지가 앉은 걸 발견한 날, 엄마는 너무 놀랐어. 그렇게 가려워서 피가 나도록 긁으면서도 과자가 먹고 싶은 거지? 연고를 바르면 괜찮아지니까 대수롭지 않게 여기는 것 같아. 아직 너는 어려서 그게 얼마나 심각한지 잘 모를 수 있어. 그런데 신기하게도 너와 같이 과자를 먹고 나면 엄마는 다음 날 심하게 피곤하거나 기운이 없어져. 지금은 조만간 회복될 수 있지만, 겉으로 드러나지 않는 다른 문제가 생길 수 있어. 그래서 엄마는 과자를 너무 좋아하는 네가 걱정 돼.

지금은 엄마, 아빠가 네가 먹는 과자를 조절해 줄 수 있지만, 스무 살이 넘으면 성인이니까 네가 스스로 조절해야 해. 어쩌면 편의점 도시락에 음료수와 핫바, 삼각김밥과 라면, 냉동 만두 이런 걸로 하루를 살 수도 있어. 어쩌다 한두 번은 괜찮아. 건강한 음식을 먹어서 영양소를 보충하면 되니까. 하지만 계속 가공식품을 먹는다면 영양소 결핍이 생겨서 자신도 모르는 새 조금씩 건강이 나빠진단다.

과자가 맛있는 건 달콤한 설탕과 과당, 고소하고 바삭한 트랜스지방산이 많이 들어 있기 때문이야. 게다가 예쁘게 보이려고 색소도 넣고, 입과 코를 만족시키기 위해 **향료**를 넣지. 이런 색소나 향료, 조미료 같은 걸 식품첨가물이라고 해. 가공식품에 들어 있는 식품첨가물은 많이 먹으면 해롭단다. 또 인공 색소나 향료는 우리의 감각을 헷갈리게 해서 건강한 음식 대신 가공식품을 선택하게 만들지. 그리고 중독이 된다는 게 문제야.

너는 한 가지에 빠지면 잘 헤어나지 못하는 기질을 갖고 있어서 음식이든, 게임이든 뭐든 중독되기 쉽단다. 그래서 거꾸로 말하면 너는 뭔가 하나에 집중하면 포기하지 않고 끝까지 파고들 수 있는 장점을 지녔다는 말이기도 해. 마치 동전의 양면처럼 말이야. 이왕이면 너의 이런 기질을 잘 사용해서 너에게 해로운 것은 절제하고 이로운 면을 계발하면 어떨까?

네가 정말 관심 있고 꼭 도전하고 싶은 일이 생기면 그 분야에 파고들어서 전문가가 되고 싶다는 마음이 생길 때가 올 거야. 그런데 네가 음식중독이 되고, 몸이 아파서 하고 싶은 일을 제대로 할 수 없다면 엄마는 무지 속상할거야. 요즘에는 스무 살밖에 안 됐는데 암에 걸리는 사람들이 있더라. 어려서 암에 걸리면 암도 빨리 성장해서 금세 사망하더라고. 그래서 너무 안타까워.

엄마는 네가 **건강하게** 너의 삶을 누리길 바라고 있어.
언젠가는 **엄마**의 잔소리가 그리울 거야.

너를 사랑하는 엄마가

우리 아이도 음식중독일까?

초등학생은 용돈의 대부분을 군것질하는 데 사용합니다. 학교를 마치고 이동하는 아이들을 보면 하나같이 군것질 거리를 들고 있습니다. 유행하는 제품의 이름과 모양만 바뀌었지 주로 튀김, 아이스크림, 와플, 과자류입니다. 어른도 배가 고프거나 스트레스가 높을 때면 이런 간식에 손이 갑니다. 몸에 해롭다는 걸 알지만 당장에 증상이 나타나지 않고, 편리한데다 맛있으니까 계속 먹게 됩니다. 식품에 관한 지식이 있어도, 우선 입에서 당기는 그 맛, 뇌가 간절히 원하는 그 욕구를 이겨내기란 쉽지 않습니다.

박용우는 《음식중독》에서 "현대인은 음식중독에 빠져 있다. 개인의 자제력 문제가 아니라 식품 자체에 중독물질을 함유하고 있어서 중독된다."라고 말합니다. 어떤 음식은 식욕억제 단백질인 렙틴의 기능을 떨어뜨려 포만감을 느끼지 못하게 만듭니다. 대표 유해음식으로 설탕이나 흰 밀가루 같은 정제 탄수화물, 가공식품에 많은 트랜스지방산*, 동물성지방인 포화지방산을 중독의 원인으로 지목합니다.[2]

> *** 트랜스지방산** : 트랜스지방산은 자연에도 일부 존재하지만, 가공식품에 들어 있는 트랜스지방산은 사람이 만든 것입니다. 액체로 되어 있는 기름, 즉 불포화지방산에 수소를 첨가해 액체를 고체화하는 과정에서 생성된 지방산으로, 식물성 버터라고 하는 마가린과 튀김할 때 쓰는 쇼트닝 같은 경화유가 대표적 물질입니다. 마요네즈나 팝콘, 파이, 쿠키, 페이스트리, 햄버거, 튀김, 프라이드치킨, 케이크, 감자튀김, 피자, 초콜릿바에 트랜스지방산이 많이 함유되어 있습니다. 제과제빵을 할 때 액상 식용유를 쓰는 것보다 경화유나 마가린을 사용하면 실온에서도 더 바삭해지기 때문입니다.

중독은 몇 가지 특징을 보입니다.

첫째, 금단현상입니다. 먹던 것을 안 먹으면 손이 떨린다거나 몸에 이상 증상이 나타나고 짜증을 잘 내거나 예민해집니다. 둘째, 뇌의 보상 시스템과 관련됩니다. 다시 말해 뇌에 문제가 생겨서 점점 더 강한 자극을 찾게 됩니다. 셋째, 그것 때문에 분명히 손해를 봤으면서도 계속 그것을 탐닉합니다.

---

[2] 박용우, 음식중독, 김영사 (2015).

우리 아이 혹은 자신이 음식중독인지 체크할 수 있습니다. 아이의 식습관은 부모를 닮기 때문에 양육자의 식습관 점검이 필요합니다. 생각보다 많은 사람이 음식중독 증상을 지니고 있습니다. 체크리스트에서 3개 이상에 해당하면 중독을 의심할 수 있습니다. 사람이 음식을 먹지만, 결국 음식이 사람을 삼키는 결과를 낳게 됩니다. 어떤 음식이 자꾸 먹고 싶다면 두 가지 경우에 해당합니다.

첫째는 자기 몸에 꼭 필요한 영양소가 그 음식에 있기 때문입니다.

둘째는 중독된 것입니다.

<음식중독 체크리스트>

☐ 음식을 먹을 때면 생각한 것보다 훨씬 많은 양을 남기지 않고 다 먹습니다.

☐ 배가 부른 데도 계속 음식을 먹습니다.

☐ 가끔 먹는 음식의 양을 줄여야 하는 게 아닌가 하고 걱정할 때가 있습니다.

☐ 하루 중 많은 시간을 과식 때문에 축 처져 있거나 피로감을 느끼면서 보냅니다.

☐ 음식을 지나치게 많이 혹은 자주 먹느라 업무 시간, 가족이나 친구들과 어울리는 시간, 중요한 약속이나 여가 활동에 지장을 받은 적이 여러 번 있습니다.

☐ 음식을 일부러 끊거나 줄였을 때 금단현상(불안, 짜증, 우울감이나 두통 같은 신체 증상)이 나타납니다.

☐ 불안, 짜증, 우울감, 두통 같은 신체 증상 때문에 음식을 찾아 먹은 적이 있습니다.

☐ 특정 음식을 일부러 끊거나 줄였을 때 그 음식을 먹고 싶은 강렬한 욕구를 경험한 적이 있습니다.

출처: 박용우 저 《음식중독》

쉽게 살찌는 비결, 야식

우리 집 아이들은 셋 다 마른편이고, 또래에 비해 키도 작아서 어딜 가면 제 나이보다 어리게 봅니다. 사람들은 종종 우리 아이에게 관심을 가지고 있다는 의미로 "살 좀 쪄야겠다."라거나, "밥을 좀더 많이 먹어라"라는 말을 합니다. 아이가 잘 먹고 건강했으면 좋겠다는 바람이지만, 부모로서 자주 듣고 싶은 말은 아닙니다. 쉽게 살찌는 방법이 있다면 그건 단연코 야식입니다. 그렇다고 마른 아이에게 야식을 먹여서 살을 찌워도 될까요?

입력오류 증상은 늦은 밤에 자주 발생합니다. 야식이 먹고 싶은 경우는 저녁밥이 소화되어 위가 비었다는 신호입니다. 그렇지만 소장과 대장에는 음식물이 아직 차 있고 소화가 여전히 진행 중입니다. 잠자기 전에는 먹지 않는 것이 단잠을 푹 잘 수 있습니다. 아이들은 낮에 활동을 많이 하면 저녁식사 후 졸리기 시작합니다. 그런 경우도 가능하면 식후 2시간이 지난 다음에 잠자리에 드는 게 좋습니다.

우리 몸은 새벽 1시경에 배가 가장 고픕니다. 식욕을 자극하는 호르몬인 그렐린이 그때 많이 분비되기 때문입니다. 그 시간에 식사를 하면 활동량이 적어서 지방으로 고스란히 저장됩니다. 한마디로 야식은 살찌는 비결입니다. 어쩌다 가끔 특별한 경우는 괜찮지만, 야식 습관이 있다면 먼저 야식 메뉴를 바꿔보기를 권합니다. 달고 기름진 것보다는 채소나 과일을 먹어 비타민과 무기질을 보충해 주어야 에너지가 만들어집니다. 그 후에 따듯한 물을 조금 마시고 소화시킨 후 잠을 자는 습관을 들이는 것이 좋습니다. 늦은 시간까지 공부하거나 뭔가 해야 한다면 자녀의 생활 패턴에 맞게 저녁 식사시간을 늦추는 것이 낫습니다.

늦은 밤에 먹은 음식이 소화되지 않으면 아이가 숙면을 취할 수 없습니다. 겉으로 보기에는 잠을 자는데, 깊은 잠을 자지 못하고 뒤척입니다. 소화기관이 계속 일하고 있기 때문에 아침에 피곤한 얼굴로 일어납니다. 무엇보다 야식은 음식의 질이 나빠서 평생 건강을 망칠 수도 있습니다.

키가 크든 작든, 마른 아이든 통통한 아이든 성장 속도와 단계의 차이만 있을 뿐입니다. 갑자기 살이 찌는 아이보다는 어려서부터 계속 마른 아이가 지금도 건강하고 어른이 돼서도 건강할 확률이 높습니다.

> **Tip. 야식을 안 하려면**
> - 낮에 야외활동을 많이 하고 저녁에는 일찍 잡니다.
> - 늦게 잘 수밖에 없을 때는 저녁식사 시간을 늦춥니다.
> - 꼭 필요한 경우 채소나 과일, 견과류를 먹습니다.

소아암과 ADHD

가공식품도 많이 먹고 야식을 자주 먹어도 별 이상을 느끼지 못하고 아프지 않는 아이는 비결이 뭘까요? 대체로 통통한 아이들은 쉽게 이상 증상이 나타나지 않습니다. 마른 아이들에 비해 성격이 느긋한 편이라 스트레스가 적고, 지방세포에 이물질이 잘 저장되기 때문입니다. 아이가 튼튼한 면역을 물려받았을 수도 있습니다. 그러면 그 아이의 자녀 세대도 역시 건강할까요? 가공식품을 계속 섭취하는 한 절대로 장담할 수 없습니다.

소아암 환자가 많아진 이유가 뭘까요? 원인이 명확하지 않지만, 유전 요인과 환경 요인이 복합되었다고만 추정합니다. 환경 요인으로는 자외선 조사, 화학물질, 식사에 포함되는 발암물질을 지목하고 있습니다. 소아암은 성인 암에 비해 암세포의 종류도 다르고 환경 영향이 적게 미치는 편입니다. 한국백혈병어린이재단에서는 소아암의 원인으로 원자폭탄 피폭, 방사선 노출, 자외선 조사, 화학물질 접촉, 식이에 포함된 발암물질, 바이러스 감염을 거론하고 있지만 아직 명확하지 않다고 선을 긋습니다.

명확한 원인이 밝혀지지 않고 있는 이유는 소아암은 선천적 소인이 있을 확률이 높기 때문입니다. 선천적이라면 이전 세대 혹은 그 전전 세대에서부터 문제가 조금씩 발생한 것일 수도 있습니다. 단기간에 걸쳐서 발생한 일이 아니어서 추적조사가 어렵습니다. 유전 요인이라고 하면 우리가 어떻게 할 수 없는 운명 같다는 생각도 듭니다. 그러나 같은 유전자를 물려받았어도 유전자가 발현되느냐 안 되느냐는 유전자가 노출되는 환경, 즉 식생활을 통해 세포에 어떤 물질을 공급하느냐가 가장 크게 영향을 미칩니다.

미국 국립암협회지의 보고에 따르면 암의 원인으로는 흡연이 약 30%, 유전이나 음주, 환경오염 등이 약 30%를 차지하고, 음식이 차지하는 비중은 약 35%입니다. 가공식품은 정제 탄수화물을 비롯한 포화지방산, 트랜스지방산을 많이 함유하고 있습니다. 과학기술 덕분에 배가 불러도 입에서 계속 당기는 가공식품을 만들 수 있습니다. 그 유혹을 따라가면 당뇨나 비만, 고지혈증으로 이어집니다.

비만이 되면 지방세포 안에 우리 몸에서 분해 과정이 없는 첨가물이나 잔류농약, 중금속 같은 그동안 섭취한 잔류성 유기오염물질(POPs: Persistent Organic Pollutants)*을 차곡차곡 더 많이 쌓아둘 수 있습니다. 스트레스가 극에 달하면 지방세포가 자극을 받아서 그동안 안전하게 저장돼 있던 POPs가 갑자기 혈액 속으로 방출됩니다. 온몸을 순환하면서 세포를 자극하여 염증을 일으키고, 암이나 종양 발생에 영향을 끼칩니다. 유방 조직에 쌓인 POPs는 유방암을 유발하고 암세포를 활성화하는 것으로 확인되었습니다.[3]

사실 건강한 사람의 몸에도 암세포가 존재합니다. 그러나 모든 사람이 암환자가 되지 않는 이유는 자가포식(autophagy) 작용 때문입니다. 자가포식 작용은 병들어 있거나 우리 몸에는 필요 없는 세포 단백질과 소기관을 제거하면서 종양을 억제하는 역할을 합니다. 비만 때문에 생긴 제2형 당뇨의 경우도 '간헐적 단식을 할 때 자가포식 경로를 통해 세포소기관이 건강해지고 췌장의 베타 세포가 오래도록 생존'하게 됩니다.[4]

ADHD(주의력결핍 과잉행동장애)의 경우도 원인을 알 수 없는 유전, 환경, 사회심리와 연관성이 있는 혼합된 행동장애라고 말합니다. 뇌에 문제가 있다고 보고 있지만, 미국 소아과학회에서는 ADHD 환자에게 인공 색소와 향료, 보존료 같은 식품첨가물 사용을 금

> * 잔류성 유기오염물질(POPs Persistent Organic Pollutants: DDT 같은 유기염소 농약(살충제, 제초제), 윤활제, 절연제로 사용되는 PCBs, 다이옥신이나 중금속같이 우리 신체나 자연 환경에서 분해되기 어렵고, 몸에 들어왔을 때 배출되기 어려운 물질을 말합니다. 이들은 자연 환경에서 잘 분해되지 않고 강력한 지용성이라서 생명체의 지방조직에 축적되기 때문에 먹이사슬의 상위 단계로 갈수록 농축된다는 특징이 있습니다.

---

3) Kaoutar Ennour-Idrissi, Pierre Ayotte, and Caroline Diorio1, Persistent Organic Pollutants and Breast Cancer: A Systematic Review and Critical Appraisal of the Literature, *Cancers (Basel)* 11(8), 1063 (2019).
4) Haiyan Liu, Ali Javaheri, Rebecca J Godar, John Murphy, Xiucui Ma, Nidhi Rohatgi, Jana Mahadevan, Krzysztof Hyrc, Paul Saftig, Connie Marshall, Michael L McDaniel, Maria S Remedi, Babak Razani, Fumihiko Urano, Abhinav Diwan, Intermittent fasting preserves beta-cell mass in obesity-induced diabetes via the autophagy-lysosome pathway, *Autophagy*, 13(11):1952-1968 (2017).

지하고 있습니다. 많은 연구에서 가공식품이 아이들의 행동에 상당히 영향을 미친다고 보고합니다.

콜로라도주 덴버대학교 리처드 존슨 교수는 "과도한 설탕이나 인공감미료 섭취는 도파민 분비를 증가시키고, 수주나 몇 달간 계속 섭취하면 도파민 수용체가 감소하거나 수용체의 신호전달이 줄어듭니다. 따라서 설탕 섭취를 늘려도 설탕에 보이는 도파민의 반응은 감소합니다. 전두엽의 자연보상 민감도가 떨어지기 때문에 과식이나 ADHD가 발달합니다."라고 말했습니다. 그는 가공식품을 통한 과도한 설탕 섭취는 ADHD를 유발한다는 가설을 세웠으며, 그에 따른 메타연구에서도 설탕이나 과당, 인공감미료의 장기 섭취가 ADHD 증세를 악화하며, 가공식품을 금지하면 과잉행동 증상이 호전된다는 것을 확인했습니다.[5] 미국소아과학회에서 ADHD 환자에게 권하는 식사 지침은 다음과 같습니다.

〈표 1〉 ADHD 식사법

이렇게 먹어요.	이것은 피해요.
• 현미 같은 복합탄수화물 • 양질의 단백질 • 오메가3 지방산이 많은 식품 • 비타민, 미네랄이 충분한 식사	• 단순 탄수화물제품 (흰쌀밥, 껍질 벗긴 감자, 사탕, 옥수수시럽, 꿀, 설탕, 흰 밀가루 제품) • 인공 첨가물이 들어간 식품 • 식후 증상이 악화되었던 음식이나 성분

---

[5] Richard J. Johnson, Mark S. Gold, David R. Johnson, Takuji Ishimoto, Miguel A. Lanaspa, Nancy R. Zahniser, and Nicole M. Avena, Attention-Deficit/Hyperactivity Disorder: Is it Time to Reappraise the Role of Sugar Consumption? *Postgrad Med*. 123(5): 39-49 (2011).

가공식품과 폭력성

심리학자 오사와 히로시는 1980년대에 갑자기 폭력성 범죄가 증가하는 것과 가공식품이 급증하던 때가 일치한다는 점에 주목했습니다. 폭력성과 음식 사이에 상관관계가 있을 것이라고 추정했습니다.

그는 소년원에 수감 중인 청소년을 대상으로 식생활을 조사했습니다. 평범한 고등학생이 캔음료를 평균 2~3캔 마신다면, 비행청소년은 평균 4~5캔을 마시고 많이 마시는 학생은 하루에 20캔을 마셨습니다. 청량음료수뿐만 아니라 단맛이 강한 아이스크림, 과자, 스낵류를 많이 먹고, 끼니는 인스턴트 라면으로 때우는 경우가 많았습니다. 단맛에 중독되면 이유 없이 짜증이 나서 '묻지 마 폭력'을 쓰기도 합니다. 이런 청소년에게 가공식품과 청량음료를 끊고, 그 대신 밥과 된장국, 나물로 바꾸도록 지도했더니 친구들과 싸우던 행동을 거의 하지 않게 되었습니다.

심리 문제가 있어서 등교를 거부하는 내담자들도 "아이들이 다시 등교했고 부모와 음식도 함께 만드는 모습을 보였다."라고 말합니다. 그는 "가공식품을 많이 섭취하면 여러 가지 행동 문제가 발생하며, 비타민과 미네랄이 부족하고 설탕과 첨가물을 많이 포함한 식사는 흥분과 공격성이 증가한다."라고 말합니다.[6]

미국 오하이오주에서 수석보호감찰관으로 근무했던 바버라 리드 스티트(Barbara Reed Stitt)는 그의 책 《FOOD & Behavior: A Natural Connection(식품과 행동 : 자연스러운 연결)》에서 자신의 경험을 이야기합니다. 그는 정신질환을 앓고 있었는데 병원과 약국을 전전하다가 누군가 권해준 책에 나오는 방법대로 가공식품을 끊고 자연식으로 바꿨더니 병이 나았습니다. 그 후 자신이 담당하는 범죄자에게 자기와 같은 방법을 사용했더니 역시 놀라운 효과가 나타났습니다.[7] 그 후 《Nutritional Guidelines for Correcting Behavior(행동 수정을 위

---

[6] 오사와 히로시, 식원성 증후군, 국일 미디어 (2005).
[7] Barbara Reed Stitt, Food & Behavior: A Natural Connection, Kindle (2012).

한 영양 가이드라인)》를 출간했고, 리드의 식사 개선 방법은 '리드식 보호감찰법'이라고 부르면서 많은 주의 법정에서 채택되었습니다. 리드식 보호관찰법의 주요 내용은 다음과 같습니다. [8)9)]

> ***리드식 보호관찰법**
> - 빵, 국수, 케이크, 과자 등 흰 밀가루로 만든 식품은 금한다.
> - 흰 설탕, 흰 정제염, 흰 화학조미료 같은 화학성분이 들어 있는 가공식품은 금한다.
> - 공해 낙농 제품은 금한다.
> - 자연식품을 그때그때 손수 만들어 준다.
> - 도정하지 않은 현맥과 현미, 비타민, 미네랄이 풍부한 생채소를 급식하는 데 최선을 다한다.

한편 식품과 비행이나 범죄 간 상관관계에 관한 논문을 분석해 보면 실험 디자인에 문제가 있어서 "음식과 범죄 행동의 상관관계를 입증하기 어렵다."라는 평도 있습니다.[10)] 식품과 인체의 관계는 개인차가 있기도 하고, 사람을 동물처럼 모든 식이를 완벽하게 통제하기 어렵기 때문에 실험 디자인이 매우 까다로울 수밖에 없습니다. 조건이 같은 집단의 코호트 연구를 위해서는 국가나 연구재단에서 재정과 인력, 시간을 넉넉히 제공해야 가능합니다. 소비자가 몸으로 느끼는 문제점을 과학과 통계로 유의미하게 증명하기가 어려워서 지금껏 정크푸드가 더욱 발전하는지도 모릅니다.

---

8) Barbara Reed Stitt, Nutritional Guidelines for Correcting Behavior, Kindle (2012).
9) 안현필, 안현필의 삼위일체 건강법1, 썰물과 밀물 (2017).
10) Gray, Gregory E. "Diet, Crime and Delinquency: a Critique." *Nutrition Reviews* 44.suppl_3 89-94 (1986).

가공식품과 인성

부산대학교의 이경옥 연구원은 가공식품과 인성 간 어떤 관계가 있는지 연구하기 위해 중학생 30명을 대상으로 영양교육을 하고, 교육 전후의 혈청 무기질 함량과 인성검사를 진행했습니다. 참여자는 영양교육하기 전보다 이후에 가공식품 섭취량이 줄어들었고 혈청 나트륨 함량도 함께 감소했습니다. 또 인성검사 결과 '나트륨(Na) 섭취량이 많을 때 충동성이 더 높다.'는 점을 발견했습니다. 가공식품의 나트륨은 첨가물의 용해도를 높이기 위해 물과 친한 나트륨이나 칼륨염을 첨가물에 부착하기 때문에 달콤한 음료수를 마셔도 상당한 나트륨을 섭취하게 됩니다. 반대로 가공식품 섭취가 줄어들면 '안정성, 지배력, 사회성과 책임감이 높아졌다.'고 보고했습니다.

가공식품에 함유된 첨가물 특히 나트륨을 비롯한 무기질 함량이 인성에 영향을 준다는 점을 확인할 수 있습니다. 또 아이들에게 영양교육을 하면 확실히 가공식품 섭취량이 줄어들었습니다. 자녀들이 먹는 가공식품을 계속 방치하기보다는 우리 몸을 어떻게 해치는지 알려주는 것이 필요합니다. 가공식을 계속 섭취하면 자신도 모르게 몸과 마음의 근육이 약해집니다. 어떤 어려운 일이 눈앞에 닥쳤을 때 충동이 앞서서 책임감 없는 행동을 할 확률이 높아집니다. 본래 타고난 인내심이 있는 사람도 가공식품 덕분에 열 번 참을 것을 다섯 번밖에 참지 못할 수도 있습니다. 이런 특성이 있는 아이가 자라면 어떤 직종의 일을 잘할 수 있을까요?

인성은 AI(Artificial Intelligence: 인공지능)에게서는 기대할 수 없는 사람만이 지닌 능력입니다. AI시대에 인재가 되려면 AI의 전문 영역인 지식 영역을 넘어 감정 영역을 잘 다루는 능력이 필요합니다. 지금 우리 청년들이 감정영역을 얼마나 잘 조절하고 있을까요. 대부분의 CEO는 충동성이 강해서 금세 회사에 사표를 던질 인간을 직원으로 고용하느니 AI로 대체하는 쪽을 선택할 것입니다. 이미 이런 현상은 현재 진행되고 있습니다.

그렇다면 어떤 경우에 AI보다 사람이 나을까요? 인성소통협회의 진은혜 강사는 미래 인재가 되려면 인성이 매우 중요하다고 말합니다. "미래 인재의 평가 기준으로 인성(personality)을 꼽습니다. AI와 인간을 구분하는 기준은 아무래도 인간만이 가지고 있는 고유한 품성, 인성, 감정 같은 것입니다. AI는 기계적으로 입력된 값으로 교류하기에 4차 산업혁명 시대는 점점 더 인간미가 그리운 시대가 될 것입니다. 눈부신 발전을 거듭하고 있는 AI와 차별화 전략이 있다면, 인간미가 넘치는 사회를 만드는 것이라 할 수 있습니다." 앞으로 어떤 새로운 시대가 열린다 해도 사람이라면 인간미가 그립지 않을까요?

음식과 영혼

히포크라테스는 "우리가 먹는 음식이 곧 나다."라고 말했습니다. 그 말은 내가 먹는 음식이 내 몸을 구성한다는 뜻입니다. 그러나 음식이 육신에만 영향을 주는 것이 아닙니다. 사람은 영과 혼(지정의), 육체가 있으며 이들이 독립되어 있지 않고 상호 긴밀하게 영향을 주고받기 때문에 심한 스트레스를 받아 영혼이 아플 때는 몸이 같이 아픕니다. 사람에 따라 몸 이곳저곳에서 다양한 증상이 나타납니다. 반대로 몸에 병이 생겨도 영혼이 영향을 받을 수 있습니다.

물론 몸이 건강하지 않아도 누구보다 맑은 영혼을 소유한 사람이 많습니다. 송명희 시인이나 권정생 작가, 고정욱 작가, 이철환 작가, 강영우 박사, 헬렌켈러, 베토벤이 대표적 인물입니다. 건강한 사람에게도 어려운 일을 자기 육신의 약점을 극복하고 위대한 업적을 이룬 이들이 더욱 존경스럽습니다. 그러나 우리 같은 평범한 사람은 건강한 영혼을 위해 건강한 육신이 필요합니다. 우리 육신은 영혼을 담는 그릇이기 때문입니다.

영감(靈感; inspiration)이라는 단어는 'in(안에)'과 'spirit(영)', '-tion(명사형 어미)'이 합쳐진 단어입니다. 신이 안에 들어 있다는 뜻입니다. 사람의 생각이라기엔 너무 놀라워서 흔히 '신의 계시'라고도 말합니다. 작가나 예술가뿐만 아니라 창의적인 일을 하는 이에게는 영감이 필요합니다. 영성(spirituality)은 우리 영혼의 품성을 말하는데, 신의 사랑과 자비를 담은 품성이라고 할 수 있습니다. 영성은 신 앞에 일대일로 조용한 시간을 가질 때 깊이 수련됩니다. 책임감보다 충동이 강하고 감각적인 것만 추구하는 '가공식품 키즈'는 조용하고 심심한 시간을 견디기 힘들어 합니다. 인성과 영성이 비례하는 것은 아니지만, 인성이 올바르지 않은 이에게 깊은 영성을 기대할 수는 없습니다.

유대인에게는 '티쿤 올람(Tikkun Olam: 세상을 개선한다)'이라는 정신이 있습니다. 우리 아이들이 자신의 욕구를 채우기에 급급하기보다 세상의 필요를 채우고 세상을 더욱 아름답게 만들려는 마음을 가지면 좋겠습니다. 이런 마음이 잘 심어지면, 내면의 동기가 되어서 몸과 마음, 영혼도 고루 균형 있게 자랄 것입니다.

우리 아이들이 살아갈 시대는 극도로 이기적인 사람과 영성 있는 사람으로 나뉠 것입니다. 지성과 인성, 영성을 고루 갖추어 자기 자신을 돌보고 사회에 기여할 수 있는 능력을 갖춘 사람이 되도록 도와야 합니다. 바이러스 전성시대이자 AI시대에 건강한 식습관은 이 모든 난관을 이겨 나갈 중요한 능력이자 자산이 될 것입니다. 단 1%라 하더라도 건강한 인성과 영성을 지닌 아이들이 자라면, 이 세상이 지금보다 더 살만해지지 않을까요?

비만과 난임

요즘은 결혼하기 전에 병원을 찾아 임신이 가능한지 미리 검사하는 커플이 많아지고 있습니다. 한 세대 이전만 해도 결혼하면 거의가 1년 이내에 임신했습니다. 그러나 요즘은 비만 인구가 늘면서 피임하지 않아도 1년 이내에 임신하지 못하는 커플이 많아졌습니다. 물론 비만과 무관하게 난임으로 고통 받는 사람도 많습니다. 그러나 비만은 난임 원인 중 하나입니다.

가공식품과 육류는 포화지방산이 많아서 남성의 정자 수를 감소시킵니다. 이런 식습관은 비만을 유발하고, 비만이 되면 호르몬의 균형이 깨져서 정자 형성이 잘 안됩니다. 여성이 비만할 경우 호르몬 균형이 깨져서 월경이나 배란 장애가 올 수 있고, 임신과 출산의 위험 요인이 됩니다.

감비네리 박사는 "비만세포에서 생성된 렙틴이나 유리지방산(FFA), 사이토카인 때문에 상피세포의 수용성이 변화되어 난소와 자궁내막 기능 모두에 영향을 미친다."라고 했고[11], 루크 박사는 "비만은 난임, 불임, 조기 유산이나 사산, 신생아 사망, 선천성 기형, 미숙아 같은 위험에 더 많은 영향을 미친다."라고 했습니다.[12]

김서연 박사는 비만 난임 여성에게 비약물 요법이 얼마나 효과가 있는지 메타분석을 수행했습니다. "비약물 중재, 즉 식이 · 운동 복합요법뿐만 아니라 식이요법 단독으로도 비만 난임 여성의 자연 임신율이 증가하였다."라며 음식을 통해 난임을 개선할 수 있음을 보고했습니다.[13] 식이요법은 논문마다 차이가 있지만 〈표 1〉의 ADHD의 식사법과 크게 다르지 않습니다.

독자 중에 난임으로 고생하는 가정이 있다면 부부가 함께 현미식을 기본으로 하는 간헐적

---

11) Gambineri, A., Laudisio, D., Marocco, C., Radellini, S., Colao, A., & Savastano, S. Female infertility: which role fo obesity? *International Journal of Obesity Supplements*, 9(1), 65-72 (2019).
12) Luke B., Adverse effects of female obesity and interaction with race on reproductive potential. *Fertility and Sterility*, 107(4), 868-877 (2017).
13) 김서연, 비만 난임 여성에게 적용한 비약물적 중재가 임신 · 출산 결과에 미치는 효과: 체계적 문헌고찰과 메타분석, 서울대학교 대학원 박사학위논문 (2021).

단식을 추천합니다. 가공식품을 모두 끊고 우리 세포에 공급되는 모든 영양 환경을 전환하면 어떤 약물치료보다 좋은 효과를 볼 것입니다.

과자, 조미료로부터 시작된 가공식품의 폐해는 당뇨와 비만, 심혈관질환, 암, 난임 그리고 정신질환으로 이어지고 있습니다. 희귀병이나 난치성 질병이 가공식품과 무관하다고 할 수 있을까요? 직접 원인이 된다는 연구 결과는 아직 없습니다. 심증은 가는데 물증이 없는 경우입니다. 형법에는 유죄가 확정되기 전까지 무죄로 간주한다는 '무죄추정의 원칙'이 있습니다. 이 원칙에 따르면 희귀병이나 난치병 유발 가능성과 관련해서 아직까지 가공식품은 무죄입니다. 그러나 공동체를 중시하는 유대인의 율법에서는 무죄임이 밝혀지기 전까지 '유죄추정의 원칙'을 적용합니다. 식품회사는 여러 가지 누명을 쓰면서도 자사의 제품이 건강에 해를 끼치지 않는다는 연구 결과를 보도한 적이 없습니다. 이런 관점에서 본다면 가공식품은 현대인이 겪는 대부분의 질병과 관련해 유죄입니다.

살리느냐 죽이느냐 그것이 문제로다

그러면 가공식품은 다 나쁜 걸까요? 가공식품을 만드는 목적은 크게 두 가지로 볼 수 있습니다. 첫째는 생명을 살리기 위해서이고, 둘째는 돈을 벌기 위해서입니다. 생명을 살리기 위해서 만들거나 사용된다면 그 가공식품은 좋은 것입니다. 그러나 먹는 사람의 건강은 어찌 되든 신경 쓰지 않고 돈을 벌 목적으로만 가공식품을 만들어 판다면 그것은 나쁜 것입니다. 돈 버는 행위 자체가 나쁘다기보다는 돈 버는 방법이 문제입니다.

장영란 작가는 《자연 그대로 먹어라》에서 "먹는다는 건 무얼 먹는 걸까? 영양소보다 먼저 '생명력'이라고 생각한다. 오이를 먹는다면 오이가 가진 생명력을 내 몸이 받아들이는 거다."라고 말합니다.[14] 생명력이란 한 생물이 자신의 생명을 유지할 수 있는 힘을 말합니다. 그 생명력이 사람에게 들어와서 사람의 생명을 살릴 수 있는 힘이 됩니다. 그래서 자연 그대로 먹는 것이 가장 좋습니다.

그러나 제철에 농산물을 많이 수확했는데 그때 다 먹기에는 너무 많고, 그냥 두자니 다 썩어버리니까 좀더 오랫동안 두고 먹기 위해서 가공합니다. 그런 식품이라면 생명을 살리기 위해 만드는 가공식품이 아닐까요? 냉장고가 없던 시절을 떠올려 보면 알 수 있습니다. 소금에 절이는 염장법, 수분을 제거하는 건조법이 전통 가공법입니다. 염장법은 삼투압 때문에 미생물이 자랄 수 없고, 건조법은 미생물이 살아가는 데 필요한 수분을 없앰으로써 미생물의 생육을 억제하는 저장법입니다. 그렇게 가공된 식품이 김치, 시래기, 건미역, 마른멸치 같은 것입니다. 이런 가공식품이 있어서 양식이 부족한 계절에도 먹고 살 수 있습니다.

딸기잼이나 피클 같은 것도 생명을 살리는 가공식품일까요? 그렇기도 하고 아니기도 합니다. 딸기가 많이 수확될 때 잼으로 만들어서 딸기가 없을 때 먹을 수 있으니까 생명을 살리는 가공식품이 맞습니다. 잼이나 피클 같은 병조림도 대량 수확한 농산물을 보관했다가 나중에 사용하기 위해 만드는 가공 방법입니다. 설탕에 절이는 것을 '당절임법'이라고 하는

---
14) 장영란, 김광화, 자연 그대로 먹어라, 조화로운삶 (2008).

데, 뒤늦게 생겨난 가공법입니다. 15세기 의학교재에 따르면 설탕은 '열병, 기침, 가슴의 병, 까칠까칠한 입술, 위장병 등'에 효과가 있는 몸값이 높은 귀한 약이었습니다.[15] 사용량에 따라 약이 되기도 하고 독이 되기도 합니다. 설탕은 이제 독이 되었습니다.

설탕이 싸진 이유는 노예의 노동력 덕분입니다. 1700년경 서인도제도에 아프리카 노예를 강제 이주시켜서 사탕수수를 대량생산하면서부터입니다. 설탕은 너무 맛있고 귀한 식재료지만 설탕을 만들기까지 엄청난 희생과 파괴의 슬픈 역사를 생각한다면 마냥 좋아할 수만은 없습니다. 지금은 노예를 부리지는 않지만 예전의 나쁜 관습이 남아있어서 공정한 거래가 되지 않고 있습니다. 거대한 다국적기업이 사탕수수나 사탕무를 재배하는 농부에게 제대로 값을 치르지 않고 헐값에 사들이기 때문에 설탕이 여전히 쌉니다. 설탕이 저렴하니 설탕을 활용한 음식이 너무 많아졌습니다. 그 결과 많은 나라가 당뇨와 비만 공화국이 되었습니다. 달콤한 가공식품은 생명 착취로 시작해서 생명 파탄으로 인도합니다.

공정무역 설탕이나 유기농 마스코바도(필리핀산 공정무역 비정제 설탕)처럼 제값을 치른 설탕으로 집에서 만든 병조림이나 잼은 괜찮습니다. 하지만 설탕이 많이 들어가면 혈당이 급상승해서 몸의 면역과 염증반응에 영향을 주기에 가끔 먹는 것이 좋습니다.

지혜롭게 적절하게 사용한 커피믹스는 2022년 경북 봉화 아연광산에 매몰되었던 두 사람을 열흘 동안 먹여 살리기도 했습니다.[16] 어느 쪽이 좋을지 득실을 따져서 꼭 필요할 때 적당량 사용하는 것이 좋습니다. 가공식품은 사용 목적과 방법에 따라 생명을 살리기도 하고 병들게 할 수도 있기 때문입니다.

---

15) 시드니 W 민츠, 설탕과 권력, 지호 (2004).
16) https://www.yna.co.kr/view/AKR20221105001451053

02

AI시대, 미래형 인재 양육을 위한 식습관 지침서

강혜숙 박사의 내 아이를 위한 음식코칭

2장
뭐가 문제라고 그래?

2장
뭐가 문제라고 그래?

1. 내 돈 주고 사지 말 것들

어떻게 유해한 가공식품으로부터 우리 아이의 건강을 지킬 수 있을까 고민하다가, 최소한 '내 돈 주고 사지는 말자.'고 생각했습니다. 가공식품을 권하는 사회답게 어딜 가나 간식으로 가공식품을 줍니다. 뭔가를 잘하면 칭찬하는 의미로 사탕이나 젤리, 과자를 줍니다. 다 받아서 모아본 적 있으시나요? 개인차는 있겠지만, 한 달 안에 가방 하나 정도는 거뜬히 채울 수 있을 겁니다.

첫 번째로 헤어져야 할 것은 혈당을 급하게 올리는 음료수이고, 두 번째는 1급 발암물질인 햄이나 소시지 같은 가공육류입니다. 세 번째는 치명적인 유혹을 보내는 아이스크림입니다. 사실 이 세 가지만 완전히 끊어도 급한 불은 끌 수 있습니다.

네 번째는 GMO 원료가 많이 사용되는 과자류입니다. 스낵류, 쿠키류, 캔디류는 물론이고 원재료만으로는 먹을 수 없는 껌이나 젤리는 아이들 입맛을 버리는 주범입니다. 특히 어린이 기호식품이라고 인증받은 것과 헤어져야 합니다. 이런 과자류를 끊으면 아이들 입맛이 돌아와서 밥을 잘 먹게 됩니다.

다섯 번째는 우유입니다. '우유까지?' 하면서 눈을 똥그랗게 뜨시는 분이 있을 겁니다. 우유는 동물 학대의 산물입니다. 사람이 살자고 동물을 학대하고 있습니다. 물론 동물이 인간의 먹거리가 될 수 있습니다. 그러면 차라리 학대하지 말고 잘 도축해서 고기를 먹는 게 더 낫지 않을까요? 소가 젖이 넘쳐나서 인간에게 나눠주는 것이라면 얼마든지 건강한 먹거리가 될 수 있습니다. 그러나 인간의 욕심을 위해 자기 새끼는 못 먹이고 우리에 갇힌 채 젖만 짜내다니, 그 가슴 찢어지는 어미 소에게서 나오는 젖이 과연 건강할까요?

여섯 번째는 식사 대용으로 먹는 라면, 햄버거, 피자, 치킨 같은 정크푸드와 헤어져야 합니다. '이런 것 빼면 먹을 게 하나도 없겠네!' 하고 불평하는 소리가 들립니다. 네, 맞습니다. 기업의 이윤만을 위해 만들어서 기호식품이란 이름으로 그럴싸하게 포장된 가공식품 중에는 우리 아이가 먹을 게 별로 없습니다.

2. 물보다 흡수가 빠른 음료수

외식을 좋아하는 너에게

수연아!

우리가 외출하면 너는 "오늘은 식당에서 밥 먹고 가요." 하면서 엄마, 아빠를 조르지. 이제는 막내까지도 그 대열에 합세해서 "식당! 식당!"을 외치고 있어. 특별한 날이면 뷔페식당을 가자고 하고…. 아마도 평소에 먹지 않던 달콤하고 기름진 음식을 마음껏 먹을 수 있어서일 거야. 엄마는 뷔페만 가면 과식하게 되더라. 건강한 음식으로 고른다고 해도 워낙 종류가 많으니까 한 젓가락씩만 먹어도 배가 부르더라. 어른도 그런데 하물며 너 같은 어린이는 더 하겠지? 배가 빵빵해서 아플 때까지 먹잖아. 식욕은 태초부터 통제하기 어려운 욕구인가 봐.

음료수든 과자든, 가공식품이 맛있고 좋은 걸 어떡하겠니. 좋아하지 말라는 말은 안 할게. 너무 좋으니까 조금 아껴둔다고 생각하면 어때? 그 대신 건강한 음식에도 사랑을 조금 나눠주면 어떨까? 뷔페에 가서 네가 가장 행복해하는 이유는 탄산음료를 무제한으로 마실 수 있다는 점이지. 엄마는 탄산음료를 안 사 주니까 말이야. 엄마는 왜 탄산음료를 안 사 줄까?

탄산음료 하면 콜라가 먼저 생각나지? 콜라에 들어 있는 가장 많은 성분이 뭘까? 물이야. 그럼 두 번째로 많이 들어 있는 건 뭘까? 그래, 짐작했겠지. 과당이나 설탕 같은 달콤한 것이야. 액상 과당은 설탕과 사촌인데, 굉장히 진하게 농축된 액체야. 이렇게 음료수를 많이 마시는 것이 습관이 되면 몸에 물이 부족하게 돼. 더러운 옷을 빨려면 깨끗한 물이 필요해. 옷을 콜라로 빨면 어떻게 될까? 생각만 해도 웃기지. 우리 몸에 있는 노폐물, 찌꺼기를 몸 밖으로 내보내려면 물이 필요하단다. 우리가 음료수를 마시는 것은 옷을 콜라로 빠는 것과 같아. 음료수 대신 물만 잘 마셔도 질병이 안 생겨.

　음료수를 많이 마시면 우리 몸에 혈당이 엄청나게 오른단다. 혈당은 혈액 속에 포도당이 얼마나 들어 있는가를 측정한 값이야. 포도당이 혈액으로 들어오면 그것을 세포로 빨리 이동시켜서 혈당을 일정한 농도로 만들어야 해. 포도당은 췌장에서 보내준 인슐린이라는 호르몬 버스를 타고 세포로 이동하는데, 갑자기 많은 포도당이 들어오면 버스에 자리가 부족해져. 자리가 없으니 버스를 늘려야겠지. 당분이 천천히 들어오면 기존에 있던 버스가 왔다 갔다 하면서 일을 다 처리할 수 있는데, 밥이나 빵과 달리 음료수는 한 컵을 벌컥벌컥 마시니까 순식간에 혈당 수치가 올라가. 그러니 췌장에서는 인슐린 버스를 늘리느라 고생하지. 그래서 나중에는 췌장이 고장 나서 더는 인슐린 버스를 만들어 내지 못하기도 해. 또 너무 많은 인슐린 버스가 있기 때문에 혈당이 조금만 높아져도 모든 버스가 한꺼번에 출동하는 바람에 너무 많은 포도당을 세포로 이동시켜 버려서 정상 혈당치보다 낮아지는 경우도 있어. 그걸 저혈당쇼크라고 해. 당뇨병에 걸린 사람에게 가장 위험한 게 저혈당쇼크야. 저혈당쇼크는 사망으로 이어지기도 한단다.

　음료수뿐만 아니라 가공식품에도 거의 빠짐없이 들어가는 성분이 있어. 바로 인산이야. 인산은 뭘까? 인산은 음료수의 성분이 고루 섞여서 가라앉는 것이 없게 하고 산도를 조절하기 위해 사용해. 음료수 한 병을 마시면 엄청난 양의 인산이 혈액으로 흡수된단다. 인산은 우리 뼈와 이에 저장돼 있는 칼슘을 빼내서 같이 소변으로 내보낸단다. 이렇게 칼슘이 빠져나가기 때문에 달콤한 음료수를 많이 먹으면 뼈가 약해지고 치아가 상하게 돼서 작은 충격에도 뼈나 이가 쉽게 금이 가거나 부러지지.

콜라에는 카페인이 들어 있어. 잠을 자야 키가 크고 기억력도 좋아지는데, 늦은 오후나 저녁에 탄산음료를 마시면 잠이 잘 안 온단다. 잠을 못 자면 어린이가 제대로 성장할 수 없겠지. 또 카페인이 들어간 음료를 마시면 소변이 자주 마려워. 그건 카페인이 이뇨작용을 해서 그래. 이뇨작용은 우리 몸에 있는 물을 밖으로 빼내는 활동이지. 물과 비슷하게 생각하고 음료수를 마셨는데, 우리 몸에 수분이 보충되지 않고 오히려 부족해진단다. 목이 마르면 물을 마시자.

그래도 패스트푸드와 콜라는 세트니까 치킨이나 햄버거, 피자를 먹을 때는 당연히 마시고 싶지. 어쩌다 한 번은 괜찮아. '음료수 마신 뒤엔 물 마시기'를 기억해! 아무튼 엄마는 네가 건강한 입맛을 유지하고 자라면 좋겠어. 모르는 것보다 알고 있는 게 너에게 도움이 될 거야. 언젠가는 엄마가 한 말이 무슨 뜻인지 제대로 이해하는 날이 오겠지. 오늘도 잔소리가 길었네.

수연이를 사랑하는 엄마가

음료수 효과

음료수를 첫째로 꼽은 건 아이가 너무 좋아하고 쉽게 구할 수 있으며, 저렴하면서도 몸을 가장 **빠르게** 망칠 수 있기 때문입니다. 음료수의 가장 큰 문제점은 탈수현상입니다. 아이들은 갈증이 나면 음료수를 찾습니다. 그러나 음료수는 몸에 부족한 수분을 보충하기보다는 수분을 제거하는 역할을 합니다. 자연히 다시 목이 마르고, 또다시 음료수를 마시는 악순환이 이어집니다. 물을 마시면 간단히 해결될 문제를 음료수를 마셔서 복잡하게 꼬였습니다.

물의 기능
- 영양소와 노폐물의 이동
- 화학 및 대사과정의 용매
- 정상 체온 유지
- 소화액과 신체 보호
- 전해질과 삼투압 조절

음료수의 문제점
- 탈수현상
- 당뇨, 비만, 고혈압
- 충치와 골절
- 성장호르몬 감소
- 영양소 흡수 방해
- 집중력 저하, 과잉행동장애
- 위장염, 역류성식도염, 과민성대장증후군 악화

세포에 물이 필요할 때면 목이 마릅니다. 그때 세포액의 농도보다 연한 물이 들어오면 세포 안으로 물이 쏙 들어갑니다. 삼투압현상입니다. 반대로 세포액의 농도보다 진한 음료수가 들어오면 세포안의 물이 밖으로 **빠져나옵니다**. 물은 세포 안에서 신진대사에 꼭 필요한 성분입니다. 물이 부족하다고 신호를 줬는데, 몸의 주인이 신호를 제대로 알아듣지 못해서 되레 세포 안에 있던 물마저 **빼내** 갔으니 세포가 정상적인 작동을 할 수 있을까요?

물은 우리 몸에 영양소를 이동시키고 노폐물을 제거하는 역할을 합니다. 소화액도 만들고 에너지대사, 면역반응 같은 신진대사에 물이 꼭 필요합니다. 또 땀을 흘려서 정상 체온을 유지하게 하고, 그 외에도 다양한 역할을 합니다. 체내 물 부족은 만병의 근원입니다.

두 번째로 음료수는 어떤 음식보다 혈당을 가장 빨리 높입니다. 빵이나 흰밥, 과자도 정제 탄수화물로 만들어서 혈당을 상승시키는 음식이지만, 씹어서 먹기 때문에 1인분을 먹는데 어느 정도 시간이 걸립니다. 그러나 음료수는 한 잔을 단숨에 마실 수 있기 때문에 혈당을 올리는 데는 일등입니다. 당분이 섭취되는 속도가 일정해야 인슐린이 혈당을 처리하기가 수월합니다. 갑자기 쏟아져 들어오는 혈당은 인슐린 분비를 증가시키게 되고, 인슐린이 증가하니까 혈당이 갑자기 뚝 떨어지고, 혈당이 떨어지면 허기가 반복됩니다. 이때 아이들은 간식으로 음료수를 찾습니다. 음료수를 매일 마시면 금세 당뇨전단계*에 진입합니다.

음료수를 마시면 살이 찝니다. 음료수에서 물을 빼면 액상과당이 가장 많이 들어 있습니다. 포도당이 부족할 경우 과당이 포도당으로 변화되기도 하지만, 대부분의 과당은 소화 과정 없이 바로 흡수돼 빠르게 중성지방으로 변화되어 지방세포에 저장됩니다. 설탕이 소화되면 포도당과 과당으로 나뉩니다. 음료수에는 설탕과 과당이 함께 들어 있기 때문에 포도당이 부족할 염려가 없습니다. 그러니 음료수에 있는 과당은 모두 다 지방으로 저장됩니다. 카페에서 넣는 시럽도 액상과당이 주성분입니다. 비만과 당뇨는 누가 먼저랄 것 없이 같이 찾아옵니다. 비만은 모든 염증성 질환의 근원이 되고, 당뇨병이 있는 사람 중 대부분이 합병증으로 고혈압, 심근경색 같은 심장혈관질환을 함께 지니고 있습니다. 당뇨병은 약으로 조절하면 되는 간단한 질병이 아닙니다. 당뇨에서 시작해서 합병증이 온몸을 지배합니다. 백내장이나 망막병증으로 시력을 잃을 수도 있고, 신부전증이 오면 투

> *당뇨전단계:
> 당뇨전단계는 공복혈당이 조금 높거나 (100~125mg/dL), 공복혈당은 정상이지만 식후 2시간째 측정하는 혈당이 급격히 증가해서 140mg/dL을 웃도는 경우입니다. 공복 혈당은 7~12시간을 굶은 상태에 측정한 혈당을 말합니다.
>
> 선천적으로 인슐린 분비에 문제가 있는 경우가 아니고는 대체로 초등학생의 공복혈당은 정상입니다. 당뇨전단계를 조기에 발견하려면 당화혈색소를 측정해 보는 것이 좋은 방법입니다. 건강보험공단에서 학생들의 1차 건강검진 항목에 비만인 학생만 혈당과 콜레스테롤 수치를 검사합니다. 이왕 혈액을 채취한다면 모든 학생이 당화혈색소 검사를 하면 의료비가 더욱 줄어들 것입니다.

석하며 살아야 하고, 상처가 나면 회복이 어려워서 다리를 절단할 수도 있고, 여러 가지 합병증으로 고생하다가 사망에 이릅니다.

> *** 포도당과 과당 :**
> 포도당(glucose)은 포도에서 처음 발견되어 붙은 이름이고, 과당(fructose)은 과일에 많이 들어 있다고 해서 붙은 이름입니다.

2021년 통계청이 발표한 한국인의 10대 사망원인은 '암, 심장 질환, 폐렴, 뇌혈관 질환, 자살, 당뇨병, 알츠하이머, 간 질환, 패혈증, 고혈압성 질환 순'이었습니다.[17] 살이 찌면 이런 질병의 위험성이 상당히 높아집니다. 어릴 때부터 음료수를 즐겨 마시는 습관은 이런 질병에 한 발 가까이 다가가는 것입니다.

당뇨병으로 진단이 된 경우에도 식습관을 바꾸지 않고 약에만 의존해서는 안 됩니다. 마치 수도꼭지에 물이 틀어져서 욕조가 넘치고 있는데 수돗물을 잠글 생각은 하지 않고 흘러넘친 물만 닦아내는 것과 같습니다. 약은 증상을 완화해 고통을 줄일 수는 있지만, 근본 원인을 치료하는 약은 많지 않습니다.

미국에서 소아비만 인구가 늘어나자 학교 안에 음료 자판기 설치를 금지한 주가 늘어났습니다. 콜라 한 캔을 다 마시면 밥 한 공기를 먹는 것과 같은 열량을 섭취하기 때문에 음료수만 안 마셔도 고도비만을 막을 수 있습니다.

---

17) korea.kr/news/policyBriefingView.do?newsId=156527816

치아와 뼈 건강

• **식품유형** : 탄산음료 • **유통기한** : 제품 밑면 표시일까지 • **원재료명** : 정제수, 액상과당, 백설탕, 이산화탄소, 캐러멜색소, 인산, 천연착향료, 카페인(향미증진제) • **제조원** : ○○음료(주)

음료수의 원재료명을 잘 보면 인산이 적혀 있습니다. 음료수 한 병을 마시면 엄청난 양의 인산이 혈액으로 흡수됩니다. 그러면 혈액 속의 무기질 균형을 이루기 위해서 우리 몸속에 저장되어 있던 다른 무기질을 혈액으로 불러냅니다. 그렇게 균형을 맞춘 다음 과도한 양은 소변으로 배출됩니다. 그때 호출되는 무기질이 바로 칼슘입니다. 칼슘은 우리 몸에 가장 많이 저장되어 있는 무기질로서 뼈와 치아에 저장되어 있습니다. 이렇게 인산은 칼슘과 함께 빠져나가기 때문에 골밀도가 떨어져 뼈가 약해집니다.

아이들이 뼈에 금이 가거나 골절이 잘되는 원인이 음료수입니다. 20대에 골밀도를 최고치까지 올려야 하는데, 탄산음료 덕분에 골밀도가 계속 떨어지고 있습니다. 최고 골밀도에 도달한 적이 없으니, 중년 이후에 남녀 불문하고 골다공증이 오는 것은 당연할 것입니다.

혈액 내 무기질균형을 위해 인산이 칼슘과 함께 몸에서 빠져나가는 동안 배설을 담당하는 기관인 콩팥도 함께 고생합니다. 계속 무리하면 결국 신부전증이 유발될 수 있습니다. 달콤한 음료수를 많이 먹으면 뼈가 약해지고 충치는 물론이

> * **인산은 무엇일까요?**
> 인산(H_3PO_4)은 인(P)에 산(COOH)이 결합된 것으로 우리가 식품으로 섭취하는 주요 형태입니다. 인은 자연 상태에서 독자적으로 존재하는 경우는 드물고, 인산염의 형태로 존재합니다. 인은 우리 몸을 구성하는 무기질로서 칼슘 다음으로 많이 가지고 있는 성분입니다. 그렇다면 우리 몸에 필요한 성분이니 많이 먹어도 되는 건 아닐까요? 인은 가공식품을 먹지 않아도 식품 어디서든 충분히 섭취할 수 있습니다.
> 가공식품에 들어 있는 인산염의 문제는 과도한 함량입니다. 가장 많이 사용되는 첨가물이 인산나트륨 형태입니다. 음료수뿐만 아니라 가공식품에도 거의 빠짐없이 들어 있는 성분으로서 결합된 염류의 종류에 따라 이름이 조금씩 다르지만 주로 산도조절제와 유화제로 많이 사용됩니다.

고 치아 내부가 상하고 콩팥까지 병들게 되는데, 아이가 좋아한다는 이유로 그냥 두어도 될까요?

스트레스를 풀기 위해

탄산음료가 되려면 이산화탄소가 꼭 들어가야 합니다. 이산화탄소는 톡 쏘는 맛을 담당합니다. 우리가 호흡할 때 들숨과 날숨이 있습니다. 그때 우리가 산소를 들이마시고 이산화탄소를 내뱉습니다. 그 이산화탄소를 우리가 마시는 것은 호흡을 역행하는 것입니다. 대체로 우리가 마신 이산화탄소는 트림으로 배출되긴 하지만 뭔가 께름칙합니다. 트림이 나올 때 코가 얼마나 찡한지 눈물이 납니다. 식도나 위벽은 통각 세포가 매우 적어서 우리가 통증으로 인지하지 못할 뿐이지 상당히 아플 것입니다. 아픔은 그 자체로 스트레스입니다.

시원한 음료수를 마시면 스트레스를 확 날려준다고 광고하지만, 실제로는 우리 몸에 스트레스를 주고 있습니다. 탄산이 위벽과 식도괄약근을 자극하므로 위장염과 역류성식도염이 우려됩니다. 영국 건강 정보 사이트 'Medical News Today'에서는 "과민성대장증후군이 있는 사람은 탄산수가 증세를 악화시킬 수 있다."라고 말합니다.[18]

콜라 특유의 색을 나타내는 캐러멜색소는 콜라와 사이다를 구분하는 성분입니다. 이 캐러멜색소는 발암 가능 성분인 4-메틸이미다졸(4-MI: 4-methylimidazol)을 함유하고 있습니다. 한동하 박사는 "4-메틸이미다졸이 사람에게 암을 발생시킨다는 보고는 없지만 동물실험 결과 암 발병률을 높인다는 결과가 있다. 국제암연구소는 4-메틸이미다졸을 '발암가능성이 있는 물질(Group 2B)'로 분류하고 있다."라며 캐러멜색소의 위험성을 경고합니다.[19]

음료 특유의 향미는 그 음료의 정체성입니다. 콜라 하면 떠오르는 그것은 천연착향료와 카페인의 맛입니다. 향은 참 특이합니다. 같은 단맛도 각각의 향이 더해져야 그 맛이 됩니다. 그래서 향미(香味, flavor)라고 합니다. 코가 막히거나 후각신경이 마비되면 맛을 못 느끼는 것도 같은 이치입니다. 그 향미가 뇌리에 각인되어서 뭐가 먹고 싶으면 특정 향이 생각납

---

18) https://www.hidoc.co.kr/healthstory/news/C0000591941
19) k-health.com/news/articleView.html?idxno=28827

니다. 오렌지나 바나나, 파인애플의 단맛은 똑같은 과당이지만 향미 성분이 다릅니다.

 어떤 음식에 들어 있는 영양소가 필요할 때도 그 특유의 향미가 생각납니다. 요즘은 뭔가 먹고 싶을 때 가공식품의 향미가 먼저 떠올라서 문제입니다. 인공이든, 천연이든 향료는 우리 몸을 헷갈리게 합니다. 향미는 그 식품을 기억나게 하는 지표인데, 가공식품에 다른 향미를 첨가하여 엉뚱한 음식을 갈망하는 입력오류의 원인이 됩니다.

※ **천연착향료는 많이 먹어도 될까요?**
원료는 천연에서 왔지만, 색소를 추출하기 위해서는 먹을 수 없는 유기용매를 사용합니다. 요즘에는 유기용매를 사용하지 않는 초임계추출법도 있지만 매우 비싸다는 게 흠입니다. 또 추출한 것에서 한 가지 성분으로 만들기 위해 분리하고 정제하는 여러 공정을 거치는 동안 유기용매를 사용합니다. 그 유기용매를 제거하는 과정을 거치지만 잔류할 수 있는 위험성이 남아 있습니다.
향료를 추출하고 농축해서 사용하는 것이기 때문에 천연 상태에 들어 있는 양보다 초과량이 들어갈 수 있어서 많이 먹으면 우리 몸에 어떤 영향을 미칠지 알 수 없습니다. 향료는 입력오류를 불러오는 일차 원인이 되기 때문에 천연향료든, 합성향료든 향을 넣은 가공식품을 많이 먹는 것은 좋지 않습니다.

※ **합성착향료란?**
합성착향료는 석유화학 계열의 원료로부터 합성하는 전합성법, 이미 만들어진 기존 향료 제품으로부터 합성하는 반합성법, 효소 같은 세포의 작용으로 향료를 합성하는 생합성법이 있습니다. 합성반응에 사용하는 용매나 모든 처리 과정은 일반 유기화학 제품의 합성과 거의 같습니다.
현재 전 세계에 2,000여 개 이상의 합성향료 화합물이 있는데, 딸기향은 합성향료 화합물이 250종 이상, 포도향은 200종 이상을 혼합해 만드는 것으로 알려져 있습니다. 합성착향료는 식품의약품안전처(식약처)의 허용 기준 이하인 적은 양을 섭취하더라도 두통, 복통, 순환기 장애, 주의력결핍과잉행동장애(ADHD) 등의 위험성을 높인다고 합니다. 미국 식품의약국(FDA) 연구에서도 팝콘에 주로 사용되는 버터향 성분인 디아세틸이 폐와 기도를 손상시킬 수 있으며 돌연변이를 일으킬 수도 있다는 결과를 발표했습니다.[20)21)]

---

20) fsnews.co.kr/news/articleView.html?idxno=1628
21) Paul Whittaker, Jane J Clarke, Richard H C San, Timothy H Begley, Virginia C Dunkel, Evaluation of the butter flavoring chemical diacetyl and a fluorochemical paper additive for mutagenicity and toxicity using the mammalian cell gene mutation assay in L5178Y mouse lymphoma cells, *Food Chem Toxicol*. 46(8):2928-33 (2008).

카페인과 성장호르몬

콜라에 카페인은 왜 넣을까요? 엄청난 양의 단맛은 달콤하기보다 역한 맛이 납니다. 그 역함을 느끼지 못하도록 쓴맛의 카페인을 첨가합니다. 카페인은 맛도 조절하고 각성효과와 중독성까지 주니 일석삼조인 셈입니다. 이런 각성효과는 어린아이에게 어떤 영향을 미칠까요? 카페인은 얼마까지는 먹어도 되는 걸까요?

영유아든, 어린이든, 성인이든 체중 kg당 2.5mg까지 허용합니다. 그래서 체중이 가벼운 사람은 카페인에 더 민감해서 똑같이 커피 한 잔을 마셔도 불면증이 올 수 있습니다. 예를 들어 엄마와 아이가 같은 양의 콜라를 한 컵씩 마시면 아이는 더 예민하게 반응해서 흥분하고 잠을 잘 이루지 못합니다. 아이가 잠을 못 자면 성장호르몬이 제때 분비되지 않으니 성장이 더딜 것입니다. 잠을 자도 깊이 자지 못하고 뒤척거립니다. 잠자는 동안 우리 뇌는 하루 동안 습득한 것을 정리하면서 망각할 것과 장기 기억으로 옮길 것을 가다듬어 다음 날 새로운 정보를 받아들일 준비를 합니다. 그런데 잠을 자지 못하거나 수면의 질이 나쁘면 어떻게 될까요? 미국 미시간대학교 애튼 교수 연구팀은 "수면 부족은 장기 기억을 담당하는 뇌 속 해마의 'CA1' 부위에 영향을 미쳐 기억 생성을 방해한다."라고 보고했습니다.[22]

〈표 2〉 카페인 하루 최대 섭취 권고량

연 령	카페인 하루 최대 섭취 권고량
영유아	단위 체중당 2.5mg
만 3~5세	44mg
만 6~8세	63~66mg
만 9~11세	89~96mg
성인	400mg

아이가 잠을 충분히 못 자면 면역기능이 약해져서 각종 질병에 취약해집니다. 아이가 쉽게 짜증 내거나 화를 내기도 하고, 작은 일에도 불안해하며 우울감이 유발될 수도 있습니다. 수능을 앞둔 학생이 고카페인 음료로 밤을 지새우면서 공부하는 모습을

---

22) Nicolette Ognjanovski, Samantha Schaeffer, Jiaxing Wu, Sima Mofakham, Daniel Maruyama, Michal Zochowski & Sara J. Aton, Parvalbumin-expressing interneurons coordinate hippocampal network dynamics required for memory consolidation, *Nature Communications* 8, 15039 (2017).

종종 봅니다. 공부한 내용이 기억으로 저장되려면 잠을 자야 하는데, 잠을 못 자서 괴로운 데다 공부 효율까지 떨어져서 안타깝기만 합니다.

〈표 3〉 식품 유형별 카페인 함량

식품 유형	카페인 함량(1회 제공량)
탄산음료	7~43mg
홍차음료	9~80mg
에너지 음료	58~120mg
믹스커피	79~124mg
커피/초코우유	30~133mg
전문점 커피	30~139mg
커피/초코맛 아이스크림	10~20mg
초콜릿	30mg

게다가 카페인 때문에 불안이 가중되어 학생들은 편히 잠을 잘 수도 없고, 안 자려니 카페인에 의존하는 악순환이 이어집니다. 또 카페인은 대장의 연동작용을 촉진해서 영양소가 흡수되는 시간을 단축시킵니다. 따라서 철분을 비롯한 미량영양소의 흡수를 방해해서 빈혈을 유발할 수도 있습니다.

카페인 섭취 경로

카페인 함량이 표시되지 않은 탄산음료라 하더라도 한 병에 최대 31mg이 함유되어 있습니다. 음료 250mL 기준으로 카페인이 37.5mg 이상이 함유되면 고카페인 음료로서 카페인 함량을 표기합니다. 영양성분 표기란에 카페인 함량 표기가 없어도 원재료명에 과라나 추출물이나 콜라나무 열매, 카페인이라고 표기되어 있으면 카페인이 들어 있다는 뜻입니다.

아이들은 어떤 음식으로 카페인을 섭취할까요? [그림 1]과 [그림 2]는 어떤 경로로 카페인을 섭취하고, 몸에 어떤 영향을 주는지에 관한 식약처의 조사 결과입니다.[23] 초등학생은 탄산음료에서 가장 많은 카페인을 섭취하고 있으며, 초코우유 같은 가공유와 코코아 가공품으로도 상당히 많은 카페인을 섭취하는 것으로 나타났습니다.

아이가 흔히 마시는 탄산음료나 초코우유 같은 가공유뿐만 아니라 초코아이스크림, 초코과자, 초콜릿이나 코코아가공품 같은 고체 식품에는 의무사항이 아니어서 표기하지 않습니다. 표기가 안 되었다고 카페인이 없는 것이 아니므로 주의가 필요합니다. 소비자보호원 자료에 따르면 초콜릿 제품 한 개당 평균 22.8mg, 밀크초콜릿은 평균 11.8mg의 카페인이 들어 있으며, 다크초콜릿의 경우 어린아이가 하루 섭취할 수 있는 양을 초과하는 47.8mg이 들어 있는 제품도 있습니다.

---

[23] 식품의약품 안전처 2020년 3월 18일 보도자료

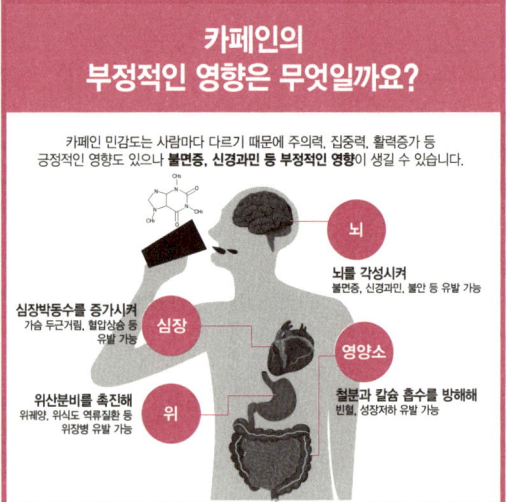

[그림 1] 연령별 카페인 섭취 경로   [그림 2] 카페인의 부정적인 영향

캐나다 보건부 식품관리국의 파월 노롯 연구팀은 "아이가 하루에 카페인을 45mg 이상 섭취할 경우 ADHD를 유발할 수 있다."라고 경고합니다.[24] 한국소비자원은 "북유럽 국가에서는 어린이나 청소년에게 불안(anxiety) 2.5mg/kg · bw/day, 불면증(sleep disturbance) 1.4mg/kg · bw/day, 내성발달(tolerance development) 1.0~1.25mg/kg · bw/day에 관한 최소유해용량(LOAEL)이 제시되어 있어서 더욱 경각심을 느낄 수 있다."라고 말합니다.[25] 다시 말해 5세 이하의 유아는 44mg 이상 섭취하면 불안을, 25mg 이상을 섭취하면 불면증을, 17~22mg을 섭취하면 카페인에 대한 내성이 생긴다는 말입니다.

국내에서는 '하루 최대 섭취 권고량'만 설정되어 있고, 카페인 함량 표기가 없는 제품이 많아서 어린이나 청소년의 건강을 위해서는 더욱 세심한 주의가 필요합니다. 소비자가 알 수 있도록 카페인을 함유한 모든 식품의 식품영양정보 표기란에 카페인 함량 표시를 의무화하거나, 어린이 기호식품 인증과 상관없이 어린이가 즐겨 먹는 식품에는 카페인 함량 표시를 의무화하는 것이 필요합니다. 미취학 아동이 카페인을 섭취하는 경로는 가공우유(32%), 탄

---

[24] P Nawrot, S Jordan, J Eastwood, J Rotstein, A Hugenholtz, M Feeley, Effects of caffeine on human health, *Food Additives and Contaminants*, 20(1) 1-30 (2003).

[25] Meltzer, H. M., Risk assessment of caffeine among children and adolescents in the Nordic countries. *Tema. Nord*.551 (2008).

산음료(24%), 코코아 가공품(16%)이며, 기타음료의 비율까지 합치면 액상 타입의 간식이 카페인 섭취의 70%를 차지하고 있습니다.[26] 카페인은 몸이 쉬어야 할 때 쉬지 못하도록 방해하기 때문에 건강을 해치는 중요한 요인이 될 수 있습니다. 졸릴 때는 잠을 자야 합니다. 몸에서 보내는 신호를 잘 이해하고 그 신호에 맞게 우리 몸을 보살피는 것이 건강의 기초입니다.

---

26) 식약처 2015. 6. 30 보도자료

3. 어른도 좋아하는 햄과 소시지

미트볼 이야기[27]

아베 쓰카사라는 사람이 있습니다. 그는 일본의 한 식품첨가물 제조회사에서 판매 실적이 가장 좋았던 유능한 사원이었습니다. 현장을 직접 찾아다니며 제품마다 어떻게 가공되는지 직접 체험해 보면서 식품 가공회사의 고민을 해결해 주었습니다. 그는 식품첨가물 감별사라고 할 만큼 첨가물 100가지 정도는 혀끝에서 구분할 수 있습니다.

어느 날은 한 회사에 갔더니 쇠고기 잡육을 대량 구매했는데 어떻게 해야 할지 모르겠다면서 그에게 도움을 청했습니다. 상태를 보니 이미 흐물흐물해져 물이 질질 흐르는 쇠고기였습니다. 그는 거기에 양을 늘리기 위해 폐계육을 섞고, 쫄깃한 식감을 만들기 위해 인조육인 대두단백과 부드럽게 느끼도록 하려면 라드와 변성 전분도 넣으면 상한 원료로도 충분히 쇠고기 느낌을 낼 수 있다고 알려주었습니다. 쇠고기 맛을 내기 위해 조미료와 향료가 섞인 비프 농축액을, 공장의 기계에 재료가 달라붙지 않고 잘 떨어지도록 증점제와 유화제를 넣으면 된다고 했습니다. 먹음직스러운 색을 내기 위해서는 색소를, 보존 기간을 늘리기 위해서는 보존료와 pH 조정제, 산화방지제를 넣었습니다.

이렇게 나쁜 냄새와 맛을 제거하고, 쫄깃하면서 부드러운 식감과 맛을 더해 주는 첨가물을 넣으면 문제가 해결된다며 자기 회사의 첨가물을 소개하고 공급했습니다. 그의 조언대로 만들어진 미트볼은 미키마우스 꼬지를 달고 불티나게 팔려 나갔습니다.

그날은 첫아이의 세 살 생일잔치가 있던 날이었습니다. 바쁜 일을 뒤로 하고 사랑스러운 아이의 생일을 축하해 주기 위해 집에 도착했습니다. 아이의 생일상에 그 미트볼이 올라와 있었습니다. 생일 축하 노래가 끝나자마자 아이들의 젓가락이 모두 미트볼로 향했습니다.

---

27) 아베 쓰카사, 인간이 만든 위대한 속임수 식품첨가물, 국일미디어, 31-44 (2006).

깜짝 놀란 아베 씨는 상을 막아서면서 그것을 먹어보았습니다. 자신이 소개한 첨가물로 만든 그 미트볼이 맞았습니다. 생일상에서 미트볼을 치우면서 그는 '나도, 내 식구도 소비자의 한 사람'임을 깨달았습니다. 그날 충격을 받은 아베 씨는 판매자의 편협한 사고에서 벗어나게 되었고, 양심의 가책을 느껴서 도무지 회사를 다닐 수 없었습니다. 그는 회사를 그만두고 '무첨가 명란젓' 만들기에 성공했습니다. 무첨가 제품 비즈니스를 하면서 사람들과 첨가물에 관한 이야기를 자연스레 하게 되었습니다. 그의 이야기가 입소문을 타면서 첨가물 강연을 많이 하게 되었고 《인간이 만든 위대한 속임수 식품첨가물》이라는 책을 써 출간했습니다.

소시지는 어떤 부위로 만들까?

만약 100kg짜리 도축된 돼지 한 마리가 통째로 주어진다면 어떤 요리를 하고 싶으신가요? 먼저 삼겹살이나 목살(목심), 항정살, 가브리살 같이 맛있게 구워먹을 것은 따로 떼어 놓습니다. 갈비는 잘 양념해서 찜으로, 안심이나 등심은 스테이크나 돈가스로 변신이 가능합니다. 앞다리와 뒷다리는 수육, 제육볶음도 하고 갈아서 만두를 빚거나 빈대떡을 부칠 수 있고, 등뼈는 감자탕을 끓일 수 있습니다.

그러면 소시지는 어떤 부위로 만들까요? 중요한 부위 다 떼어내고 남은 자투리 살과 지방을 합쳐서 만듭니다. 프레스햄 종류도 마찬가지입니다. 자투리를 모아서 식품첨가물을 넣고 열과 압력을 가해 육면체로 성형하면 맛있어집니다. 햄이나 소시지에는 아질산염이라는 발색제를 첨가합니다. 베이컨, 훈제오리 같은 육가공식품 역시 아질산염 덕분에 붉은 빛이 납니다.

햄의 성분과 제조 과정을 모두 알고도 맛있게 먹는 사람이 몇이나 될까요? 요즘은 웬만해서는 위생상 문제되는 요소는 거의 없습니다. 육가공품에 들어 있는 아질산염과 위산이 만나면 니트로사민이라는 물질이 만들어집니다. 아질산염 자체도 2A급 발암물질이고 가공육은 1급 발암물질입니다. 세계보건기구(WHO) 산하 국제암연구소(IARC)에서 1급 발암물질이라고 분류한 것은 '사람에게 암을 일으키는 기전이 확실하다'는 뜻입니다. WHO는 햄이나 소시지가 담배만큼 나쁘다고 경고합니다. 이런 독극물을 아이가 좋아한다는 이유로 많이 먹이고 있습니다.

아이가 소시지나 햄을 좋아하면 그 대신 기름기 적은 안심이나 등심을 스테이크처럼 구워 주십시오. 김밥에 빠질 수 없는 햄 대신에 잡채용으로 길쭉하게 썰어서 판매하는 돼지 등심을 사 봅시다. 양념해서 국물 없이 졸인 다음, 김밥에 넣으면 맛있습니다. 햄과 소시지가 없으면 아이가 밥을 안 먹을 것 같지만, 그것 없이도 잘 먹습니다. 단지 한두 번 시도해 본 경우와 끈기를 가지고 바꿔 나간 경우의 차이만 있을 뿐입니다. 햄과 소시지의 풍미에 길들인 아이들이 입맛 회복 과정 중일 때는 조금 복잡하지만 수제 햄이나 소시지를 만들어도 됩니다. 그러나 인공의 맛을 조금 순화하는 것은 아이들의 입맛을 회복하는 데 그다지 도움이 되지 않고, 요리하는 사람만 고생스럽습니다. 그냥 자연의 맛에 익숙해지도록 노력할 것을 추천합니다.

〈표 4〉 세계보건기구 국제암연구소(IARC)의 발암물질 기준 [28]

등급		기 준	해당물질
1등급		사람에게 발암성이 확실함: 사람에게 암을 유발한다는 강력한 증거와 동물 실험에서도 충분한 근거가 모두 있음.	가공육, 알코올, 담배, 벤젠, B형과 C형 간염 바이러스, 에스트로겐 요법, 피임약, 방사선(모든 종류), 벤조피렌, 자외선, 염화비닐, 비소, 카드뮴 등(126종)
2등급	A	사람에게 암 유발 개연성이 있음: 동물에게 발암성이 확실하고 사람의 세포나 조직실험에서 발암성이 확인됨.	붉은 고기, 고온 튀김, 4-메틸이미다졸, 말라리아, 질산염, 아질산염, 65도 이상의 뜨거운 음료, DDT(살충제), 글리포세이트(제초제), 아크릴아마이드, 납, 클로람페니콜 등(93종)
	B	사람에게 암 유발 가능성이 있음: 동물에게 발암성이 확실하지만 사람의 세포나 조직실험에서 발암성 확인이 없음.	절임채소(아시아 전통음식), 분해된 카라기난(폴리기난), 알로에베라 잎 추출물, 은행잎 추출물, 프로게스테론 피임약, 카페익산, 마이토마이신C, 페놀프탈레인, 휘발유, 나프탈렌 등(317종)
3등급		인간에게 발암성이 있다고 분류할 수 없음: 동물에서 발암성이 확실하지만 사람에게서는 발암 기전이 없다는 강력한 증거가 있음.	차, 카페인, 아마란스, 천연 카라기난, 사카린, 폴리염화비닐(PVC), 원유, 셀레늄, 과산화수소, 리모넨, 등(501종)

---

[28] https://monographs.iarc.who.int/list-of-classifications

더 착하고 순한 맛

햄은 왜 만들었을까요? 영미 소설인 로라 잉걸스 와일더의 '초원의 집' 1권을 보면 사냥해 온 사슴고기를 훈연하는 장면이 나옵니다. 숲속 작은 집의 겨울 양식입니다. 한 마리를 한꺼번에 다 먹을 수 없기 때문에 저장했다가 천천히 나눠서 먹기 위해 햄을 만듭니다. 먼저 며칠 동안 고기를 소금에 절입니다. 속이 빈 통나무에 문과 지붕을 달고 마르지 않은 히커리나무로 모닥불을 피우면 통나무 안에 연기가 가득 차면서 훌륭한 훈연장치가 됩니다. 며칠간 훈연하고 나면 오랫동안 저장해 두고 먹을 수 있는 햄이 만들어집니다.[29]

훈연은 햄이나 소시지로 저장하는 방법입니다. 우리는 굳이 번거롭게 훈연할 필요가 없습니다. 게다가 발색제를 넣은 가공육은 1급 발암물질입니다. 지금은 냉장고가 있고, 정육점에서 필요한 만큼 조금씩 사서 먹을 수 있기 때문입니다. '초원의 집'의 주인공 로라는 훈연한 고기와 생고기 중 어느 것을 더 좋아할까요?

'수제'라는 이름을 붙여 파는 것도 소비자의 입맛을 만족시키기 위해 조미료 같은 첨가물이 들었을 수도 있습니다. 소시지 체험학습장에서도 이미 조미료를 비롯한 온갖 첨가물이 다 들어간 반죽을 제공하는 곳이 많아서 시판 제품과 크게 다를 것이 없습니다. 아이들과 고기를 갈아오는 것부터 시작해서 직접 만들어서 소시지 색깔을 비교해 보는 것도 좋은 교육이 될 수 있습니다. 만드는 과정이 복잡해서 다음부터는 사먹자고 할 공산이 크지만, 교육삼아 한번쯤은 만들어 봐도 좋을 듯합니다.

다음은 한 회사에서 나오는 세 가지 햄의 성분표입니다. 보존료는 기본이고 기존 햄의 빛깔과 질감을 만들기 위해 유화제, 증점제, 산도조절제, 향미증진제가 추가됩니다.

---

[29] 로라 잉걸스 와일더, 가스 윌리엄스, 초원의 집 첫 번째 이야기, 큰 숲속의 작은 집, 비룡소 (2005).

〈표 5〉 세 종류 햄의 원재료명 비교

프레스햄(기존)	프레스햄(순한 맛)	프레스햄(더 착한)
돼지고기 92.44%(외국산: 미국, 스페인, 캐나다 등, 국산), 정제수, 정제소금(국산), 비타민C, 백설탕, 아질산나트륨(발색제), 카라기난, 혼합제제(폴리인산나트륨, 피로인산나트륨, 메타인산나트륨)	돼지고기 92.37%(지방 일부 사용 / 외국산: 미국, 스페인, 캐나다 등, 국산), 정제수, 설탕, 안데스소금(가공소금: 사이프러스산), 전분가공품(태국산), 발효맛 분말, 혼합제제(폴리인산나트륨, 피로인산나트륨, 메타인산나트륨), 카라기난, 비타민C, 아질산나트륨(발색제)	돼지고기 90.01%(국산), 정제수, 더 착한햄용시즈닝[유청분말(외국산, 국산 우유), 밀분해 추출물(외국산 밀), 카라기난, 티알이-시(보조단백질)], 비타민C, 난백분말(계란), 백설탕, 비프소스, 천일염 1.02%(국산), 분리대두단백, 더 착한햄용시즈닝 2, 복합스파이스 AF7, 산도조절제, 혼합제제(산도조절제), 샐러리주스파우더, 야채발효균 분말, 결정포도당, 코치닐 추출색소(천연색소)

　무항생제 고기를 써도 아질산나트륨으로 분홍빛으로 착색한다면 건강한 음식이라 할 수 없습니다. 순한 맛 햄의 경우 나트륨이 줄었지만 그 대신 설탕이 더 많이 들어가고 다른 첨가물이 추가되었습니다. 역시 발색제로 아질산나트륨이 들어 있습니다. 더 착한 햄은 아질산염 대신 코치닐 색소로 발색했습니다. 그러나 햄에서 문제가 되는 성분은 아질산염 하나만은 아닙니다. 발색제가 바뀌면 그에 맞게 첨가물이 추가되거나 바뀝니다. 아질산염을 사용하던 햄보다 첨가물이 더 많아졌습니다. 첨가물이 첨가물을 불러들이는 격입니다. 가공식품은 아무리 건강을 표방한다고 해도 '눈 가리고 아웅'일 뿐입니다. 세간에 이슈가 되는 성분은 빼고 만들었다고 하지만 그 대신 다른 성분으로 갈아탈 뿐입니다. 그것이 가공식품의 한계입니다.

햄 없는 김밥

햄 대신에 안심이나 등심을 넣은 김밥도 아이들의 반응이 좋습니다. 햄은 왜 핑크빛일까요? 집에서 돼지고기를 구웠을 때 색깔을 생각해 보면 핑크빛이 아니라 희끄무레한 회색입니다. 레시피 1을 참고해서 햄 없는 김밥에 도전해 봅시다. 의외의 반응에 깜짝 놀랄 것입니다.

식품첨가물은 '식품'이라는 말이 붙어 있어서 그렇지 식품이 아닙니다. 물론 천연에서 발견된 성분을 합성하는 경우도 많지만, 천연에서 출발했어도 일단 가공식품에 첨가되면 과식이 문제가 됩니다. 규정대로 첨가물을 첨가해도 어린아이가 하루 섭취 허용량 이상으로 먹어서 문제입니다. 소시지, 햄, 베이컨 등을 상대적으로 많이 먹는 연령이 3~6세입니다. 우리나라 전체 국민이 아질산염 일일섭취허용량(ADI: Acceptable Daily Intake)의 1%를 섭취하고 있는 반면에 3~6세의 아동은 5배인 5%로 조사되었습니다. 1~2세의 아질산염 섭취율은 ADI 대비 3.7%, 7~12세는 3.2%, 13~19세 2.1%로 집계된 반면에 성인인 20대는 1.1%, 30~40대 1%, 50~64세 0.3%로 나이가 들수록 아질산염 섭취량이 줄어들었습니다.[30] 어릴수록 체중이 가볍기 때문에 엄마와 아이가 소지지 한 개씩을 먹어도 아이가 단위 체중당 섭취량이 많을 수밖에 없어서 주의가 필요합니다.

> *** 식품첨가물은 왜 넣을까요?**
> 1. 원료의 향미와 질감을 좋게 만들려고
> 2. 특유의 색과 향미를 추가해 소비자에게 선택받기 위해서
> 3. 서로 다른 특성을 가진 재료가 잘 섞여서 하나가 되도록
> 4. 식품 제조 기계를 잘 작동하기 위해서
> 5. 한 번에 다량 제조한 것이 다 판매될 때까지 그 제품의 품질을 유지할 수 있도록 하기 위해서 (1주일~2년)

아이와 함께 즐겨 먹는 과자나 집에서 자주 먹는 가공식품에 도대체 뭐가 들었는지 원재료명을 적어 보는 것도 영양교육 효과가 있습니다(〈표 6〉 참조) 참고로 식품위생법에 근거해서 식약처에서 고시한 '식품첨가물의 기준 및 규격에 따른 용어의 정의'를 첨부했습니다. 고시의 내용을 보면 식품첨가물을 어떤 용도로 사용하는지를 일목요연하게 볼 수 있습니다.

---

[30] www.chemlocus.co.kr/news/download/33520

레시피	1. 햄 없는 김밥
재 료	김밥용 김 8장, 밥 다섯 공기, 동치미 1/2개(수제 단무지), 돼지등심(안심) 조림, 깻잎 16장, 당근 1/2개, 소금 1작은술, 후추 한 자밤, 참기름, 올리브유, 통깨 적당량

1. 밥을 고슬고슬하게 지은 다음, 소금과 참기름, 깨를 뿌려 고루 섞습니다.
2. 잘 익은 동치미를 김밥에 넣기 좋게 길쭉하게 썹니다(매운 것을 잘 먹으면 무김치를 썰어 넣어도 됩니다).
4. 깻잎도 잘 씻어서 물기를 털어 냅니다. 통으로 사용하거나 취향에 따라 반으로 썰어서 얇게 넣어도 됩니다.
5. 당근은 채썰기 해 둡니다.
6. 김 위에 밥을 얇게 편 후 깻잎을 깔고 김치, 등심조림, 당근, 지단을 올린 후 밥과 속이 잘 붙도록 꼭꼭 눌러가며 잘 말아 냅니다.
7. 말아 낸 김밥 위에 기름을 바르고 깨를 뿌려서 먹기 좋은 크기로 썰면 완성입니다.

레시피	2. 햄 대신 등심조림
재 료	돼지 안심이나 등심 한 팩(500g), 소금 1작은술, 후추 조금, 매실청 2큰술(강황가루), 올리브유 적당량

1. 채썰기 한 것은 구매한 경우, 고기를 물에 헹궈 핏물을 제거하고 체에 밭칩니다.
2. 덩어리째로 구입한 고기는 김밥에 넣기 좋게 길쭉하고 가늘게 썹니다.
3. 지방 성분이 적은 부위이기 때문에 팬에 기름을 살짝 두르고 소금, 후추, 매실청을 넣어 양념이 졸아들 때까지 조리면 완성입니다.

※〈첨가물의 기준 및 규격〉에 따른 용어의 정의

1) 가공보조제: 식품의 제조 과정에서 기술적 목적을 달성하기 위하여 의도적으로 사용되고 최종 제품 완성 전 분해, 제거되어 잔류하지 않거나 비의도적으로 미량 잔류할 수 있는 식품첨가물을 말한다. 식품첨가물의 용도 중 '살균제', '여과보조제', '이형제', '제조용제', '청관제', '추출용제', '효소제'가 가공보조제에 해당한다.

2) 식품첨가물의 용도: 식품의 제조·가공 시 식품에 발휘되는 식품첨가물의 기술적 효과를 말하는 것으로서 각 용어에 대한 뜻은 다음과 같다.

 (1) 감미료: 식품에 단맛을 부여하는 식품첨가물을 말한다.

 (2) 고결방지제: 식품의 입자 등이 서로 부착되어 고형화되는 것을 감소시키는 식품첨가물을 말한다.

 (3) 거품제거제: 식품의 거품 생성을 방지하거나 감소시키는 식품첨가물을 말한다.

 (4) 껌기초제: 적당한 점성과 탄력성을 갖는 비영양성의 씹는 물질로서 껌 제조의 기초 원료가 되는 식품첨가물을 말한다.

 (5) 밀가루개량제: 밀가루나 반죽에 첨가되어 제빵 품질이나 색을 증진하는 식품첨가물을 말한다.

 (6) 발색제: 식품의 색을 안정화하거나 유지 또는 강화하는 식품첨가물을 말한다.

 (7) 보존료: 미생물 작용에 따른 품질 저하를 방지하여 식품의 보존기간을 연장시키는 식품첨가물을 말한다.

 (8) 분사제: 용기에서 식품을 방출하는 가스 식품첨가물을 말한다.

 (9) 산도조절제: 식품의 산도 또는 알칼리도를 조절하는 식품첨가물을 말한다.

 (10) 산화방지제: 산화에 따른 식품의 품질 저하를 방지하는 식품첨가물을 말한다.

 (11) 살균제: 식품 표면의 미생물을 단시간에 박멸하는 작용을 하는 식품첨가물을 말한다.

 (12) 습윤제: 식품이 건조되는 것을 방지하는 식품첨가물을 말한다.

 (13) 안정제: 두 가지 또는 그 이상의 성분을 일정한 분산 형태로 유지시키는 식품첨가물을 말한다.

 (14) 여과보조제: 불순물 또는 미세한 입자를 제거하기 위해 흡착시켜 사용되는 식품첨가물을 말한다.

 (15) 영양강화제: 식품의 영양학적 품질을 유지하기 위해 제조공정 중 손실된 영양소를 복원하거나 영양소를 강화하는 식품첨가물을 말한다.

 (16) 유화제: 물과 기름 등 섞이지 않는 두 가지 또는 그 이상의 상(phases)을 균질하게 섞거나 유지하는 식품첨가물을 말한다.

 (17) 이형제: 식품의 형태를 유지하기 위해 원료가 용기에 붙는 것을 방지하여 분리하기 쉽도록 하는 식품첨가물을 말한다.

(18) 응고제: 식품 성분을 결착 또는 응고시키거나 과일이나 채소류의 조직을 단단하게 또는 바삭하게 유지하는 식품첨가물을 말한다

(19) 제조용제: 식품의 제조·가공 시 촉매, 침전, 분해, 청징 등의 역할을 하는 보조제로서 식품첨가물을 말한다.

(20) 젤형성제: 젤을 형성하여 식품에 물성을 부여하는 식품첨가물을 말한다.

(21) 증점제: 식품의 점도를 증가시키는 식품첨가물을 말한다.

(22) 착색료: 식품에 색을 부여하거나 복원하는 식품첨가물을 말한다.

(23) 청관제: 식품에 직접 접촉하는 스팀을 생산하는 보일러 내부의 결석, 물 때 형성, 부식 등을 방지하기 위하여 투입하는 식품첨가물을 말한다.

(24) 추출용제: 유용한 성분 등을 추출하거나 용해하는 식품첨가물을 말한다.

(25) 충전제: 산화나 부패로부터 식품을 보호하기 위해 식품의 제조 시 포장 용기에 의도적으로 주입하는 가스 식품첨가물을 말한다.

(26) 팽창제: 가스를 방출해 반죽의 부피를 키우는 식품첨가물을 말한다.

(27) 표백제: 식품의 색을 제거하기 위해 사용되는 식품첨가물을 말한다.

(28) 표면처리제: 식품의 표면을 매끄럽게 하거나 정돈하기 위해 사용되는 식품첨가물을 말한다.

(29) 피막제: 식품의 표면에 광택을 내거나 보호막을 형성하는 식품첨가물을 말한다.

(30) 향미증진제: 식품의 맛 또는 향미를 증진시키는 식품첨가물을 말한다.

(31) 향료: 식품에 특유한 향을 부여하거나 제조 공정 중 손실된 식품 본래의 향을 보강하는 식품첨가물을 말한다.

(32) 효소제: 특정한 생화학 반응의 촉매 작용을 하는 식품첨가물을 말한다.

〈표 6〉 가공식품의 제품별 원재료명

집에 있는 라면, 과자, 음료수 같은 가공식품 다섯 종류의 원재료명을 적어 봅니다(각각 다른 종류도 좋고, 같은 종류이지만 제조사가 다른 것을 비교해 봐도 좋습니다).

제품명	원재료명

김밥과 단무지 이야기

김밥에 햄도 들어가지만 단무지도 빠질 수 없습니다. 언젠가 막내 얼굴에 아토피가 생겨서 그 당시에 뭘 먹었는지를 곰곰이 생각해 봤습니다. 이사하느라고 이틀 정도 집에서 밥을 못 먹고 외식했는데, 집 앞 김밥집에서 반찬으로 나온 단무지를 몇 그릇째 추가로 먹고 단무지의 노란 국물을 많이 먹은 것이 생각났습니다. 가공식품을 거의 먹지 않던 아이가 단시간에 많은 양의 첨가물을 들이켜서 그랬구나 싶었습니다.

아이는 가려움을 참지 못하고 얼굴을 긁었습니다. 긁어 덧나지 않게 하려니 어쩔 수 없이 스테로이드 연고를 발라주었습니다. 그러나 스테로이드 의존성이 생겨서 바르지 않는 날이면 긁는 정도가 심해져서 상처 범위가 점점 넓어졌습니다. 고민 끝에 한의원을 찾아갔습니다. 한의사는 소화기계에 문제가 있을 경우에 이런 증상이 생긴다고 했습니다. 한의사가 알려준 대로 스테로이드 리바운드 현상을 잘 살펴보았습니다. 연고를 바르지 않아도 얼마까지 긁지 않는지 관찰하면서 하루 이틀 연고 바르는 시기를 점점 늦춰 갔습니다. 그와 동시에 소화가 잘 되는 음식을 먹이고, 침과 뜸으로 치료하는 동안 가공식품은 일절 금했습니다. 아이도 치료하는 동안은 비타민사탕 하나도 먹지 않아야 잘 낫는다고 설명했더니 잘 참아 주었습니다.

막내는 급하게 먹고 많이 먹는 편입니다. 현미밥을 먹다가 촉촉하고 부드러운 백미 김밥을 먹으니 꼭꼭 씹지도 않고 빠른 시간에 많이 먹었던 것입니다. 평소대로 먹는다면 치료에 진전이 없을 것 같아서 현미를 갈아 죽을 쒔습니다. 반찬은 가능한 한 소화가 잘 되도록 부드럽게 만들어 주었고, 나물 반찬도 평소보다 더 신경 써서 꼭꼭 씹어서 먹도록 했습니다.

단무지의 어떤 성분이 아토피를 일으켰을까요? 보존료가 가장 먼저 떠올랐습니다. 유럽식품안전청 저널에서는 '소브산 계열의 식품첨가물을 성인 일일섭취허용량 안에서 사용하면 안전하지만, 유아나 어린이에게서는 예외라는 점'을 밝힙니다.[31] 또 '소브산은 눈과 피

---

31) https://efsa.onlinelibrary.wiley.com/doi/epdf/10.2903/j.efsa.2015.4144?src=getftr

부, 호흡기 점막을 자극하는 물질'임을 분명히 합니다.[32] 일일 허용치를 사용해서 가공했더라도 제품을 많이 먹으면 일일 허용치를 초과할 수 있습니다. 어른과 달리 체중이 가벼운 어린이에게는 일일섭취허용량도 안전하지 않습니다.

햄을 만들 때 아질산염이 붉은 색을 내는 발색제로도 사용되지만, 그와 동시에 보툴리누스균을 억제하는 보존제 역할도 합니다. 햄에 아질산염과 소르빈산 칼륨(potassium sorbic acid; potassium sorbate)을 함께 사용하면, DNMP (2-methyl-1, 4-dinitropyrrole)라는 유전독성물질이 형성됩니다.[33] 따라서 식품과학 연구자들은 어떻게 하면 이런 유해한 물질을 분해할 것인가에 초점을 맞추고 있습니다.

어른도 마시지 않는 단무지 국물을 들이켰으니 많은 양이 한꺼번에 유입되면서 피부를 자극한 것으로 보입니다. 얼굴에 생긴 상처는 고작 직경이 2cm 남짓이었지만, 처음 아토피가 올라온 이후 완전히 깨끗해지기까지는 6개월이 걸렸습니다. 식품첨가물은 대부분 오랫동안 유통할 목적으로 첨가하는 성분입니다. 우리 집 부엌에서 사용하는 양념 외에 다른 것이 들어갔다면 일단 경계하고 배제하는 것이 안전합니다.

---

32) https://efsa.onlinelibrary.wiley.com/doi/pdf/10.2903/j.efsa.2015.4239
33) https://www.sciencedirect.com/science/article/abs/pii/0027510780901323

단무지 실험

그래서 실험해 봤습니다. 시판 단무지를 사다가 국물을 버리고 단무지만 따로 밀폐용기에 넣어서 보관해 봤습니다. 단무지 자체에도 보존료가 깊이 침투해 있어서인지 냉장고에 1년을 보관해도 외관상 전혀 변화가 없었습니다. 소금과 고춧가루 양념이 듬뿍 들어간 김치도 몇 달이 지나면 산막효모나 곰팡이가 생기기 마련입니다. 그렇다고 그 밀폐용기를 소독한 것도 아니었고 집에서 사용하던 그릇을 씻어서 사용했을 뿐입니다. 엄밀하게 말하면 그 용기에는 균이 조금은 있는 상태였습니다.

단무지의 원재료명을 살펴보면 회사마다 이름만 다를 뿐 사용하는 첨가물은 비슷합니다. 무와 소금, 물을 제외하고 첨가물만 정리해 보면 산미료, 보존료, 감미료, 표백제, 착색제, 발색제가 들어갑니다. 실험해 보면 첨가물이 들어갔을 때 얼마나 오래 썩지 않는지 눈으로 확인할 수 있습니다.

백문이 불여일견! 실험 결과를 보고 첨가물이 들어간 '가공식품을 자주 먹으면 우리 몸에는 어떤 일이 생길까?', '썩는다는 것은 어떤 의미일까?', '무는 빨리 썩는데 단무지는 왜 썩지 않을까?' 같은 궁금증이 유발되었다면 실험은 성공입니다. 꼭 단무지가 아니어도 됩니다. 집에서 요리한 장조림과 햄을 비교해 본다든지, 집에서 만든 전과 토르티야를 관찰할 수도 있고, 과자나 다른 가공식품을 사용해도 됩니다. 반드시 대조할 수 있도록 가공식품과 자연식품이 있어야 합니다. 냉장온도보다 실온에서 실험하면 결과를 더 빨리 확인할 수 있습니다.

※아이와 함께하는 단무지 보존 실험

※준비물: 무 1개, 일반 단무지 1팩, 친환경매장 단무지(수제 단무지) 1팩,
※실험 방법:
1. 제품의 유통기한과 첨가물을 노트에 기록합니다(가능하면 유통기한이 비슷한 것으로 구입).
2. 일반 단무지에서 액은 빼고 단무지만 적당량 나눠서 10개의 지퍼팩에 나눠 담고 가능한 한 공기를 빼고 꽉 잠급니다.
3. 친환경 단무지도 2번처럼 10개의 지퍼팩에 넣습니다.
4. 무를 단무지 모양으로 썰어서 10개의 지퍼팩에 넣습니다.
5. 일반 단무지(Pickled Radish)를 넣은 지퍼팩에는 번호를 P1~P10, 친환경 단무지(Eco-friendly Pickled Radish)를 넣은 지퍼팩에는 E1~E10, 무(Radish)에는 R1~R10을 적고, 실험 시작 날짜를 적습니다.
6. 관찰노트에 막 포장을 뜯은 단무지와 무의 맛, 냄새, 색깔을 기록하고 그림이나 사진을 남깁니다. (0일째 기록) 단무지는 1개월이 지나도 끄떡없을 것이므로 처음에는 무(R1~R10)의 변화를 유심히 관찰합니다.
7. 무는 3일째부터 지퍼팩을 개봉하지는 말고 변화를 기록합니다.
8. 1주일 후에 P1, E1과 R1을 개봉해 같이 관찰 후 기록합니다.
9. 2주째 P2, E2와 R2번을, 3주째 P3, E3과 R3을, 4주째에는 P4, E4 그리고 R4를 관찰합니다. 이후로는 한 달에 한 번씩 관찰합니다. 단무지가 모두 부패한 것이 눈에 보이면 10개를 확인하기 전이라도 실험을 종료할 수 있습니다.

주의사항: 무균 상태의 실험이 아님을 감안해야 합니다. 지퍼팩이 잘 잠겼는지 확인하고, 지퍼팩의 잠금 오차를 없애려면 투명한 밀폐용기를 사용해도 됩니다.

4. 아이스크림은 삼종세트

아이스크림 가족 이야기[34]

존 라빈스(John Robbins)는 서른한 가지 맛으로 유명한 아이스크림 기업의 유일한 상속자였습니다. 그러나 그는 상속하지 않겠다고 선언하고 집을 떠났습니다. 왜 그랬을까요?

그 아이스크림 업체를 만든 사람은 어바인 라빈스(Irvine Robbins)와 그의 매부 버튼 배스킨(Burton Baskin)입니다. 두 사람은 독특한 아이스크림을 개발하기 위해 이것저것 넣어보고 맛을 보면서 열심히 일했습니다. 그 덕분에 세계적인 업체로 성장했고 우리나라에도 지부가 생겼습니다. 20년쯤 지나서 버튼 배스킨은 비만과 심장마비로 50대 초반에 갑작스레 사망했습니다.

어바인 라빈스도 당뇨와 고혈압을 앓고 있었습니다. 그의 아들 존 라빈스는 아버지 사업이 성공하는 것을 보면서 자랐지만, 아버지의 건강이 나빠지는 것도 함께 보았습니다. 존은 아버지의 질병과 동업자의 사망 원인이 아이스크림이라고 생각했습니다. 질병이 더 심해진 어바인 라빈스는 아들의 권유로 아이스크림을 끊고 식생활을 바꾸자 그의 건강이 좋아졌습니다. 병원에서도 고치지 못하던 그의 질병이 아이스크림을 끊자 회복되었습니다. 그러나 병이 워낙 깊어 그는 결국 당뇨합병증으로 사망했습니다.

존 라빈스는 세계 최대 아이스크림 기업의 상속자가 되는 대신 건전하고 생명을 존중하며, 지속가능한 미래, 균형 잡힌 생태계를 지향하는 활동가가 되었습니다. 이제 그 아이스크림 가족이 더는 아이스크림을 먹지 않습니다.

---

[34] https://ko.wikipedia.org/wiki/배스킨라빈스

물과 기름을 연결하다

아이스크림은 무엇으로 만들었기에 그렇게 맛있을까요? 아이스크림콘에 들어 있는 성분을 살펴보겠습니다. 원재료명은 많이 들어가는 순으로 적습니다.

> **아이스크림 콘 원재료명**
> 정제수, 과자(밀가루, 설탕, 쇼트닝, 레시틴, 정제소금), 설탕, 준초콜릿(설탕, 야자유, 코코아분말, 유당, 식물성유지, 레시틴), 혼합분유(탈지분유, 유청), 가공버터(유크림, 야자유), 올리고당가공품, 초콜릿가공품, 농축우유, 땅콩 또는 견과류가공품, 식물성유지Ⅱ, 혼합제제(글리세린지방산에스테르, 셀룰로스, 구아검, 카라기난), 합성향료(바닐라향), 천연향료(바닐라향, 바닐라빈), 정제소금, 혼합제제Ⅱ(치자황색소, 덱스트린, 비트레드)

콘을 싸고 있는 과자를 **빼면** 아이스크림을 만들기 위해 가장 많이 넣은 성분은 정제수(물), 설탕, 혼합분유, 가공버터(기름)입니다. 물과 기름은 원래 섞이지 않는 것인데 그것을 섞기 위해 유화제가 반드시 필요합니다. 유화(乳化: emulsification)라는 용어대로 우유처럼 만든다는 뜻이기도 합니다. 우유의 성분을 보면 물과 3% 정도의 지방과 단백질이 들어 있습니다. 그것이 물에 자연스럽게 분산되면서 흰색으로 보입니다. 물과 기름은 서로 섞이지 않지만 유화제가 가운데서 물과 손을 잡고 기름과도 손을 잡아서 따로 놀지 않고 연결되는 것입니다. 마요네즈가 흰색이 되는 것이나 아이스크림이 하얗게 되는 것도 같은 원리입니다.

물과 기름의 양이 자연히 섞이기 어려울 정도일 때 유화제를 넣어 휘저으면 '유화액(emulsion)'이 형성됩니다. 천연에서도 인지질이나 단백질이 유화제 역할을 하며, 우유의 카제인이나 콩의 레시틴이 천연 유화제입니다. 웬만한 단백질은 물과 기름을 섞을 수 있는 능력이 있습니다.

이 아이스크림에는 '혼합제제I'이라고 적힌 것이 유화제입니다. 빵이나 다른 제품에는 화합물명을 그대로 적기도 합니다(〈표7〉 참조). 그 유화제는 먹어도 괜찮을까요? 이런 첨가물이 우리 몸속에 한번 들어가서 어떤 역할을 할까요?

> ※ **준초콜릿**
>
> 초콜릿이 들어간 아이스크림의 경우에는 '준초콜릿'이라는 원재료명이 적혀 있습니다. 준초콜릿은 코코아가 7~19% 들어 있는 코코아가공품을 말합니다. 완전히 초콜릿은 아니지만 초콜릿에 준한 재료라는 뜻입니다. 코코아 자체에는 이로운 피토케미컬이 있지만 아이들이 먹는 코코아가공품에는 좋은 효과를 기대할 만큼 코코아가 함유되어 있지 않습니다. 오히려 중독을 일으키는 정제당과 포화지방으로 가득합니다.
>
> 보통 우리가 코코아라고 부르는 것은 카카오(Theobroma cacao)열매 씨앗의 껍질을 벗겨서 곱게 분쇄해서 만든 것입니다. 가루 형태는 코코아분말, 덩어리 형태는 코코아매스라고 부릅니다. 거기에 다른 것을 첨가하면 코코아가공품이 됩니다. 초콜릿이나 준초콜릿, 초콜릿가공품 모두가 코코아가공품입니다. 특별한 제품을 제외하고는 이 기준 이상 들어가지 않습니다.
>
> **코코아가공품의 종류**
>
> | 식품의 유형 || 코코아 함량 |
> |---|---|---|
> | 코코아 분말/매스 || 100% |
> | 코코아 가공품 | 초콜릿 | 30% 이상 |
> | | 밀크/화이트 초콜릿 | 20% 이상 |
> | | 준초콜릿 | 7% 이상 |
> | | 초콜릿가공품 | 2% 이상 |

유화제와 환경독소

유화제는 물과 기름 모두와 친한 양친매성을 가진 계면활성제입니다. 오래전부터 계면활성제는 장내 투과성을 변화시켜서 우리 몸에 흡수되지 말아야 할 물질이 흡수되게 한다는 문제점이 논의되었습니다. 몸 밖으로 나가야 하는 것까지 잘 섞여서 온몸 구석구석까지 전달되고 몸에 차곡차곡 쌓이게 하는 일을 돕습니다. 어떻게 그런 일이 가능할까요?

유화제는 우리 몸의 마이크로바이옴(장내 미생물 생태계)의 변화를 가져옵니다. 조지아주립대의 앤드루 게워츠(Andrew Gewirtz) 교수팀은 "유화제는 인체에 유해한 미생물이 좋아하는 환경을 만들어서 장염이나 크론병 같은 염증성 대장질환을 일으킨다."라고 보고했습니다. 그들은 '20세기 중반 이후 염증성대장질환이 증가한 것이 유화제와 관련 있다.'라는 가설을 세우고, 무균 쥐에게 유화제를 먹여 보았습니다. 염증이 생기기 쉬운 유전자 결함을 지닌 쥐에게서는 대장염이 매우 심하게 발생했습니다. 유전 결함이 없는 쥐는 대장염은 생기지 않았지만, 식욕을 촉진하는 미생물이 증가하면서 체중이 증가하고, 혈당 수치가 상승했으며, 인슐린 저항성이 나타났습니다. 이런 변화를 보인 쥐에게 건강한 쥐의 장 미생물을 이식했더니 염증이 개선되었습니다. 따라서 유화제가 장내 미생물에 영향을 미친다는 것을 확인하고 "유화제를 광범위하게 사용하는 것이 비만이나 대사증후군, 만성 염증성 질환이 사회에 증가하는 원인이 될 수 있다."라고 보고했습니다.[35]

게워츠 교수팀이 실험에 사용한 유화제는 카르복시메틸셀룰로오스(CMC: Carboxymethyl Cellulose)와 폴리소르베이트-80 두 종류입니다. 이 논문이 '네이처'지에 발표된 이후에 국내에도 폴리소르베이트-80을 사용하지 않는다고 적은 제품이 등장했습니다.

다른 유화제도 그 자체가 유해하다기보다는 유화제가 우리 몸에 필요하지 않은 물질까지 흡수하게 만드는 점이 위험합니다. 유화제에 관한 많은 논문을 분석한 메타연구에서도 유

---

[35] Benoit Chassaing, Omry Koren, Julia K. Goodrich, Angela C. Poole, Shanthi Srinivasan, Ruth E. Ley & Andrew T. Gewirtz, Dietary emulsifiers impact the mouse gut microbiota promoting colitis and metabolic syndrome. *Nature* 519, 92-96 (2015).

화제가 '내분비계 교란물질과 발암물질을 포함한 여러 환경독소의 흡수를 증가시킬 수 있다'는 점이 재차 확인되었습니다.[36] 유화제 때문에 흡수된 유기환경오염물질(POPs)은 지방세포에 차곡차곡 쌓입니다.

유화제 성분은 모유, 우유, 달걀, 콩처럼 천연에도 존재하지만, 가공식품에 사용하는 유화제는 천연물질이 아닌 화학 합성품입니다. 우유의 영양소가 필요하면 우유를 마셔야지 아이스크림을 먹으면서 우유를 마셨다고 생각하는 것은 몸을 망치는 지름길입니다.

---

36) Katalin F. Csáki Éva Sebestyén. Who will carry out the tests that would be necessary for proper safety evaluation of food emulsifiers? *Food Science and Human Wellness*. 8(2), 126-135 (2019).

어디에 유화제가 많이 들었나?

아이스크림에서와 달리 유화제는 연결을 끊어주는 역할도 합니다. 유화제를 가장 많이 쓰는 품목이 빵과 떡입니다. 집에서 만든 빵이나 떡은 식으면서 금세 딱딱해집니다. 그러나 유화제를 첨가하면 빵이나 떡이 오랫동안 부드럽습니다. 밀가루나 쌀 전분이 가열되면 전분의 나선구조가 풀어지면서 말랑하게 되는데, 그 상태를 호화되었다고 합니다. 그러나 시간이 지나면서 풀렸던 나선구조가 다시 연결되면서 딱딱해지는 현상을 노화라고 합니다. 그때 유화제나 지방이 있으면 나선구조 사이사이에 끼어들어 원래대로 다시 연결하려는 것을 방해합니다. 유화제는 이런 방식으로 전분의 노화를 막아서 빵이나 떡이 더 부드러운 식감을 갖게 하고, 식품의 유통기한을 늘립니다.

〈표 7〉 유화제가 들어 있는 제품[37]

유화제명	사용되는 식품
레시틴	초콜릿 제품
카라기난	가공우유, 아이스커피, 유제품 기반 아이스크림과 냉동 디저트, 냉장 디저트, 크림
구아검	유제품, 대두 제품, 수성 냉동 디저트, 샌드위치 필러와 스프레드, 샐러드 제품
잔탄검	마요네즈, 샌드위치 필러와 스프레드, 샐러드 제품, 드레싱과 식초, 테이블 소스
폴리소르베이트	고급 베이커리 제품, 우유와 크림 유사품, 아이스크림, 디저트, 설탕과자
카르복시메틸셀룰로오스/셀룰로오스류	비타민과 건강 보조 식품, 인공 감미료, 식사 대용이나 기타 음료수, 수성 아이스캔디, 육류 대체품
지방산 모노-, 디글리세리드	유제품 기반 아이스크림과 냉동 요구르트, 마가린, 케이크, 페이스트리, 냉동 디저트, 샌드위치와 랩
자당 에스테르와 수크로글리세라이드	껌, 식물성 아이스크림 및 냉동 요구르트, 껌, 젤리, 식물성 음료, 스낵/시리얼/에너지바
글리세린 지방산 에스테르	케이크, 페이스트리와 달콤한 제품, 달콤한 비스킷/쿠키, 제빵 재료와 믹스, 냉동 디저트
폴리글리세롤 폴리리시놀리에이트	초콜릿 제품, 유제품 기반 냉동 제품, 마가린
스테아로일 락틸레이트	고급 베이커리 제품, 아침 시리얼, 디저트, 빵
솔비탄 에스테르	케이크, 페이스트리와 과자류, 제빵 재료와 믹스, 초콜릿 제품

---

[37] https://www.eufic.org/en/whats-in-food/article/what-are-emulsifiers-and-what-are-common-examples-used-in-food

합법화된 마약

초콜릿이나 아이스크림처럼 설탕이 많이 든 음식을 주기적으로 먹게 한 다음 그들의 뇌를 촬영해 보니, 마약에 중독된 사람과 비슷했습니다. 마치 스트레스를 받은 사람처럼 뇌가 손상된다고 합니다.[38] 위키백과사전에서는 중독(addiction) 또는 탐닉을 "부정적 결과에도 불구하고 충동적 행동을 하는 뇌기능 장애"라고 정의합니다.

스트레스 때문에 단 음식을 먹기도 하지만, 단 음식 자체가 스트레스가 되어 우리 뇌를 망치고 있습니다. 설탕이나 과당을 많이 먹으면 도파민과 마약 성분인 오피오이드(엔도르핀)가 분비됩니다. 도파민이나 엔도르핀은 사람에게 동기 부여를 하고 기분을 전환시켜서 생산적인 일을 하도록 돕고 쾌감을 느끼게 하는 호르몬입니다. 그러나 이것이 보상효과와 연관될 때는 동전의 양면처럼 중독을 유발합니다.

예를 들어 계속 같은 맛 아이스크림을 먹으면 뇌의 보상효과가 점점 줄어듭니다. 똑같은 맛, 같은 양으로는 자극을 느낄 수 없게 되자 더 많이 먹거나 새로운 맛이나 특이한 것을 갈망합니다. 아이스크림은 누구나 어디서나 쉽게 구할 수 있는 합법화된 마약인 셈입니다.

정신과 전문의 하주원 씨는 중독에서 벗어나려면 "성취하고 노력하는 과정을 통해 보상회로에서 도파민이 분비돼야 하며, 평화롭기(세로토닌)보다 가슴이 뛰는(도파민) 활동을 찾는 것이 중요하다."라고 합니다.[39] 그동안 아이가 가공식품으로 기분 전환했다면, 이제는 일상에서 삶의 기쁨을 찾는 것이 필요합니다. 먹는 것 말고 또 우리 아이들의 눈을 반짝이게 하는 것이 무엇일까요? 무엇이 우리 아이들의 가슴을 뛰게 할까요?

---

[38] Kyle S Burger, Eric Stice, Frequent ice cream consumption is associated with reduced striatal response to receipt of an ice cream-based milkshake, *The American Journal of Clinical Nutrition*, 95(4), 810-817 (2012).
[39] 이하진, 하주원, 도박중독자의 가족, 열린책들 (2022).

산딸기 크림봉봉[40]

갑자기 아이스크림을 끊으라고 하면 아이들의 반발이 이만저만 아닙니다. 어떤 이는 순교하는 게 더 쉽겠다고 합니다. 그럴 때 "우리 아이스크림을 한번 만들어 볼까?" 하면 아이들은 정말 좋아합니다. 그러면서 아이스크림 레시피가 들어 있는 그림책을 보자고 유도합니다. 물론 만들지 말고, 당장 마트에서 사 달라며 떼쓰는 아이들도 있지만 포기하지 말고 잘 설득해 봅니다.

아이들이 좋아하는 그림책 중에 에밀리 젠킨스가 쓰고 소피 블래콜이 그림을 그린 《산딸기 크림봉봉》이 있습니다. 산딸기 크림봉봉은 300년이 흘러도 변함없이 사랑받는 디저트입니다. 아이들은 이 그림책을 보고 나면 책에 나오는 레시피대로 산딸기 크림봉봉을 만들어 보자고 아우성입니다. 만들면서 아픔도 기쁨도 누릴 수 있습니다.
"탁탁탁탁, 팔이 아픕니다."
"음~ 맛이 끝내줘요."
"살살 녹아요, 녹아!"

지금처럼 휘핑기나 냉장고가 있는 것도 아니라서 팔도 아프고 보관하기도 어려운데도, 이 디저트가 몇 백 년이 지나도록 인기가 사그라지지 않은 이유가 뭘까요? 아이들과 아이스크림에 관해 이야기 나눌 수 있는 좋은 그림책입니다. 무엇보다 에밀리 젠킨스는 작가노트에서 "사람과 사람을, 사람과 음식을 잇는 연결고리"를 표현하고 싶다고 말합니다

그림책에서처럼 신선한 우유크림과 산딸기 과즙, 설탕만 넣어 만든다면 건강한 디저트가 완성됩니다. 산딸기 크림봉봉은 지금 파는 아이스크림과는 많이 다르지만 역할은 비슷합니다. 그림책에 나오는 레시피를 정리해 보았습니다. 재료를 준비할 때 주의사항이 있습니다. 마트에 파는 휘핑크림은 생크림을 가공한 것으로 엄청난 첨가물이 포함되어 있습니다. 반드시 다른 첨가물이 없는 생크림(유크림 100%)을 구입해서 만들어 봅니다. 다음 레시피는 그림책에 나온 것을 정리한 것입니다.

---

[40] 에밀리 젠킨스, 소피 블래콜, 산딸기 크림봉봉, 씨드북 (2016).

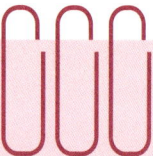

레시피	3. 산딸기 크림봉봉 만들기
재 료	산딸기 두 컵 반, 생크림[국산 유크림(우유) 100%, 유지방 38% 이상] 1컵 반, 설탕 반 컵

1. 산딸기를 방망이나 포크로 으깨거나 믹서에 간 뒤 체에 밭쳐서 씨를 걸러 냅니다.
2. 걸러 낸 산딸기에 설탕을 절반 정도 넣고 녹입니다.
3. 다른 그릇에 생크림과 나머지 설탕을 넣고 섞어 크림이 부드럽게 엉길 때까지 거품기로 젓습니다.
4. 폭신한 생크림 위에 산딸기 액을 붓고, 흰색과 보라색 줄기가 뒤섞여 소용돌이치는 모양이 되도록 둥글게 젓습니다.
5. 냉장고에 3시간 이상 넣어 두었다가 먹으면 됩니다.

5. 싸고 맛있는 과자

여드름으로 고민하는 너에게

예린아,

요즘 여드름 때문에 고민이 많지? 여드름 비누로 세수하고 여드름에 좋은 스킨을 사용해도 쉽게 해결이 안 돼서 속상할 거야. 여드름이 우리가 먹는 음식과도 관련이 있단다. 요즘 자주 먹는 간식이 귤과 코코넛 음료수, 자두 맛 사탕이라고 했지? 귤은 아주 좋아. 그런데 음료수와 사탕이 문제야. 네가 먹는 간식에 어떤 재료가 들어 있는지 원재료명을 본 적 있니?

여드름을 제거하려면 달콤한 간식을 먹지 않는 게 좋아. 자연스러운 단맛 말고 인위적인 단맛을 가진 것을 빼는 거야. 달콤한 것이 왜 나쁠까? 이가 썩으니까? 물론 그것도 문제야. 치과 치료 힘든 건 네가 더 잘 알거야. 그것보다 우리 몸 전체가 곪아서 썩어 간단다. 음료수나 과자, 아이스크림 같은 가공식품에는 백설탕도 사용하지만 액상과당을 많이 사용한단다. 과당은 포도당과 사촌이지만, 우리 몸속에서 역할이 완전히 달라. 포도당은 혈액으로 흡수된 다음 세포로 들어가서 에너지를 만들어 내지. 그래서 우리가 움직이고 공부도 하고 생활할 수 있는 힘을 제공해. 하지만 과당은 에너지를 만들지 않아. 그 대신 과당은 빠르게 지방으로 변해.

여드름도 피지가 피부 밖으로 배출이 안 되고 안에 갇히면서 염증이 생기는 현상이잖아. 기름진 음식을 많이 먹어서가 아니고, 단 음식을 많이 먹었을 때 지방이 많이 생기는 거란다. 물론 사춘기의 호르몬 변화도 한몫하는 거지. 게다가 과당이 몸에 염증을 많이 일으켜서 여드름이 심하게 생기는 거란다.

과당 흡수가 늘어나면 원래 우리 몸에서 정상적으로 일어나던 세포 대사 경로가 바뀌게 돼. 우리 몸의 면역체계가 제대로 작동하지 않고 염증을 일으키는 물질(염증성 사이토카인)이 몸속에서 더 많이 생긴대. 또 포도당이 에너지를 만들려면 비타민B군이 필요한데, 가공식품에는 비타민이 전혀 없잖아. 그래서 아무리 먹어도 힘은 안 생기고 열만 나서 몸이 가렵고 졸리기만 하지. 비타민사탕은 괜찮을까? 전혀! 비타민사탕은 말 그대로 비타민이 들어간 '사탕'이야. 비타민C와 포도당은 있어도 비타민B군은 없어. 게다가 사탕이나 과자, 음료수에 들어가는 액상과당, 포도당이 GMO 옥수수로 만들어진 것이란다.

　　너처럼 마른 사람에게는 단 음식을 먹어서 지방이 생기는 것도 좋은 것 아니냐고 말할 수도 있을 거야. 하지만 인위적인 단맛에 익숙해지면 나중에 당뇨병이 생길 위험이 있단다. 그러면 달콤한 것 빼고 뭘 먹냐고? 간식으로 호두, 잣, 캐슈넛, 아몬드 같은 견과류를 먹으면 피부에도 좋고 집중력 향상에도 좋아. 조금씩 포장된 제품도 있어서 휴대하기도 편리하지.

　　비타민A, C, E가 피부에 좋다는 말은 많이 들어봤을 거야. 하지만 어디에 그런 성분이 들어 있는지를 알아야겠지. 사실 그리 어렵지도 않아. 초록, 주황색을 내는 채소나 새콤한 과일에 많아. 달콤한 것 말고 '새콤한' 과일이야. 비타민E는 아보카도나 견과류에 많이 들어 있어.

　　어떤 음식에 어떤 성분이 들어 있는지, 뭐가 여드름에 좋은 음식인지 잊어버려도 괜찮아. 그보다 더 중요한 건 '달콤한 과자나 음료수, 아이스크림 안 먹기'야. 가공식품 말고 자연의 순리대로 생산되는 농축산물은 다 괜찮아. 밥과 나물, 김치가 들어 있는 한식은 고루 먹기만 하면 상당히 건강한 메뉴야. 물론 식습관을 바꾸기란 쉽지 않지. '나는 어떻게 금세 여드름을 해결했을까?' 하고 날마다 외쳐 봐. 그러면 뭔가 실천하고 싶은 마음이 생길 거야.

예린이를 사랑하는 숙모가

GMO를 먹으면

GMO(Genetically Modified Organism: 유전자변형식품)는 특별한 특징을 지닌 작물을 얻기 위해 그 동식물에는 본래 없었던 특정 유전자를 다른 종에서 가져와서 삽입한 것입니다. 육종은 같은 종을 교배해서 우량종자를 선별하지만, GMO는 다른 생물체에서 가져온다는 점이 큰 차이점입니다. GMO든, non-GMO든 음식물은 우리 몸에 들어오면 일단 소화 과정을 거쳐 분해됩니다. 그것이 어디서 왔는지 출신을 구분해서 소화하거나 흡수하지는 않습니다. 정상적인 소화 과정을 거쳐 흡수된다면 GMO의 유전물질인 단백질도 다 아미노산으로 분해되어 흡수됩니다. 하지만 어린아이나 장누수증후군 같은 질병이 있는 사람의 경우는 장 점막 세포가 완벽하지 않아서 소화되지 않은 단백질 덩어리 형태로 혈액에 흡수되기도 합니다. 그러면 이것을 이물질로 여겨 염증반응을 일으킬 수 있습니다.

GMO 작물을 만드는 이들도 자신의 식탁에 항상 GMO가 올라올까요?《내일의 식탁》을 쓴 라울은 유기농으로 농사짓고, 그의 아내 패밀라는 유전공학자입니다. 이들 부부는 유기농 식품도 먹고 유전자를 변형한 농작물도 먹습니다.[41] 그 아내가 농약을 치지 않고 재배하는 GMO를 개발하면서 친환경적이고 지속가능한 방법을 찾기 때문입니다. GMO를 재배하는 이가 이런 가치를 잃지 않고 생명을 살리기 위해 노력한다면 박수를 쳐 주고 싶습니다. 그러나 국내에 수입되는 GMO 중에서 그런 작물은 없습니다.

누군가는 아프리카의 식량난을 해소하기 위해 GMO가 필요하다고 주장합니다. 그러나 GMO를 상용화한 지 30년이 지났고 GMO곡물은 넘쳐나지만 지구촌의 식량 문제는 해결되지 않고 있습니다. 지금은 가난한 자들을 위해 GMO가 생산되는 것이 아닙니다. 농부의 관점에서 보면 농사를 편리하게 짓기 위해서이고 다국적 곡물기업은 돈과 권력을 위해 GMO를 재배합니다.

가장 많은 GMO는 제초제 내성 옥수수입니다. 옥수수나 콩을 대량 재배하기 위해 농약을

---

41) 라울 아담착, 패밀라 로날드, 내일의 식탁, 월드사이언스 (2011).

헬기로 뿌려 잡초를 제거하고, 제초제 내성 곡물은 농약에 해를 입지 않고 잘 자라도록 설계한 것입니다. 수확 때 기계로 수확하면 되기에 노동력이 적게 들기도 합니다. 제초제를 뿌려도 죽지 않고 살아남은 그 곡물은 당연히 농약 범벅입니다.

그렇게 제초제를 뿌렸는데도 살아남은 슈퍼잡초가 생깁니다. 그래서 이전보다 더 강력한 농약을 뿌려서 잡초를 제거해야만 하고, 그렇게 몇 년간 GMO를 재배하고 나면 그 땅은 폐허가 되고 맙니다. 농약 성분이 땅에 그대로 몇 십 년 동안 남아 있어서 더는 잡초도 자라지 않고, 작물도 심을 수 없는 황무지로 바뀌어 버립니다. 기업은 또 다른 땅을 찾아서 GMO작물을 심고 또 거기에 농약을 뿌려댑니다. 이제 그 지역에 남은 것은 더는 쓸모없는 땅과 수많은 기형아, 암에 걸린 사람들입니다.

제초제 내성 GMO의 위협

국내에 수입되는 GMO 중 가장 많은 양을 차지하는 작물은 제초제 내성 옥수수와 콩이고 그다음이 사료용으로 사용하는 면실유(목화씨에서 짜낸 기름)입니다. 프랑스 캉대학의 길 에릭 세랄리니(Gilles-Eric Seralini) 교수 연구팀은 2년간 GMO 종자회사로 유명한 몬샌토의 라운드업(round-up) 내성 옥수수를 쥐에게 먹였을 때 어떤 독성이 나타나는지 연구했습니다. 라운드업은 제초제 내성 작물 종자와 세트로 판매하는 제초제입니다. 일반 옥수수를 먹인 쥐를 대조군으로 하고, 실험군은 세 그룹으로 나누었습니다. 첫 번째 그룹은 GM 옥수수를 먹이고, 두 번째 그룹은 일반 옥수수와 '라운드업'이라는 제초제만 추가해 먹이고, 세 번째 그룹은 GM 옥수수와 제초제를 모두 먹인 그룹입니다. 대조군과 비교했을 때 세 그룹 모두에서 거대한 암이 발생했습니다. 두 가지가 합쳐졌을 때는 물론이고, 제초제만으로도 암을 일으킬 수 있고, GM 옥수수 하나만으로도 암을 일으킬 수 있다는 말입니다.

이 실험에 사용한 SD(Sprague Dawley) 쥐는 원래 종양이 잘 발생하는 종입니다. 몬샌토에서 제품 출시 전에 독성실험을 한 쥐 역시 같은 종이었습니다. 그러나 그들은 위험하지 않다는 결과를 냈고, 세랄리니 교수팀은 2년이라는 장기간에 걸친 실험을 통해 위험성을 밝힌 것입니다. GMO가 안전하다고 말하려면 지금보다 장기간에 걸친 연구가 필요하다고 결론지었습니다.

2012년 세랄리니 교수는 식품독성학회지에 이 논문을 게재했지만, GMO 옹호 세력의 강력한 반발로 1년 뒤 논문이 철회당했습니다. 2014년 다른 저널에 그 논문을 내용 그대로 다시 게재했습니다. 과학 논문에는 같은 주제를 가지고 서로 반대를 주장하는 논문이 부지기수입니다. 지금 옳다고 생각했던 것이 나중에는 잘못되었다고 밝혀지는 것도 많습니다. 다른 연구 논문으로 반박하면 될 것을, 이 정도의 논문에 발끈하면서 압박해서 그 논문을 결국 철회시켰습니다. 왜 그런 방법밖에 없었을까요?

> *** GMO 진간장 대신 조선간장**
>
> 진간장은 일제강점기로 거슬러 올라갑니다. 주한 일본인을 위해 간장을 일본에서 계속 공수하는 불편을 없애기 위해 현지에 간장 공장을 세우게 되었습니다. 그렇게 일본식 간장이 한식에 도입되어서 조선간장과 구분하기 위해 왜간장으로 불렸습니다.
>
> GM 콩으로 기름을 짜낸 후 남은 것을 산분해해서 만들면 산분해간장, 발효시키면 양조간장이됩니다. 진간장 대신 국산 메주를 사용해 제대로 만든 조선간장을 사용하면 적게 사용해도 깔끔한 맛을 느낄 수 있습니다. 진간장을 음식에 넣으면 진간장이 원재료의 맛을 덮는 경향이 강해서 간장 맛으로 먹는다는 말이 맞습니다. 그러나 조선간장은 원재료의 맛을 살리면서 콩의 아미노산이 더해져 감칠맛을 살립니다.

라운드업의 주성분은 글리포세이트(glyphosate)입니다. 《영양의 비밀》에서 프로벤자 교수는 글리포세이트가 매우 위험하다고 말합니다.[42] "글리포세이트는 잠재적 발암물질이며, 간의 해독 작용에 필수적인 효소를 억제하는 독성물질로서 세포와 유기체의 항상성을 파괴합니다. 식품으로 발생한 독소 잔존물과 환경적 독성물질의 파괴적인 영향을 강화하며, 질병에 이르는 지름길입니다. 서서히 세포를 파괴하는 그 부정적인 영향은 실로 끔찍합니다. 글리포세이트에 만성적으로 노출되면 토양의 미생물이나 사람의 장내 미생물이 어떻게 될지 걱정입니다. 2010년 항생제로 특허를 받은 글리포세이트는 장내 미생물의 아미노산 합성을 방해하는 물질입니다. 장내 미생물이 면역기능에 얼마나 중요한지를 생각하면 위와 같은 사실이 암시하는 바는 명백합니다."

국내에 수입되는 GMO는 대부분 제초제 내성 작물입니다. 글리포세이트가 듬뿍 묻은 곡물은 우리 몸의 항상성을 파괴하고 면역의 80%를 담당하는 장내 미생물총을 교란할 수 있습니다. 그런 GMO로 우리 아이가 먹는 과자를 만듭니다. 과자에는 GMO가 얼마나 들어 있을까요?

---

42) 프레드 프로벤자, 영양의 비밀, Bronstein (2020).

⟨표 9⟩ GMO의 활용

GM원료	제 품
옥수수	콘플레이크, 액상과당, 포도당, 물엿, 전분, 변성전분, 식초, 비타민C, 알코올(술, 바이오연료), 플라스틱, 코팅지, 프린터용 잉크
콩	두부, 간장, 레시틴, 식용유
유채 씨	카놀라유

GMO 과자의 성분

싸고 맛있고 편리한 과자, 그 원료에는 GMO가 많이 들어 있습니다. 시리얼처럼 주재료가 옥수수인 것은 말할 것도 없고, 밀가루로 만든 과자에는 어떤 형태로 GMO가 들어 있을까요? 아이가 좋아하는 꿀 과자 한 봉지의 원재료명을 살펴봅니다.

꿀 과자 원재료명
소맥분(미국산), 정백당, 미강유(태국산), 옥수수전분, 변성전분, 팜유, 전분, 고소미조미분말, 아카시아꿀, 발효사과농축액, 감초농축액, 맥아엿, 정제염, 합성착향료(벌꿀향, 사과향)

첫 번째 GMO 원료는 정백당입니다. 정백당은 정제한 흰 설탕을 말합니다. 설탕은 대부분 GM 사탕수수나 사탕무로 제조합니다. 음료수에 들어간 설탕도 마찬가지입니다.

두 번째 GMO 원료는 전분 종류입니다. 옥수수 전분이나 변성전분은 GM 옥수수로 만들고, 전분은 감자나 옥수수로 만듭니다.

세 번째 GMO 원료는 조미료입니다. 조미분말에 들어 있는 MSG 같은 조미 성분은 GM 사탕수수나 여러 가지 원료로부터 만들 수 있으나 GM 옥수수가 종종 사용됩니다. 조미 분말에 들어가는 것들 대부분이 GM 사탕수수나 사탕무, 옥수수를 원료로 제조됩니다.

네 번째 GMO 원료는 맥아엿입니다. 맥아엿은 원래 엿기름으로 쌀을 당화해 만드는 것입니다. 그러나 요즘은 비싼 쌀 대신에 저렴한 GM 옥수수전분이나 고구마전분으로 만들고 엿기름 대신 GM 미생물로 배양한 효소를 사용합니다.

아이뿐만 아니라 어른도 이런 과자를 좋아합니다. 특히 스트레스를 받을 때면 달콤하고 바삭바삭한 과자가 당깁니다. 왜 그럴까요? 스트레스가 지속되면 코르티졸(cortisol)이라는 부신피질호르몬이 분비됩니다. 코르티졸은 혈당을 증가시켜 스트레스 상황을 잘 대응하기 위해 필요한 에너지를 공급합니다. 에너지인 ATP를 만들기 위해서는 비타민과 각종 미네랄이 보조효소로 참여해야만 합니다. 결국 스트레스 상황에 필요한 것은 에너지이고, 에너지를 만들기 위해서는 비타민과 미네랄이 있는 음식을 먹어야 합니다. 스트레스가 느껴질 때 과자가 먹고 싶은 것 또한 입력오류 증상입니다. 아무리 과자를 많이 먹어도 에너지는 만들어지지 않습니다. 살만 찌고, 무기력해지니 스트레스가 계속되는 악순환이 이어집니다. 우리 아이의 '귀차니즘'의 원인이 과자는 아닐까요?

1회 제공량

과자봉지를 잘 보면 영양정보가 표시돼 있습니다. 열량, 탄수화물, 당류, 단백질, 지방, 포화지방, 트랜스지방, 콜레스테롤, 나트륨이 적혀 있습니다. 이 아홉 가지 영양성분이 표시된 이유는 심혈관질환에 위험 요인이 되는 성분이므로 절제하라는 의미입니다. 원재료도 문제이지만 팜유에 튀긴 과자는 포화지방산 함량이 높습니다.

〈표 10〉 짭짤한 과자의 영양정보

영양정보 30g당	1일 영양성분 기준치에 대한 비율		총 내용량 90g / 30g당 150kcal 총 내용당	
나트륨	200mg	10%	610mg	31%
탄수화물	18g	6%	55g	17%
당류	1.8g	2%	5g	5%
지방	8g	15%	24g	44%
트랜스지방	0g		0g	
포화지방	2.5g	17%	7g	47%
콜레스테롤	0mg	0%	0mg	0%
단백질	2g	4%	6g	11%
칼슘	50mg	7%	151mg	21%

1일 영양성분 기준치 비율(%)은 2,000kcal 기준이므로 개인의 필요 열량에 따라 다를 수 있습니다.

이렇게 표시된 내용을 이해하려면 산수를 잘해야 합니다. 성분 표시의 기준이 과자 한 봉지가 아니라 1회 제공량이기 때문입니다. 〈표 10〉에서 보듯이 1회 제공량인 30g에서는 나트륨이 200mg입니다. 그러면 총 내용량이 90g이니까 3배인 600mg이 되어야 하는데 실제는 610mg으로 10mg이 더 들어 있습니다. 1회 제공량에는 반올림해서 사라졌던 숫자가 전체를 합하니 10이나 늘어난 것입니다. 이 과자 한 봉지를 다 먹으면 성인 기준 하루 31%의 나트륨을 섭취하게 됩니다.

또 주의할 점은 트랜스지방이 0g이라고 적혔다고 해서 트랜스지방산이 없는 것이 아닙니다. 트랜스지방산 함량이 0.2g 미만일 때는 0g으로 쓸 수 있기 때문에 안심하고 많이 먹다가는 누적되는 양이 많아질 수 있습니다. 다른 성분은 하루 권장량의 얼마에 해당하는지 %가 있습니다. 그런데 트랜스지방에는 표시가 없습니다. 왜냐하면 우리 몸에 불필요한 성분이기 때문입니다.

약국에서 쇼핑을

소아청소년과에 갔다가 처방전을 받아서 약국에 가면 아이들은 쇼핑하느라 바쁩니다. 젤리나 사탕 형태로 장난감과 함께 묶어서 주로 '비타민사탕'이라는 것을 팝니다. 부모는 아이에게 사탕을 쥐여 주면 아이가 얌전해집니다. 그래서 약국에서 파는 거니까 하며 믿고 삽니다. 이 사탕은 포도당을 사용해서 혈당이 급격히 올라가고, 포도당을 소화하는 데 사용되는 비타민B군이 들어 있어도, 사탕에 있는 포도당을 분해하는 데 사용하고 나면 제로섬게임이 됩니다. 다음은 건강기능식품으로 인증받은 비타민사탕의 성분입니다.

> **비타민 사탕 원재료명**
> 비타민C, 아세로라 추출물 분말, 정제포도당, 무수결정포도당, 복숭아농축액분말, 식물성크림혼합분말, 복숭아향 분말(합성착향료), 구연산, 스테아린산마그네슘, 자일리톨, 혼합유산균, 초유분말(우유), 과일혼합분말, 효소처리스테비아, 판토텐산칼슘, 니코틴산아미드, 비타민B_1염산염, 비타민B_2, 비타민B_6염산염, 복숭아, 우유 함유

스테아린산마그네슘은 고결방지제, 결합제, 유화제, 증점제로 사용됩니다. 여러 가지 성분이 잘 섞이도록 하고, 동글납작한 태블릿 형태의 사탕이 습기를 먹지 않고 항상 딱딱한 제 모양을 유지하도록 하려고 넣은 첨가물입니다. 건강기능식품으로 출시될 때 한 가지 성분만 효과가 있으면 되기 때문에 비타민C에 초점을 맞춘 제품입니다. 비타민C와 포도당 역시 GM 옥수수로 만듭니다.

아이는 이 비타민사탕 하나를 주면 잠깐 동안은 울지도 않고 말을 잘 듣습니다. 집에서도, 어린이집에서도, 어딜 가나 아이들이 단것에 길들여지고 있습니다. '떡 하나 주면 안 잡아먹지!' 하던 호랑이가 생각납니다. 그러나 호랑이는 떡 하나로 만족하지 않았습니다.

자일리톨 껌

껌은 첨가물이 들어가지 않으면 먹고 싶지도 않고, 먹을 수도 없는 것입니다. 껌의 주재료는 껌 베이스라고 부르는 초산비닐수지입니다. 처음에는 치클나무 수액인 '치클'로 껌을 만들었지만, 천연치클은 다 씹고 나면 치아에 붙는 특성이 있습니다. 그래서 지금은 이에 들러붙지 않고 저렴한 초산비닐수지를 사용하게 되었습니다.

초산비닐수지는 본드나 페인트에도 사용되는 물질로서, 석유에서 추출한 초산비닐을 여러 개 합쳐 만든 것입니다. 그래서 네덜란드에서는 씹던 껌을 모아서 타이어를 만들기도 합니다. 특이하게도 먹을 수 없는 재료가 설탕이나 색소, 향료 같은 식품첨가물을 만나 과자로 변신한 경우입니다.

다행히 껌은 삼키더라도 몸에 흡수되지 않아서 보통은 변을 통해 그대로 배출됩니다. 다만 동전과 함께 삼키거나 딱딱한 견과류와 껌을 같이 씹다가 삼킨 경우는 소화기관이 막힐 수가 있으므로 주의해야 합니다. 하루에 5~7개씩 매일 삼키다가 만성 장폐색에 걸린 경우도 있습니다. 껌은 반드시 뱉어야 합니다. 아이가 껌은 뱉는 것이라는 것을 인식하기 전에 껌을 주거나, 만 5세가 되기 전에 껌을 주는 것은 바람직하지 않습니다.

껌을 씹으면 입에서 침이 많이 나옵니다. 그것은 '이제 음식이 들어가니까 준비하라'는 신호와 같습니다. 위는 위산을 분비하고 음식을 소화할 준비를 하는데 단물과 식품첨가물만 들어가고 정작 소화할 음식물이 안 들어온다면 어떻게 될까요? 위산이 결국 위를 아프게 만들어서 위염이 생길 수 있으므로 간식으로 껌을 씹는 습관은 위험합니다.

껌 중에서 자일리톨 껌은 충치를 예방하니까 식후에 씹으면 괜찮지 않을까요? 충치를 일으키는 뮤탄스균은 설탕을 분해해서 유기산을 만들어 내는데, 자일리톨은 충치 균이 사용할 수 없어서 충치 예방 효과가 있습니다. 그러나 하루에 자일리톨 10~25g을 섭취해야 효과가 있다고 합니다. 음식찌꺼기가 이 사이에 남아 있으면 음식물을 충치균이 분해하기 때문에 양치하고 나서 자일리톨 껌을 씹어야 합니다. 그렇다면 이것은 자일리톨 껌 덕분이 아니라 양치한 덕분에 충치 예방이 되는 것입니다. 껌은 씹는 만큼 첨가물 섭취만 늘어나서 좋을 게 전혀 없습니다.

자일리톨 껌을 한꺼번에 많이 씹어서 자일리톨이 20g 이상 우리 몸에 들어가면 배가 아프고 설사를 할 수 있으므로 맛있다고 많이 씹으면 안 됩니다. 건강한 성인의 경우도 남성은 0.37g/kg, 여성은 0.42g/kg이 넘으면 설사를 유발할 수 있습니다.[43] 납작한 자일리톨 껌은 개당 0.72g을 함유하고, 자일리톨 함량이 높은 껌은 1개에 1g 이상을 함유하기 때문에 유아의 경우는 네댓 개만 씹어도 설사를 유발할 수 있습니다. 또 티스푼 하나 분량이 5g입니다. 아이가 있는 집에서 자일리톨이나 소르비톨, 락티톨, 에리스리톨처럼 '톨'로 끝나는 당알코올류를 설탕 대신에 사용한다면 더욱 조심해야 합니다. 우리 몸이 당알코올류를 소화해 내지 못하기 때문에 일어나는 현상입니다.

요즘 반려견을 많이 키우는데, 자일리톨 껌을 강아지가 먹으면 안 됩니다. 강아지는 자일리톨이 흡수되었을 때 포도당을 흡수했을 때보다 2.5~7배의 인슐린이 한꺼번에 분비되기 때문에 혈당이 갑자기 떨어져서 저혈당쇼크가 올 수 있다고 합니다. 반려견은 체중 kg당 0.03g 이상을 섭취하면 저혈당쇼크가 올 수 있고, 자일리톨로 간독성도 올 수 있습니다.[44]

자일리톨 껌 원재료명 : 자일리톨, 아라비아검, 껌 베이스, 합성착향료(스위트향, 사과민트향, 멘톨향, 사과향), 제 2인산칼슘, 유화제, 피막제, CPP(우유), 용성비타민P, 후노란

풍선껌 원재료명 : 백설탕, 껌 베이스, 합성감미료(수크랄로스), 포도당, 물엿, 구연산 혼합제제, 글리세린 혼합제제, 딸기과즙, 합성착향료, 탄산수소나트륨, 딸기과일칩

---

43) Tsuneyuki Oku, Sadako Nakamura, Threshold for transitory diarrhea induced by ingestion of xylitol and lactitol in young male and female adults, *J Nutr Sci Vitaminol (Tokyo)* 53(1):13-20 (2007).
44) Olutunbi Idowu and Kathryn Heading, Hypoglycemia in dogs: Causes, management, and diagnosis, *Can Vet J.* 59(6): 642-649 (2018).

젤리는 돼지껍질

젤리 역시 첨가물 덕분에 먹을 수 있는 제품입니다. 껌과 다른 점이 있다면, 젤리는 한천이나 젤라틴으로 만들어서 먹을 수 있는 원료라는 것입니다. 한천은 우뭇가사리 같은 해조류에서, 젤라틴은 돼지껍질에서 추출합니다. 한천이나 젤라틴 역시 그 자체로는 아무 맛이 없습니다. 젤리는 식품 유형으로 캔디류라서 한천이나 젤라틴을 빼면 사탕과 똑같습니다. 새콤달콤하게 만들려면 설탕은 기본이고 맛을 내기 위해 산미료, 색소, 향료 외에도 첨가물이 많이 들어갑니다. 심심할 때 질겅질겅 씹는 느낌이 좋아서 유아부터 청소년까지 젤리를 선호합니다.

> **포도맛젤리 원재료명** : 물엿, 백설탕, 젤라틴, 포도농축과즙, 산도조절제, 합성착향료(포도향), 펙틴, 포도과피 추출색소, 코팅오일(정제가공유지, 카바우나 왁스, 비즈왁스), 콜라겐
>
> **수입젤리 원재료명** : 포도당시럽, 설탕, 젤라틴(돼지고기), 덱스트로스, 주스(사과, 산딸기, 딸기, 오렌지, 레몬, 파인애플), 산도조절제(구연산), 농축물(레몬, 오렌지, 사과, 키위, 엘더베리, 까막까치밥, 아로니아, 포도, 시금치, 네틀(어린잎), 패션프루츠, 망고), 천연착향료(산딸기, 파인애플, 딸기, 레몬, 오렌지), 광택제 (밀납, 카나우바왁스), 엘더베리 추출물, 캐러브추출물, 전화당시럽

젤리는 물엿이나 백설탕, 포도당시럽이 많이 들어가서 혈당을 빠르게 올립니다. 거기에 향료와 색소가 빠지면 젤리가 안 만들어집니다. 한마디로 껌과 젤리는 첨가물의 향연입니다. 이렇게 인공 색소와 향료, 보존료 같은 첨가물이 많이 들어간 젤리나 껌은 주의력결핍 과잉행동증후군이 있는 어린이는 먹지 않아야 합니다(〈표 1〉 ADHD 식사법 참조).

어린이 기호식품

초등학교 앞에 가면 '우수판매업소'라고 지정된 곳이 있습니다. 학교와 직선거리 200m 안에서 안전하고 위생적인 시설을 갖추고 고열량·저영양식품, 고카페인 함유식품을 판매하지 않는 업소를 말합니다. 2013년 '어린이 식생활 안전관리 특별법'이 신설되면서, 우수판매업소로 시설을 개선하거나 보수하도록 정부가 지원해 주고 조건에 맞으면 인증해 주었습니다.

그러면 우수판매업소는 아이들에게 좋은 음식만 판매할까요? 우수판매업소에서 파는 음식이 주로 '어린이 기호식품'입니다. 고열량·저영양 식품, 고카페인 함유 식품의 기준이 있는데, 그 기준은 아이의 건강을 위한 기준이 아니라 소비자의 눈을 가리는 기준일 뿐입니다. 인증 받지 않은 식품보다 조금 열량이 낮고, 영양소를 보충하고, 카페인 함량을 줄였지만, 식품성분을 보면 아이를 중독시키는 점은 여전합니다.

어린이 기호식품이라고 지정하고 법을 만들어서 어린이들에게 이것을 더 먹게 하고, 이것이 좋은 식품인 것처럼 착각하게 만들 뿐입니다. '어린이 기호식품'은 어린이가 좋아하고 중독되도록 만든 식품이지, 어린이 건강에 유익한 식품이 결코 아닙니다. 어린이가 '어린이 기호식품'과 헤어지면 건강해집니다.

[그림 3] 어린이 기호식품 관련 마크

※ **어린이 기호식품** : 식품위생법 또는 축산물위생관리법에 따른 식품 중 주로 어린이가 선호하나 자주 먹는 음식물

- **가공식품** : 과자류 중 과자(한과류는 제외), 캔디류, 빙과류, 빵류, 초콜릿류, 유가공품 중 가공유류, 발효유류(발효버터유와 발효유분말 제외) 아이스크림류, 어육가공품 중 어육소시지, 면류(용기면만 해당) 중 유탕면류와 국수, 음료류 중 과채주스, 과채음료, 탄산음료, 유산균음료, 혼합음료(주로 성인이 마시는 음료임을 제품에 표시하거나 광고하는 혼합음료는 제외), 즉석섭취식품 중 김밥, 햄버거, 샌드위치

- **조리식품** : 제과·제빵류, 아이스크림류, 햄버거, 피자, 어린이 식품안전보호구역에서 조리하여 판매하는 라면, 떡볶이, 꼬치류, 어묵, 튀김류, 만두류, 핫도그

사라지는 것들

우리 아이를 비롯해 개인의 건강을 위협하는 것을 너머 GMO 덕분에 사라지는 것이 있습니다. 값싼 GMO가 한 나라에 들어가면 그곳 농촌이 모두 사라집니다. 현지인이 농사짓는 데 들어간 비용과는 비교할 수 없이 저렴한 곡물이 수입되기 때문입니다. 농부는 농사를 지을수록 손해가 나서 더는 농사를 지을 수 없게 됩니다. 그 나라의 농촌이 사라지면 식량주권도 함께 사라져서 이후로는 계속 수입 곡물에 의존해야 합니다. 다국적 곡물기업으로서는 큰 고객을 확보한 것입니다. 식품가공회사의 경우도 저렴한 곡물로 가공할 수 있기 때문에 이익입니다.

GM 작물을 심었던 나라가 많이 있습니다. 제초제 내성 작물을 심은 그들 나라의 논밭은 모두 황폐화되어서 더는 작물을 심을 수 없게 변해 버렸습니다. 곡물기업은 황폐화된 땅은 버리고 새로운 땅을 찾아 떠납니다. 그러면 그 농부는 어떻게 될까요? 농사를 포기했기 때문에 곡식을 사 먹어야 하는데 그럴 돈이 없습니다. 농사짓다가 생긴 빚 때문에 농사짓던 논밭도 없어져서 도시빈민으로 전락하게 됩니다. 그런 식으로 한 나라의 농업이 점점 사라집니다.

GMO는 가축사료로 많이 사용됩니다. 우리가 고기를 자주 먹는다는 것은 가축사료를 재배하기 위해 아마존 밀림을 베고, 그곳에 GM 옥수수 농장을 세우는 데 동의했다는 뜻이기도 합니다. 2018년 브라질 정부는 '열대우림의 사탕수수 경작 금지'를 해제했습니다. 경제 확장, 국가가 부유해질 수 있는 방법, 즉 돈이 된다는 이유에서입니다. 아마존뿐만 아니라 환경 파괴에 취약한 여러 지역이 약탈적인 경제 확장에 노출되고 있습니다. 그렇게 지구의 허파로 불리는 아마존 밀림과 열대우림이 급속도로 줄어들자 그곳에 살고 있는 동식물이 살 곳을 잃었습니다.

GMO 곡물사료를 먹여서 동물을 사육하는 공장형 축산업 덕분에 축산폐기물에서 엄청난 이산화탄소가 발생합니다. 사육 두수가 증가할수록 지구상의 산소는 줄고 이산화탄소는 늘어나서 지구온난화가 진행되고 있습니다. 오존층은 파괴되고 자외선은 점점 강해져서 적도 지역 아이들의 시력이 손상되고 있습니다. 극지방에서는 얼음이 녹아서 해수면이 높아지고 있습니다. 저지대 섬이 사라지면, 그곳 주민은 자기 땅을 버리고 다른 곳으로 살 곳을 찾아가야 합니다. 이상기온 현상으로 지진, 해일, 태풍, 홍수 같은 자연재해가 강력해지고 빈번하게 일어납니다. 싸고 쉽게 구할 수 있는 GMO의 위력입니다.

동물뿐만 아니라 식물도 멸종한 종자가 많습니다. 옥수수도 수백 가지 종류가 있지만 GMO로 개발된 그 몇 가지 종만 계속 살아남고 다른 종이 점차 사라지는 추세를 보입니다. 예전에는 밭에서 옥수수를 키우면 다음해에 쓸 종자를 남겨 놓았지만, GMO는 종자를 매년 구입해서 심어야 합니다. 모든 농민이 GMO로 농사하라는 설득에 넘어갔다고 가정하면, 토종 종자로 농사짓지 않으니 토종 종자가 사라지고 GMO만 남을 것입니다. 그러다가 GMO를 위협하는 해충이나 잡초가 생기거나 GMO 유전자 안정성에 문제가 생겨서 그 종자가 사라질 수도 있습니다. 소설 같은 일이지만, 그렇게 되면 지구상에 옥수수라는 작물이 멸종될 것입니다.

여기에서 의문이 생깁니다. 왜 GMO 밀은 개발하지 않았을까요? GMO 생산 1위국인 미국의 주식이 밀입니다. 사실 몬샌토가 GMO밀 품종을 시험 재배한 뒤 식용재배를 승인받으려 했으나 부정적 여론에 밀려 상업화를 포기했습니다. 콩과 달리 밀은 키가 커서 잡초와 상관없이 잘 자라기 때문이라고도 하는데, 그렇다면 옥수수는 밀보다 키가 큰데 왜 GMO가 이토록 많은 것일까요? GMO가 안전하다면서 자기들의 주식인 밀의 유전자는 손대지 못하게 막는 것은 무슨 이유인지 궁금합니다. 저는 다음과 같은 이유로 GMO 사용과 아이들에게 과자 사 주기를 반대합니다.

첫째, GM 기술은 몇 사람의 이익을 위한 것이지 인류를 위한 것이 아닙니다.
둘째, GMO 가공식품은 인류를 병들게 합니다.
셋째, GMO는 환경을 파괴합니다.
넷째, 그 나라의 농촌이 사라지고, 농민은 도시빈민이 됩니다.
다섯째, GMO에 의존하면 모든 생물종이 멸종될 수 있습니다.

6. 암소의 피눈물, 우유

로라 이야기[45]

여름철에 농부는 할 일이 많습니다. 해가 길어 늦게까지 외삼촌 밭에서 일을 했습니다. 일을 마치고 저녁 먹을 겨를도 없이 로라네 식구는 집으로 돌아왔습니다. 제시간에 젖을 짜 주지 않으면 소는 젖을 적게 내기 때문입니다. '숲에 풀이 무성하게 자라고 암소의 젖이 풍만해지면, 그때가 치즈를 만들 시기'입니다. 그날 짠 젖에서 유크림을 걷어내고 나머지로 치즈를 만듭니다. 치즈를 만들려면 어미젖만 먹는 송아지의 네 번째 위 내벽인 레닛이 필요합니다. 로라네 송아지는 두 마리지만 둘 다 암컷이어서 고민합니다. 암컷은 송아지도 낳고 우유도 얻을 수 있어서 귀한 몸이기 때문입니다. 외할아버지, 외삼촌과 상의 끝에 외삼촌 송아지에서 레닛을 얻기로 했습니다.

레닛은 흰색에 가까운 연한 회색빛을 띠는 가죽처럼 생겼는데 한면은 울퉁불퉁한 잔주름이 있습니다. 레닛을 따뜻한 물에 담가 두면 효소가 우러나옵니다. 우유를 적당히 데운 다음 레닛 물을 우유에 붓습니다. 우유를 잘 저어서 따뜻한 곳에 놓아두면, 우유가 점차 엉기며 몽글몽글 덩어리집니다. 우유가 엉기고 나면 보이는 누르스름한 물(유청)은 따라 버리고 엉긴 우유에 소금을 잘 섞습니다. 동그란 누름틀에 베보자기를 깔고 엉긴 우유를 부은 뒤 뚜껑을 덮은 다음 무거운 돌로 눌러 두면 치즈 모양이 나옵니다. 송아지를 출산하고 한 달 후가 가장 젖이 많이 나는 시기입니다. 이후에는 유량이 점점 줄어듭니다. 그래서 우유가 풍성할 때 치즈를 만들어 겨울을 대비합니다.

---

[45] 로라 잉걸스 와일더, 가스 윌리엄스, 초원의 집 첫 번째 이야기, 큰 숲속의 작은 집, 비룡소 (2005).

완전식품이란?

우유까지 사지 않으면 아이에게 도대체 뭘 먹이란 말인지 궁금할 것입니다. 우유에는 첨가물이 들어가지도 않는데 왜일까요? 로라네처럼 숲속에서 자란 풀을 먹이고 송아지를 키우면서 그와 동시에 남는 젖을 짜서 사람도 먹고 치즈도 만든다면 매우 건강한 식품입니다. 하지만 지금 시판하는 우유는 상황이 많이 다릅니다. 송아지를 출산한 후 송아지는 거의 바로 어미와 분리하고 송아지에게 분유를 먹입니다. 암송아지는 살아남고 수송아지는 굶겨서 연한 송아지고기로 만듭니다. 어미 소는 한 달 동안 열심히 착유한 뒤 다시 인공수정을 통해 임신합니다. 젖소의 평균수명은 20년입니다. 그러나 잦은 임신과 출산, 착유 과정을 통해 혹사된 젖소는 7~10년 만에 죽습니다. 작금의 우유는 동물 학대의 산물입니다.

우유는 완전식품이라는 별명을 갖고 있습니다. 완전식품이란 무엇일까요? 국립국어원 표준국어대사전에는 "우유 따위와 같이, 건강상 필요로 하는 모든 영양분을 지니고 있는 단독식품"이라고 정의합니다. 그러면 우유는 건강에 필요한 모든 영양분이 들어 있을까요? 다음 〈표 11〉에는 국가표준식품성분표에 나오는 우유 100g의 영양성분을 옮겨 놓았습니다.

이 성분표가 완벽하게 식품에 들어 있는 성분을 다 분석한 것은 아닙니다. 식품성분표에 표기되지 않는 미량 성분도 물론 많이 있습니다. 그러나 이미 분석된 것만을 놓고 봐도 우유에 들어 있지 않은 성분이 분명히 있습니다. 우유에 없는 성분은 건강상 필요하지 않은 성분일까요? 그렇다면 우유가 완전식품이라는 건 무슨 뜻일까요?

<표 11> 우유 100g의 성분

에너지 (kcal)	수분 (g)	단백질 (g)	지질 (g)	회분 (g)	탄수화물 (g)	당류 (g)	자당 (g)	포도당 (g)	과당 (g)	유당 (g)	맥아당 (g)	갈락토오스 (g)
65	87.4	3.08	3.32	0.67	5.53	4.12	0	0	0	4.12	0	0
식이섬유 (g)	칼슘 (mg)	철 (mg)	마그네슘 (mg)	인 (mg)	칼륨 (mg)	나트륨 (mg)	아연 (mg)	구리 (mg)	망간 (mg)	셀레늄 (μg)	몰리브덴 (μg)	요오드 (μg)
0	113	0.05	10	84	143	36	0.36	0	0	4.96	2.1	6.08
레티놀 (μg)	베타카로틴 (μg)	비타민 B$_1$ (mg)	비타민 B$_2$ (mg)	니아신 (mg)	판토텐산 (mg)	비타민 B$_6$ (mg)	비오틴 (μg)	엽산 (μg)	비타민 B$_{12}$ (μg)	비타민 C (mg)	비타민 D (μg)	비타민 D$_2$ (μg)
55	0	0.021	0.162	0.301	0.295	–	2.25	2	0.34	0.79	0	0
비타민 D$_3$ (μg)	비타민 E (mg)	비타민 K (μg)	필수아미노산 (mg)	비필수아미노산 (mg)	필수지방산 (g)	포화지방산 (g)	단일불포화지방산 (g)	다중불포화지방산 (g)	트랜스지방산 (g)			
0	0	–	1381	1652	0.09	2.17	0.74	0.1	0.14			

　어떻게 우유와 달걀이 완전식품이 되었을까요? 단백가가 높다는 한 가지 이유에서입니다. 단백가란 단백질을 구성하는 아미노산을 얼마나 고루 가지고 있는가를 나타내는 지표입니다. 아미노산 한두 가지가 없거나 부족하면 단백질을 합성하는 데 제한이 생기기 때문에 필수아미노산을 다 갖춘 식품의 단백가를 높게 봅니다. 우유뿐만 아니라 달걀, 생선, 육류도 모두 단백가가 높습니다. 그런데 왜 유독 우유와 달걀에만 이런 별명이 붙었을까요? 이 모든 것은 미국발 '낙농단체의 집요한 정치 로비로 이루어진 결과'입니다.[46] 그 결과가 국내의 영양권장량이나 식품구성자전거에 반영되었고, 미디어에서도 우유를 칭송하고, 학교에서도 우유를 매일 급식하게 되었습니다. [그림 4]에서 보듯이 단일 식품이 식품구성자전거의 한 부분을 떡하니 차지하는 것은 우유밖에 없습니다.

---

46) 존 로빈스, 육식의 불편한 진실, 아름드리미디어 (2014).

[그림 4] 식품구성자전거

칼슘 패러독스

요즘은 뼈에 금이 간다든지 골절로 깁스를 하고 다니는 이를 종종 볼 수 있습니다. 뼈에 좋다는 우유를 많이 먹는데 왜 골절환자는 늘어나는 걸까요? 골다공증이나 골절 환자가 우유를 안 먹어서 그럴까요? 과연 우유를 많이 먹으면 뼈가 튼튼해지는 걸까요?

WHO(세계보건기구)는 세계인의 칼슘 권장량을 설정하려다가 이상한 점을 발견했습니다. 우유를 많이 마시는 선진국에서는 칼슘 섭취량이 하루 850mg인데 골다공증성 골절이 많고, 유제품을 거의 먹지 않는 아프리카나 중남미, 아시아 사람은 하루 344mg의 칼슘을 섭취하는데도 대퇴부 경부 골절이란 것을 모르고 산다는 점입니다. 그래서 이것을 '칼슘 패러독스'라고 말합니다. WHO는 여러 나라의 상황을 반영해서 하루 칼슘 권장량을 540mg으로 정합니다.

티에르 수카르는 《우유의 역습》에서 칼슘 섭취량이 많든지 적든지 상관없이 칼슘의 흡수량이 비슷하다고 말합니다. "미국의 8세 어린이는 칼슘을 하루 약 900mg 섭취하지만, 정밀 분석을 해 보았더니 실제 흡수되는 양은 그 28%에 해당하는 246mg이었다. 한편 같은 나이의 중국 어린이는 칼슘을 하루 360mg 섭취하지만, 분석 결과 중국 어린이는 섭취량의 63%에 해당하는 226mg을 흡수한 것으로 확인되었다. 흡수된 양은 미국 어린이와 아주 비슷한 값을 보였다."[47]

우유에 칼슘이 많은 것은 사실이지만, 우유가 동물성 단백질이라는 점이 흡수율에 영향을 미칩니다. 동물성 단백질은 우리 몸에서 산성 물질(SO_4^{2-}, PO_4^-, Cl^-)을 많이 만들기 때문에 체액이 산성으로 기울게 됩니다. 우리 몸은 그것을 그냥 두지 않고 중화하는 작업을 바로 수행합니다. 우유에 들어 있는 칼슘뿐만 아니라 뼈와 치아에 저장돼 있던 미네랄인 칼슘(Ca^{2+})과 칼륨(K^+), 나트륨(Na^+)을 불러내 약알칼리성이 되도록 체액의 균형을 맞춘 다음 신장에서 배출 과정을 거칩니다.

채식 위주로 살았던 어르신보다 고기, 우유 같은 단백질을 먹으면 몸이 건강하고 뼈가 더

---

[47] 티에르 수카르, 우유의 역습, 알마 (2009).

튼튼해질 것 같은데, 육식을 선호하는 젊은층에서 골절 환자나 골다공증 환자가 더 늘어나는 것은 이런 이유 때문입니다. 게다가 단백질은 아무리 많이 먹어도 몸에 저장되지 않고 배출됩니다. 많이 먹은 단백질을 소화시키느라 위, 소장, 췌장이 고생하고, 단백질에 들어 있는 질소를 안전한 요소로 변환하고 배출하기 위해 간과 신장이 고생하므로 비싼 단백질 먹고 병만 많아질 뿐입니다.

갓난아기가 모유를 먹고 송아지가 우유를 먹고 자라는 것을 보면, 모유나 우유를 먹어야 하는 시기가 분명히 있습니다. 그 이후에는 송아지도 풀을 먹고, 아기는 이유식을 하고 밥을 먹습니다. 모유에 부족한 성분을 음식으로 섭취해야 하는 시기가 도달했기 때문입니다. 모유만으로는 아이가 성장하는 데 필요한 에너지와 영양분을 충족할 수 없기 때문입니다. 우유에 많다는 칼슘, 그것은 너무 많으면 피로감, 피부 건조, 빈혈, 세포 대사율 저하, 우울증을 유발할 수 있습니다. 그래서 몸은 자동으로 칼슘 흡수율을 낮춥니다.

> *** 산성식품과 알칼리식품**
> 흔히 산성식품 혹은 알칼리식품으로 불리는 것은 우리 입에서 느껴지는 신맛의 정도가 아니라 대사된 후에 우리 몸에서 어떤 작용을 하느냐를 기준으로 말합니다.
> 육류나 생선 같은 단백질이 함유된 식품은 산을 형성하는 원소인 황, 인, 염소 같은 성분을 많이 지니고 있어서 소화 흡수되어 혈액과 세포로 운반될 때는 음이온인 SO_4^{2-}, PO_4^-, Cl^-를 형성하는 강한 산성식품입니다. 곡류처럼 탄수화물이 주로 함유된 식품이라 하더라도 소량의 단백질을 함유하고 있는 것은 약산성식품으로 분류되고, 과일이나 버섯, 채소같이 Na^+, K^+, Mg^{2+}, Ca^{2+} 같은 양이온을 형성하는 식품은 알칼리성식품이라고 합니다.

1등급 우유

우유의 또 다른 문제는 젖소가 건강하지 않다는 점입니다. 소가 집단 사육되는 곳을 '피드롯(feed lot)'이라고 하는데, 꼼짝없이 갇혀서 움직이지도 못하고 살만 찌우는 곡물 사료를 먹습니다. 어린이집이나 학교에 다니다 보면 아이가 감기에 자주 걸리는 것처럼 소도 여러 마리가 나란히 한곳에 모여 있으니까 병이 많이 생깁니다. 그래서 사료에 항생제를 섞어 먹입니다. 젖소 한 마리가 하루에 4kg 정도의 우유를 생산하는데, 최유호르몬을 투여하면 20kg 이상을 짜낼 수 있습니다. 소가 건강하지 않으면 절대 그 우유도 건강할 수 없습니다.

우유에 1등급 우유라고 적혀 있습니다. 그 등급은 우유 속에 체세포가 얼마나 들어 있는가를 말하는 것입니다. 젖소가 유방염이 있거나 스트레스가 심하면 착유할 때 체세포가 우유에 딸려 나오기 때문에 체세포 수는 젖소가 얼마나 덜 아픈지를 확인하는 지표입니다. 체세포 수가 우유 1mL당 20만 개 이하인 것이 1등급입니다. 체세포 자체는 살균과 균질화 과정에서 분해되지만, 항생제나 최유호르몬은 그대로 남습니다. 유방염이 있는 젖소는 항생제를 많이 먹었을 것입니다.

그리고 소가 먹는 사료가 건강하지 않습니다. 풀을 먹어야 할 소가 풀이 아닌 GM(유전자변형) 옥수수 같은 곡물사료를 먹습니다. 운동량은 줄고 소화는 더 잘돼서 소가 살이 찌게 되자 사람과 마찬가지로 살이 찌면서 여러 가지 병이 생깁니다. 풀을 먹는 경우도 문제가 있습니다. 사료에 들어가는 첨가물이나 잔류농약의 기준이 식품의 기준과 많이 다릅니다. 예를 들어 살균제인 프탈리드(fthalide)의 경우 쌀에서는 1mg/kg이 허용되는 반면에 사료용 볏짚의 경우 40배가 허용됩니다. 소가 그것을 먹고, 그 소가 만들어 낸 우유를 사람이 먹습니다.

최근에는 우유에 잔류농약이나 항생제 검출 기준이 까다로워져서 항생제가 기준치 이상 검출되는 우유는 시판할 수 없고 폐기해야 합니다. 암소를 학대하며 생산한 우유를 그냥 폐기해야 하다니 엄청난 비극이고 낭비입니다. 게다가 우유 폐기는 수질오염을 유발합니다.

우유와 유기환경오염물질

우유든 모유든 포유동물의 젖에는 모체에 쌓여 있던 유기환경오염물질인 POPs가 고스란히 담겨 있습니다. 우유에는 소에게 투여한 항생제와 농약, 스트레스 호르몬, 유방세포까지 다 들어 있습니다. 수유 자체가 모체를 자극하는 일종의 스트레스 요인이기 때문에 모체의 지방세포에 저장돼 있던 POPs가 모유에 섞여 나옵니다. 그래서 임신하기 위해 몸을 준비하지 않은 상태에서 임신한 경우에는 첫째 아이의 건강이 좋지 않을 수 있습니다. 아이는 태중에서는 혈액으로, 출생 후에는 모유를 통해서 모체의 오염물질을 고스란히 다 받아먹기 때문입니다. 출산 후에 몸이 건강해진 경우는 임신, 출산 과정에서 POPs를 상당 부분 배출한 덕분이기도 합니다.

모유도 먹이지 말아야 하나, 고민스러울 것입니다. 모유에 오염물질이 많음에도 불구하고 면역물질을 갖고 있기 때문에 포기할 수는 없습니다. 다만 모유를 먹이기 전, 그보다는 임신하기 전에 환경호르몬을 배출시켜야 건강한 아이를 낳을 수 있습니다. 이미 오염물질이 모든 환경에 가득하기 때문에 우리가 섭취하지 않는다는 것은 불가능합니다. 유기농 현미를 기반으로 한 자연식을 하면서 간헐적 단식과 운동을 병행하면 POPs 배출이 원활해집니다.

발효유 같은 유제품의 경우는 1등급이라는 표기가 없습니다. 1등급 우유로 만든다는 표기가 없는 이상 2등급 이하의 우유로 치즈며 버터, 요구르트를 만듭니다. 유산균을 넣어 걸쭉하게 만든 떠먹는 요구르트도 유산균이 들어가긴 했지만 과당과 설탕이 엄청나게 들어 있습니다. 플레인 요구르트도 잼 종류만 안 들었지 정제당이 듬뿍 들어 있고, 무설탕이라고 써 있는 제품도 설탕 대신 액상과당이나 포도당이 들어 있습니다. 국내에 출시된 발효유 중에 달콤한 성분이 들어 있지 않은 제품은 없습니다.

모차렐라 치즈의 경우, 자연 치즈의 식감을 더하기 위해 산도조절제, 유화제 같은 첨가물을 더 넣어 가공 치즈를 만듭니다. 모조 치즈는 아예 우유를 쓰지 않고, 그 대신 경화유에 색소와 여러 가지 첨가물을 더해서 만든 것이기 때문에 저렴한 피자에 많이 사용됩니다. 모조 치즈는 우유로 만든 치즈보다 포화지방산과 트랜스지방산이 많이 들어 있습니다. 치즈돈가스나 치즈스틱 같은 가공식품에는 모조 치즈가 사용되는 경우가 대부분입니다.

〈표 12〉 치즈 유형별 원재료명

치즈 종류	원재료명
자연 치즈	자연 치즈 98.8%(원유, 식염, 유산균, 우유응고효소), 분말셀룰로오즈혼합(분말셀룰로오즈, 정제포도당, 효소제)
가공 치즈	자연치즈 73.0%[체다(외국산) 98.7%: 원유, 유산균주, 우유응고효소, 식염, 오리지널 빈티지 체다 1.3%(영국)], 정제수, 산도조절제, 가공버터(호주산), 유화제, 정제소금
모조 치즈	정제수 50%, 렌넷카제인 25%, 팜유 23%, 유화제 2%, 식염

목장에 풀어놓고 유기농 풀을 먹고 자라는 소의 젖을 송아지에게 먹이고 남은 젖으로 만든 우유나 치즈, 버터라면 좋습니다. 가공된 발효유는 단맛뿐만 아니라 첨가물이 많이 들어 있어서 캐러멜이나 다를 게 없습니다. 농후 발효유는 건강한 우유를 사서 집에서 첨가물 없이 만들면 괜찮습니다. 치즈도 노랗게 개별 포장된 가공 치즈는 첨가물이 많이 들어 있습니다. 우유나 유제품을 꼭 먹고 싶다면 건강한 우유라는 조건으로 하루 1잔 미만을 권합니다.

1%의 맛

딸기 맛 우유에는 딸기가 없습니다. 딸기가 먹고 싶으면 딸기를 먹읍시다. 제철이 아닐 경우는 동결건조 딸기라도 괜찮습니다. 딸기우유의 예쁜 핑크빛은 연지벌레를 갈아서 만든 코치닐 색소입니다. 각설탕 8개와 한 방울의 향료가 딸기우유의 맛을 좌우합니다. 초코우유나 딸기우유는 식품 유형에서도 가공유로 분류합니다. 우유라기보다는 우유 음료라는 뜻입니다. 당이 떨어져서 혈당을 빨리 올려야 할 때 마시면 그 목적은 달성할 수 있습니다.

바나나 맛 우유에도 고작 1%의 바나나즙이 들어 있고, 치자황색소와 합성착향료를 넣어야 노랗고 향긋한 그 맛이 납니다. 합성착향료만 바꾸면 여러 가지 다른 맛 과일우유를 얼마든지 쉽게 만들 수 있습니다. 초코우유에도 코코아분말은 1%만 들어 있습니다. 100% 코코아분말이나 코코아매스를 먹어 보면 굉장히 씁니다. 달콤한 초콜릿을 생각하고 먹으면 깜짝 놀라며 인상을 쓰게 됩니다. 그렇게 쓴 것을 달콤하게 만들려면 설탕을 상당히 많이 넣어야 합니다.

1%의 맛으로 만든 우유가공품은 넘쳐나는 우유를 소비하기 위해 만들어 낸 가공품입니다. 우유 자체도 문제인데, 거기에 당분과 첨가물을 잔뜩 넣어서 아이들을 유혹하는 우유가공품, 우리 아이에게 어떤 도움이 될까요? 우유 안 먹어도 아이들 성장에 아무 문제가 없습니다. 하버드대 의학전문대학에서도 우유보다는 발효유가 나으며, 인류의 건강과 지구 건강을 위해서 하루에 250g(약 1컵) 이상 먹지 말라고 권합니다.[48]

---

48) https://www.hsph.harvard.edu/nutritionsource/milk/

7. 음식이란 이름의 쓰레기

정크푸드란?

정크푸드(junk food)를 직역하면 쓰레기음식입니다. 인스턴트식품이 대부분 쓰레기음식입니다. 인스턴트식품은 1900년대를 전후로 우후죽순 개발되었습니다. 정크푸드에는 열량만 있지 다른 영양소가 거의 없어서 '빈 칼로리 음식(empty calorie food)'이라고도 부릅니다. 먹은 것을 소화하고 에너지를 만들어 내려면 비타민과 미네랄이 꼭 필요한데, 그것이 부족하니까 에너지가 생기지 못하고 열만 발생합니다. 그래서 움직이기는 싫고, 괜히 몸이 덥고, 가렵고, 온몸에 염증이 잘 생겨서 공부하려는 데 집중이 안 됩니다. 게다가 충치도 잘 생깁니다.

학생이든, 직장인이든 바쁘게 사는 사람일수록 자기 일에 열정을 쏟으려면, 건강한 통곡물, 채소나 과일, 김치 같은 것을 골고루 먹어야 합니다. 성공한 사람들은 자기관리를 철저하게 합니다. 시간이 없다는 이유로 쓰레기를 먹지는 않습니다. 몸이 아프면 귀한 시간을 더 낭비하게 되기 때문입니다.

어쩌다가 한번, 먹을 음식이 정크푸드밖에 없다면 생명을 살리기 위해 먹을 수 있습니다. 하지만 라면을 비롯해서 아이가 좋아하는 가공식품은 영양가만 부족한 게 아니라 넣지 않아야 하는 식품첨가물이 들어 있습니다. 한두 가지도 아니고 100가지씩이나 되는 것이 우리 몸에서 합쳐지면 어떤 역할을 할지 알 수 없습니다. 우리나라에 암환자가 감기환자만큼이나 흔해지고 당뇨병, 고혈압, 비만, 지방간, 우울증, 희귀병, 유전병이 늘고 10대에서 30대의 자살률이 세계 1위를 차지하고 있는 것이 우연일까요?

호주에서는 건강한 음식인지, 쓰레기음식인지 쉽게 구별할 수 있도록 가공식품에 건강별점(Health Star)을 표기합니다. 영양정보를 꼼꼼하게 읽고 비교하지 않아도 포장지에 표기된

별점만 보면 알 수 있습니다. 식품회사는 어떤 제도를 도입해도 빠져나갈 방법을 찾겠지만, 그래도 건강별점제도를 국내에 도입한다면 어린아이나 정보에 취약한 이들에게 도움이 될 것입니다. 다음 〈표 13〉은 호주 정부에서 지원하는 건강 지원 사이트인 'Health Direct'에서 제시한 정크푸드와 건강에 관한 내용을 정리했습니다.

〈표 13〉 정크푸드와 건강 [49]

정크푸드 종류	정크푸드의 영향	정크푸드 관련 질병	정크푸드 대안
케이크, 비스킷, 햄버거, 피자, 감자튀김류, 초콜릿, 과자, 가공육, 스낵, 라면, 단 음료, 알코올음료	체중 증가, 피로, 에너지 감소, 스트레스 증가, 집중력 장애, 수면 장애, 우울한 기분, 충치	고혈압, 심혈관 질환, 제2형 당뇨, 골다공증, 비 알코올성 지방간 질환, 우울증, 암	통곡물로 된 파스타와 빵, 통밀가루, 현미, 신선한 과일 광고 속임수 주의

---

49) https://www.healthdirect.gov.au/junk-food-and-your-health

슈퍼사이즈 미

1992년에 맥도날드 햄버거를 즐겨 먹던 두 소녀가 햄버거를 비만의 주범이라며 맥도날드를 상대로 고소했습니다. 그런데 맥도날드는 자사의 제품이 건강한 음식이라며 그럴 리가 없다고 말합니다. 그것을 본 영화감독 모건 밸런타인 스펄록(Morgan Valentine Spurlock)은 자신이 직접 맥도날드 제품으로 하루 세 끼를 30일간 먹기로 결정합니다. 그 도전기를 다큐멘터리 영화로 제작한 것이 영화 〈슈퍼사이즈 미〉입니다.

그는 실험 기간인 30일간 체중 증가는 기본이고 구토, 우울, 간질환, 성기능 장애를 경험했고, 실험 종료 후 몸이 원래대로 회복하는 데는 10배 이상의 기간이 필요했습니다. 패스트푸드만 먹었을 때 몸과 마음에 어떤 영향을 미치는지 이 영화는 리얼하게 제시합니다. 영화가 개봉된 이후 패스트푸드점에서도 영양성분표 고지를 눈에 띄는 곳에 배치했습니다. 미국에만 있던 슈퍼사이즈가 사라졌고, 많은 학교에서 체육시간이 의무화되었습니다. 미국 학교 급식의 심각한 상황이 알려져서 여러 주에서 급식이 개선되었습니다. 영화가 유명세를 타자 긍정적인 변화도 있었지만 반발도 많았습니다.

스펄록 감독이 채식주의자이니 햄버거에 관해 긍정적일 리가 없고, "채식으로 5,000kcal를 먹고 운동 안 하면 당연히 살이 찐다."라는 반박도 있었습니다. 운동은 둘째 치고 과연 채식으로 5,000kcal를 먹을 수 있을까요? 5,000kcal를 먹을 정도의 음식이라면 설탕, 과당, 트랜스지방산이 범벅되어야 합니다. 채식을 빙자한 가공식품이 아니라 건강한 채식이라면 하루 5,000kcal는 고사하고 3,000kcal도 먹기 힘듭니다. 채소와 과일에는 섬유질이 많아서 정제된 곡류와 함께 먹는다고 하더라도 포만감이 일찍 찾아와서 억지로 먹을 수 없습니다. 아마 하루 종일 먹어야 할 것입니다.

걸작 혹은 쓰레기

영화 '기생충'이 오스카상을 받으면서 짜장라면이 한동안 인기몰이를 했습니다. 한국이 코로나19 대처를 잘하니 K방역과 함께 김치 수출이 늘어났고, 방탄소년단의 세계적인 활동 덕분에 온 세계가 한국 문화와 음식에 관심이 증가하고 수출이 늘었습니다. 그중에서 라면은 빼놓을 수 없는 한국 음식으로 자리매김하고 있습니다. 라면이 한국을 대표하는 정크푸드가 된 셈입니다.

우리 집에서도 라면은 비상식량이었습니다. 혼자 살던 시절부터 밥해 먹기 귀찮거나 감기가 올 것 같으면, 간단하게 라면을 먹고 자곤 했습니다. 그다음 날 아침에 일어나면 몸이 더 아팠습니다. 돌이켜 생각해 보니 건강할 때는 잘 모르지만 몸이 피곤 할 때 라면을 먹으면 확실히 몸 상태가 더 나빠졌습니다. 굶고 잤더라면 제 몸의 면역이 병을 고치는 데 집중되었을 텐데, 라면을 먹고 자니 소화하는 데 에너지 뺏기고, 첨가물 해독까지 해야 하니, 바이러스와 싸울 겨를이 없어서 몸이 더 힘들 수밖에 없었습니다.

인스턴트 라면이 얼마나 해로운지 직접 실험해 본 사람들이 있습니다. 오사와 히로시가 쓴《식원성 증후군》에는 라면 실험을 한 일본의 한 고등학생 이야기가 나옵니다. 그는 방학 한 달 동안 다른 음식은 먹지 않고 라면만 먹었습니다. 1주일간 세끼 꼬박 라면만 먹고 나니 몸이 아파서 더는 실험을 계속할 수 없었고, 방학 내내 아파서 누워 있었다고 합니다.[50]

라면업체에서는 인스턴트 라면을 맨 처음 개발한 안도 모모후쿠도 매일 한 끼는 라면을 먹고 96세까지 살았다며, 라면이 장수식품인 양 예찬합니다. 그는 한국인이 김치나 달걀과 함께 라면을 먹는 것을 보고 "라면 먹을 줄 안다"라고 말했습니다. 그 말은 자신도 라면을 먹을 때 라면만 먹지 않는다는 말입니다. 라면만 먹으면 뭔가 부족하기 때문에 김치나 달걀이 필요하다는 말입니다. 라면을 김치와 함께 먹어서 지금까지 라면도 사람도 살아있는 것은 아닐까요?

---

50) 오사와 히로시, 식원성 증후군, 국일 미디어 (2005).

라면은 식품업계가 낳은 20세기 최대의 '걸작'으로 불립니다. 끓는 물에 풍당 넣기만 하면 몇 분 안에 완성되는 인스턴트 라면, 가히 혁명이었습니다. 게다가 부자도 가난한 사람도 라면 하나로 한 끼를 때울 수 있어서 음식의 평준화를 이루었다는 평가도 있습니다. 하지만 영화 '기생충'에서 보듯이 라면에 추가로 뭘 넣어서 먹느냐는 분명 차이가 있습니다. 아프리카 어느 나라에서는 말라리아에 걸린 사람에게 라면을 먹이면 낫는다고 합니다. 한편 《암을 정복한 25인의 증언》의 저자 이마무라 고이치는 "라면이라는 '걸작'은 21세기에는 가장 먼저 없어져야 할 식품"이라고 말합니다.

재료만 다르지 가공식품이나 담배는 똑같이 나쁩니다. 예전에는 멋과 낭만의 상징이었던 담배가 지금은 민폐의 상징이 되었습니다. 몇 가지 예외조항이 있지만 요즘에는 담배를 판다고 광고조차 할 수 없고, 영화에도 담배 피우는 장면이 나오면 관람연령이 제한되고, 모자이크 처리를 해야 합니다. 요즘 쇼프로그램에 라면이나 패스트푸드 먹는 장면이 여과 없이 나오고, 음식 먹는 동영상이 난무합니다. 언젠가는 가공식품도 담배처럼 남의 눈치 보며 조심스럽게 먹고, TV에서도 모자이크 처리하는 날이 오길 기대합니다.

담배를 선택하듯이

2020년 겨울, 코로나19가 처음 유행할 때 영국은 우리나라보다 사망자 수가 140배나 많았습니다. 여러 가지 요인이 있지만 마스크 쓰는 것만 비교해 보면, 코로나19가 확산됐을 때 영국은 확실한 과학적 증거가 없다며 마스크 착용을 의무화하지 않았고, 국민도 마스크 벗을 권리를 주장했습니다. 하지만 우리나라는 과학적 증거가 불분명하더라도 예방 원리에 따라 모든 사람에게 마스크를 쓰게 했습니다.[51] 그래서 우리나라는 다른 나라에 비해 전염 속도도, 사망자 수도 주춤해지자 K방역을 전 세계가 배워 갔습니다. 지난해 7월에 코로나가 재유행하면서 병상에 여유가 없자 영국 의학협회에서는 환자들의 마스크 착용 의무화를 요구했습니다.[52]

식품첨가물의 문제도 이와 같습니다. 식품첨가물 중 어떤 성분이 어떤 질병을 일으킨다는 인과관계가 부족하다고 해서 식품첨가물을 먹도록 방치한다면 질병은 걷잡을 수 없이 계속 늘어날 것입니다. 가공식품이 많이 팔리면서부터 암이나 희귀병, 불임, 아토피 환자가 증가했습니다. 그 상관관계를 무시한다면 식품첨가물로 발생하는 폐해를 막을 방법이 없습니다. 소비자는 계속 실험 대상으로 남아 있을 것이고, 식품업체는 어떤 질병의 원인이 식품첨가물이라는 과학적 근거가 없다는 말만 되풀이할 것입니다.

건강보험공단은 담배인삼공사를 비롯한 담배회사를 상대로 537억 원 상당의 손해배상 청구 소송을 15년간 해 왔습니다. 2014년 4월, 오랜 담배소송에서 과연 대법원은 누구의 손을 들어주었을까요? 담배회사였습니다. 담배가 나쁘다는 것은 모두가 아는 사실이지만, 흡연은 자유의지에 따른 선택의 문제라는 이유입니다. 개인이 흡연을 선택할 수 있으므로 담배를 제조하고 판매한 담배회사에 배상하라고 할 수 없다는 것입니다.

식품의 선택도 같은 맥락에서 이해될 수 있습니다. 식품의 선택은 개인의 자유의지에 따

---

[51] Azeem Majeed, Yongseok Seo, Kyungmoo Heo, Daejoong Lee, Can the UK emulate the South Korean approach to covid-19? *British Medical Journal*, 369, m2084 (2020).
[52] https://www.gponline.com/bma-demands-return-mask-wearing-patients-covid-19-deaths-hit-200000/article/1792939

라 한 것이니까 아무리 몸에 해로운 물질을 식품에 넣더라도, 현행법을 준수했다면 식품회사에 배상 책임을 묻지 않을 확률이 높습니다. 그렇다고 정말 책임이 없는 것일까요?

출출해지는 밤늦은 시간이면 햄버거, 피자, 치킨, 맥주 광고가 인기 프로그램 사이에 배치되고, 그걸 본 소비자는 유혹을 못 참고 배달 앱을 켜게 됩니다. 쓰레기음식을 사도록 강요당하고 있습니다. 소비자가 지금보다 현명해져야 합니다. 쓰레기음식 광고며, 쇼프로그램에서 쓰레기음식을 잔뜩 먹는 모습을 보이지 않도록 촉구해야 합니다. 식품업체도 건강한 먹거리를 요구하는 소비자가 많을수록 소비자의 요구를 수용하게 됩니다. 지금처럼 온갖 무○○, ○○ 무첨가 식으로 '눈 가리고 아웅!' 하는, 무늬만 건강한 쓰레기음식 말고, 진짜 건강한 식품, 생명을 살릴 수 있는 식품을 판매해야 합니다.

반수치사량

라면에 표기된 성분을 보면 수프는 물론이고 면에도 첨가물이 많이 들어 있습니다. 얼핏 보기에도 첨가물이 30~40가지 돼 보입니다. 하지만 실제는 100가지가 넘을 수도 있습니다. 모든 성분을 표시한다고 하지만 식품 포장지를 보면 적는 곳이 조그맣습니다. 그래서 일괄표시를 할 수 있게 법으로 정했습니다. 일괄표시는 비슷한 것은 몇 가지를 묶어서 하나만 표시하는 방법입니다. 라면이나 과자를 사는 사람은 거기에 뭘 넣었는지 결코 다 알 수 없습니다.

면 : 소맥분(미국산, 호주산), 감자전분(독일산), 팜유(말레이시아산), 변성전분, 난각칼슘, 정제염, 야채조미추출물, 면류첨가알칼리제(산도조절제), 혼합제제(산도조절제), 올리고녹차풍미액, 비타민B2.
수프류 : 정제염, 소고기맛베이스, 정백당, 육수맛조미베이스, 볶음양념분, 조미아미노산간장분말, 조미소고기분말, 5'-리보뉴클레오티드이나트륨, 분말된장, 마늘베이스, 간장분말, 조미양념분, 조미홍고추분말, 후춧가루, 매운맛조미분, 복합양념분말, 마늘발효조미분, 칠리맛풍미분, 돈골조미분말, 발효표고조미분, 호박산이나트륨, 후추풍미분말, 표고버섯분말, 양파풍미분, 우골마늘조미분, 조미효모분말, 마늘동결건조분말, 분말캐러멜(캐러멜색소, 물엿분말), 생강추출물분말, 대두단백, 건파, 건청경채, 건표고버섯, 건당근, 건고추.

식품첨가물을 넣는 기준이 분명히 있습니다. '식품첨가물 공전'에 적혀 있는 첨가물만 사용할 수 있습니다. 생쥐 같은 동물로 실험합니다. 얼마만큼의 양을 먹이면 독성이 나타나서 죽게 되고, 얼마까지는 안전한지를 시험해 보고 그 독성을 나타내지 않을 만큼의 양을 기준으로 정합니다. 이것을 독성시험이라고 하고, 실험동물의 절반이 죽는 농도를 반수치사량이라고 합니다. 반수치사량을 기준으로 안전계수를 곱해 첨가물 허용량을 결정합니다. 하지만 그것은 한 가지 성분에 관한 기준이지 여러 가지 첨가물이 동시에 사용될 때는 얼마나 줄여야 하는지, 같이 넣어서는 안 되는 것은 무엇인지 하는 기준은 없습니다.

또 실험동물에게서 나타나지 않던 독성이 사람에게는 부작용으로 나타나기도 합니다. 또 동물실험 기간보다 사람이 먹는 기간이 더 길기 때문에 예상치 못한 문제가 생겨서 20년이 넘은 후 사용 금지 조치를 내리기도 합니다. 식품회사나 정부가 의도하지 않았더라도 소비자에게 돈 받고 물건을 팔면서 생체실험도 같이 하고 있는 모양새입니다.

2006년에 비타민 음료에 함유된 비타민C와 보존료인 안식향산나트륨이 만나서 1급 발암물질인 '벤젠'이 형성되어 문제가 된 일이 있었습니다. 그 이후에 식약처에서는 첨가물을 변경하라는 권고를 했고, 안식향산나트륨과 비타민C 혼합 사용을 금지했습니다. 이처럼 제품으로 만들어 팔다가 문제가 생겼을 때 '이런 이런 성분은 함께 사용하면 안 되는구나!' 하고 알게 되고, 그제야 제조공정을 수정하는 정도입니다.

벤젠이 천연물에도 함유되어 있기도 하지만, 가공 과정에서는 이런 위해 요소를 제거하는 것이 마땅한 것 아닐까요?

> *** 첨가물 일괄표시란?**
>
> 일괄표시란 첨가물이 복합원재료일 경우, 그 복합원재료의 제품명이나 첨가물의 용도 유형만 표시하는 것입니다. 예를 들어 '유화제, 산도조절제' 하는 식으로 용도명만 적을 수 있고, 같은 용도인 것은 대표로 하나만 적을 수 있습니다. 한 가지 첨가물이 여러 용도로 사용되기 때문에 실제 사용된 용도와 달리 산도조절제가 조미료에 묶여서 표기가 생략될 수도 있습니다. 보존료이자 유화제로 사용되는 폴리소르베이트 80(트윈 80)이 있습니다. 이렇게 단일 제품이 적히면 하나의 성분이라 생각할 수 있지만, 이 제품은 소르비톨과 올레인산과의 부분에스테르 혼합물입니다. 여기에 정확히 몇 가지 성분이 있는지는 알 수 없습니다. 주성분은 한 가지이지만 합성 과정에서 생긴 중간산물이 혼합되어 있기 때문입니다. 그래서 혼합물이라고 규정합니다.
> 또 특정 제품의 맛을 내기 위해 조미료를 개발한 다음 그 제품에 이름을 붙여서 표기하는 일도 종종 있습니다. 그 조미료 안에는 수십 가지가 들어갑니다.
> 예) ㅇㅇ시즈닝, ㅇㅇ맛 베이스분말, ㅇㅇ조미분말, ㅇㅇ양념분말.

해썹(HACCP; Hazard Analysis and Critical Control Points)이라고 하는 식품안전관리인증기준을 도입한 것도 위해 요소를 제거하기 위해서입니다. 자연식품보다 가공식품은 과식하기 쉬워 첨가물의 하루 섭취권고량을 초과하기 쉽습니다. 의약품은 부작용이 있어도 통증을 경감시켜 주는 기대효과가 있기 때문에 감안하고 먹지만, 식품첨가물은 의약품과 달리 사람의 몸에서 기대되는 효과가 뭘까요? 또 의약품은 부작용을 처음부터 경고하지만, 식품첨가물은 경고하지 않습니다. 여러 가지 첨가물이 섞였을 때도 안전한 기준이 필요합니다. 몸에 얼마나 해로운지 연구되지 않은 채 소비자, 특히 우리 아이들이 검증되지 않은 첨가물 칵테일을 맛있게 먹고 있습니다.

생체실험

원인을 모르면 무조건 가공식품이 문제라고 말하니 식품회사에서는 억울할 수도 있습니다. 정말로 억울하면 가공식품이 무죄임을 증명해 주길 부탁합니다. 실험 자원자를 모아서 그 회사에서 만드는 가공식품만 먹도록 식단을 정해 주고, 그들의 건강을 주기적으로 추적하는 대규모 생체실험을 하는 겁니다. 유전질환까지 확인하려면 어쩌면 3~4세대까지 연구를 수행해야 할지도 모릅니다. 그러자면 100년이 넘게 걸릴 수도 있습니다. 게다가 자녀 세대를 통제하려면 같은 실험군 안에 있는 사람 사이에서 자녀가 태어나야 제대로 변수를 차단할 수 있을 것입니다. 혹시 질병에 걸려 죽는 사람이 생길지도 모르니 실험 자원자가 충분히 많아야 합니다. 돈을 많이 주고 먹여 주고 재워 주면 자원자가 몰릴 겁니다.

이런 실험은 사실 인권침해 소지가 있고, 식품회사는 그런 장기간에 걸친 비싼 연구에 돈을 들일 이유도 없고, 억울한 누명을 쓴 듯해도 제품은 잘 팔리니 증명할 이유가 없습니다. 쓸데없는 실험을 하느니 광고비를 더 들여서 텔레비전에 자신의 제품이 더 많이 노출되게 하는 것이 현명할 것입니다. 소비자에게는 제품의 장점만을 부각하며 당장 큰 문제가 생기는 것이 아니니 안심하라는 메시지를 전달합니다. 또 한 번 사는 인생인데 먹는 것도 마음대로 못 먹어서야 되겠느냐고 당당하게 권합니다.

태어나기도 전부터 아이가 식품첨가물을 먹으면, 선천성 아토피를 지니고 태어납니다. 그 아이가 자라면 아토피가 비염이나 천식으로 확장될 수 있고, 생식기능에 문제가 생길 수도 있습니다. 소아암이나 그보다 더 희귀한 난치성 질환이 생기기도 합니다. 그 아이는 괜찮았는데, 아이의 다음 세대에서 어떤 선천성 기형이나 희귀질환을 지니고 태어날 수도 있습니다. 이렇게 자녀 세대와 손자 세대까지 가서 문제가 발생하기 때문에 무엇이 원인인지 즉각 알아낼 수 없습니다. 그래서 오랫동안 가공식품을 먹고 있으면서도 문제가 있다는 것을 깨닫지 못하고, 식품회사에 직접 책임을 묻기도 어렵습니다.

우리나라 총인구는 2020년 5,184만 명에서 정점을 찍고 2021년부터 감소세에 접어들었습니다. 통계청은 2070년에는 3,765만 명이 될 것으로 예상합니다. 이대로 가면 100년쯤 더 지나 2,590만 명으로 줄어들지 않을까요? 우리나라 인구 감소의 주요 원인은 출생률의 감소입니다. 음식 하나 때문에 인구가 감소했다고는 말할 수 없습니다. 그러나 우리 사회가 반수치사량에 해당하는 뭔가를 섭취했다는 의심을 떨치기는 어렵습니다.

라면은 환경 파괴의 주범

라면이나 과자를 튀길 때 사용하는 팜유는 사용법이 편리하고도 저렴한데다 잘 산화되지 않는 특성이 있어서 식품 제조에 아주 특화된 원재료입니다. 농부 쪽에서도 단위면적당 콩기름의 10배가 생산되니, 인도네시아에서는 팜유를 생산하기 위해 열대우림을 불태우고 기름야자나무를 심습니다. 오랑우탄은 인도네시아 열대우림에서만 사는데 서식지를 잃고 어떻게 살아갈까요? 열대우림에 살던 식물과 동물이 그렇게 사라지고 있습니다.

기름야자나무를 몇 년 재배하고 나면 처음 심었을 때와 달리 수확량도 떨어지고, 키가 너무 커서 수확하기가 어렵습니다. 새로운 묘목을 심는 것이 수지맞기 때문에 기존의 나무를 모두 태워버립니다. 그때 발생하는 연기가 이웃나라인 싱가포르까지 영향을 주어서 공항이 며칠간 마비된다고 합니다.

라면국물을 버리면 수프와 양념 성분이 물속에 녹아 수질을 오염시킵니다. 팜유는 고온에서는 액체이지만 실온에서는 고체이기 때문에 하수구로 흘러가면서 딱딱하게 굳어서 하수구 동맥경화를 일으킵니다. 광고의 유혹에 끌렸든 어쨌든 자신이 최종 선택한 책임이 있으니, 식품첨가물이 내 몸에 조금 해로운 것은 감내할 수 있다고 칩시다. 그러나 팜유로 환경이 오염되는 것은 어떻게 책임질 수 있을까요?

라면 대화

 당신이 좋아하는 라면이 '21세기에 없어져야 할 식품'이라던데, 당신은 어떻게 생각해요?

 나는 긍정적인 점이 더 많다고 생각해요. 바쁠 때 간편하게 한 끼 해결할 수 있고, 요리하는 법을 모르는 사람도 조리해서 먹을 수 있고, 감자나 콩나물, 버섯 같은 채소를 넣어서 응용하기 쉬우니까.

 라면에 여러 가지 채소를 넣는 이유는 뭐예요? 라면만 먹었을 때는 뭔가 부족하다거나 해롭다는 생각이 들어서는 아니고요?

 그런 건 아니에요. 라면 먹고 아픈 적이 없어서 해롭다는 생각은 안 해 봤어요. 채소를 넣는 건 더 맛있게 먹기 위해서이죠. 물이 끓는 동안 채소를 다듬으면 되니까.

 라면에는 보통 달걀과 대파는 넣는데, 요즘 들어 감자, 콩나물, 버섯을 넣는 이유는 뭐예요?

 혼자 먹을 땐 달걀과 대파만 넣죠. 하지만 당신이 없을 때 아이들과 먹으려니 콩나물과 버섯을 넣는 거죠. 태연이는 버섯을 안 좋아하는데 라면에 넣으면 잘 먹어요. 냉장고에 있는 재료를 활용해서 하는 거예요.

더 영양가 있는 라면을 위함인가요? 그러면 국수로 바꾸면 안 되나요?

 라면은 간편하게 먹기 위해서잖아요. 수프만 넣으면 간단하고 맛있게 만들어지잖아요. 따로 육수를 안 만들어도 되고….

 그러면 육수가 있으면 라면 대신 국수를 먹을 의향이 있나요?

 수프를 빼면 그게 라면인가요? 어쩌다 한번 먹는 거 그냥 먹게 해 줘요. 우리가 자주 먹는 것도 아닌데….

 무조건 먹지 말라는 말은 아니에요. 그러면 라면은 얼마 만에 한 번 먹는 게 적당하다고 생각하세요?

 한 달에 한두 번이죠. 그런 의미에서 오늘 저녁에 라면 어때요?

03

AI시대, 미래형 인재 양육을 위한 식습관 지침서

강혜숙 박사의 내 아이를 위한 음식코칭

3장
그래서
어쩌라고?

3장
그래서 어쩌라고?

1. 좋은 식습관 들이기 위한 준비

도대체 뭘 먹어야 할까?

그러면 도대체 뭘 먹으라는 건가? 질문이 생길 수밖에 없습니다. 가공식품이 편리할 뿐만 아니라 값도 저렴하고 맛있으니 얼른 손이 갈 수밖에 없습니다. '몸에 좋다는 음식을 만들어 놓아도 아이가 안 먹으면 어쩌지?', '헛수고할 바에는 아이가 잘 먹는 것을 주는 게 정신건강에 이롭지 않을까?' 이런 질문이 머릿속을 가득 채울 것입니다.

약학박사이자 뇌 교육학자인 이쿠타 사토시는 "아이의 뇌는 유전이 아니라 음식이 결정한다."라고 말합니다.[53] 부모와 아이가 같은 양을 먹어도 체중이 가벼운 아이는 위장과 뇌에서 그 위해가 어른보다 빨리 나타납니다. 어린아이가 식칼을 달라 한다고 해서 칼을 줄 수 없는 것처럼 가공식품을 일찍 주면 안 됩니다.

그러면 도대체 이 수많은 가공식품과 헤어지면 그 대신 뭘 먹어야 할까요?
첫째, 음료수 대신 물 마시는 습관을 길러 줍시다. 가끔 매실청이나 레몬청, 유자청, 오미

---
[53] 이쿠타 사토시, 음식이 아이 두뇌를 변화시킨다, 루미너스 (2022).

자청으로 달콤한 음료를 만들어 주어도 좋습니다. 이것도 비정제당으로 만든 것에 한합니다. 수제차도 너무 자주 마시면 혈당 관리가 어려우므로 마시는 횟수를 제한하십시오.

둘째, 햄과 소시지 같은 가공육은 동물복지로 키운 건강한 고기로 바꿉시다. 이런 고기가 비쌉니다. 한 생명을 바쳐 자기 살을 우리에게 주는데 비싼 값을 치르는 게 어쩌면 당연합니다. 무항생제, 동물복지 인증표시가 있으면 믿을 만합니다. 그리고 고기 많이 안 먹어도 아이들 성장에 아무 문제가 없습니다. 과도한 단백질과 지방 섭취가 문제입니다. 비싸니까 적게 먹게 되고 지구 환경에도 도움이 됩니다.

셋째, 아이스크림은 수제 하드나 얼린 과일로 바꿉시다. 수제 하드는 월례행사처럼 '특별한 날'이라 선언하고 아이들과 함께 만들면 좋습니다. 비정제당을 사용해야 더 건강한 간식이 됩니다. 과일도 얼리면 아이스크림 대용으로 훌륭합니다. 바나나 귤은 작게 잘라서 냉동실에 넣기만 하면 되고, 블루베리나 오디, 산딸기는 제철에 넉넉히 사서 얼려 두면 좋습니다. 수제 하드에 문제점이 있다면 온도입니다. 체온이 섭씨 35도로 떨어지면 암세포가 잘 자랍니다. 체온은 면역에 중요하기 때문에 수제 하드도 많이 먹으면 감기에 걸릴 수 있습니다. 따뜻한 물이나 허브차로 체온을 올리십시오.

넷째, GMO 과자는 수제 쿠키나 견과류, 작게 자른 채소, 과일로 바꿉시다. 채소를 싫어하는 아이들에게는 견과류나 수제 쿠키부터 시작하고, 점차 과일과 채소로 확장시킵니다. '채소 질색'인 아이를 위해서는 '생으로 조금 먹어보기'를 참고하십시오.

다섯째, 우유는 '진짜' 건강한 소에게서 나온 우유를 마시거나, 콩물로 바꿉시다. 콩물을 한자로 표기하면 '두유(豆乳)'입니다. 두유라고 하면 시판 두유를 마실까 봐 콩물이라고 했어요. 시판 두유는 GM 콩을 사용합니다. 국산 콩 두유여도 콩은 조금 들었고 정제당과 첨가물의 복합체입니다. 집에서 콩물을 직접 만들어 보십시오. 정말 고소하고 설탕 안 넣어도 맛있습니다. 콩 자체의 구수함에 반할 것입니다(콩국수 레시피 참조).

여섯째, 쓰레기음식 대신에 통밀빵, 통밀국수, 통밀파스타로 바꿉시다. 통밀국수와 파스타는 인터넷에서 쉽게 구매할 수 있고, 통밀빵 레시피는 부록을 참조하십시오. 처음에는 이게 무슨 맛인가 싶어도 계속 먹게 되는 묘미가 있습니다.

건강한 밥상을 차리는 것이 시간이 그리 많이 걸리지도 않고, 어렵거나 비용이 많이 들지도 않습니다. 아직 익숙하지 않을 뿐입니다. 요리를 너무 잘하려고 하지 않아도 됩니다. 건강한 음식을 만드는 데는 시간과 노력이 필수라고 생각하지만, 사실은 조리 과정이 짧고 날것일수록 맛도 영양소도 풍부합니다. 누구든지 얼렁뚱땅 귀찮은 숙제 해치우듯 하면 맛이 없고, 정성들이면 더 맛있습니다. 오이를 쌈장에 찍어 먹어도 사랑과 정성을 담으면 됩니다.

가공식품에 길들여진 입맛에는 건강한 음식이 심심하고 맛이 없게 느껴지는 것이 당연합니다. 그래서 입맛이 회복되는 시간이 필요합니다. 분명한 건 우리가 포기하지 않으면 아이의 입맛이 바뀌고 가공식품 없이도 맛있게 먹을 수 있게 됩니다.

〈표 14〉 가공식품을 대신할 음식

헤어져야 할 음식	대체 음식
음료수	물, 수제 차
햄과 소시지	동물복지 육류
아이스크림	수제 하드, 얼린 과일
과자, 껌, 젤리	수제쿠키, 견과류, 작은 채소, 과일
우유	콩물
정크푸드	통밀국수, 통밀빵, 통밀파스타

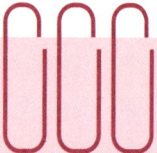

레시피	4. 통밀쿠기 만들기
재 료	통밀가루 250g, 방목우 버터(올리브유) 100g, 유정란 2개, 소금 1작은술, 비정제설탕 80g, 견과류 60g

1. 오븐을 180도로 예열합니다. 버터는 말랑하게 녹이고, 계란도 실온에 둡니다.
2. 유정란을 머랭처럼 풀고 소금과 설탕을 넣어 휘핑합니다.
3. 밀가루를 체로 칩니다.
4. 버터를 녹여 휘핑기로 크림처럼 만듭니다.
5. 휘핑한 달걀에 버터(올리브유)를 조금씩 부어 분리되지 않게 잘 섞습니다.
6. 여기에 체질한 가루를 칼질하듯 섞고 견과류도 넣습니다.
7. 쿠키의 모양은 자유롭게 만들되 두께는 일정한 것이 좋습니다.
8. 예열된 오븐에서 15~20분간 굽습니다.

습관 반전 훈련

습관과 중독의 경계는 좀 모호합니다. 처음에는 습관이었지만, 어느 순간 자신의 삶을 부정적으로 이끄는 중독이 될 수 있습니다. 정크푸드나 어린이 기호식품은 음식중독을 일으키는 요소가 충분합니다. 그래서 어떻게 간식 먹는 습관이 정착되었는지, 무엇을 먹는지, 먹고 나면 어떤 기분이 드는지 확인이 필요합니다. 일종의 자각 과정으로서 자기를 발견하는 메타인지 과정입니다.

《습관의 힘》에서 찰스 두히그는 습관에는 '신호-반복 행동-보상'이라는 습관 고리가 있다고 말합니다. "열망은 습관을 만드는 원동력이다. 열망을 자극하는 방법을 알아내면 새로운 습관을 더 쉽게 형성할 수 있다."[54] 그 열망을 자극하는 것이 습관을 이끄는 신호에 해당합니다. 신호를 알아채고 반복 행동을 다른 행동으로 대체하면 같은 보상이 이루어집니다. 습관 고리에서 반복 행동만 바꾸는 것을 '습관 반전 훈련(habit reversal training)'이라고 합니다.

습관 반전 훈련은 모든 습관을 바꾸고 싶을 때 사용할 수 있으며 알코올의존증 문제도 변화시킨 유효한 방법입니다. 어떤 경우이든 자녀와 따뜻한 대화를 통해 신호를 확인하면 반복 행동을 바꾸는 것은 어렵지 않습니다. '신호-반복 행동-보상'이라는 습관 고리를 찾아내기 위해 부모가 자녀를 잘 관찰하고 대화하는 시간을 내는 것이 가장 어려운 일인지도 모릅니다. 어릴 적에 봤던 어린이 드라마 주제곡이 갑자기 떠오릅니다. "어른들은 몰라요. 아무것도 몰라요. 같이 있고 싶어서 그러는 건데…."

---

54) 찰스 두히그, 습관의 힘, 갤리온 (2012).

신호 포착하기

어떨 때 습관이 반복되는지 그 신호를 깨닫게 되면 습관은 절반 정도 고친 것이나 다름없습니다. 신호를 발견하고 나면 그 신호가 왔을 때 이전에 반복하던 행동을 다른 행동으로 바꿀 수 있습니다. 이전에 반복하던 행동과 새로운 행동이 경쟁을 시작합니다. 이런 경쟁 상황에서 얼마나 이겼는지를 일주일 정도 체크해 나갑니다. 이렇게 새로운 반복 행동으로 대체하기를 계속하면 새로운 습관이 정착됩니다.

예를 들어 '출출해서 핫도그 하나 사 먹으니 포만감이 느껴졌다'라고 한다면, 출출함이 신호이고 핫도그를 사 먹는 것이 반복 행동이며, 포만감이 보상에 해당합니다. 과자를 먹고 싶다는 열망이 있을 때 언제, 어떤 상황에서, 무슨 이유로 과자가 먹고 싶어 하는지를 파악하는 것입니다.

〈표 15〉 습관 고리 확인하기

헤어져야 할 음식	반복 행동	보 상
출출함, 긴장감, 심심함	정크푸드 사 먹기	배부름, 편안함

가끔 핫도그 하나 정도 사 먹을 수도 있지 그게 뭐 대수인가, 생각할 수도 있습니다. 그런데 정말 아주 가끔 사 먹는 걸까요? 먼저 일주일 정도 아이가 먹고 있는 모든 것을 확인하기 위해 식사일지를 기록하기를 권합니다(〈표 17〉 참조). 특별히 좋은 것으로 바꾸려고 의식하지 말고 평소에 하던 대로 기록하는 것입니다. 그러면 어떤 식습관이 있는지 파악할 수 있습니다. 그리고 문제가 된다고 생각되는 부분을 바꾸기 위해 관찰을 시작하면 좋습니다.

<표 16> 습관 반전 훈련

일	월	화	수	목	금	토

첫 번째 주에는 신호를 확인하는 데 주력합니다. 습관적으로 행동하기 전 신호를 확인했을 때는 O표, 둘째 주부터는 신호를 확인한 후 습관 대신 경쟁 행동이 이겼을 경우에는 O표 옆에 #표를 추가합니다.

그다음 한 주간은 간식을 먹는 상황을 의식하면서 잘 살펴보는 과정입니다. 출출해서인지, 따분해서인지, 스트레스 상황을 이겨내기 위해서인지를 기록해 봅니다. 아이들의 경우 배가 고플 수도 있고, 목이 마를 수도 있으며, 공부하기 싫다거나 어렵거나 잘 모르는 문제를 풀어야 하는 상황에 기분이 나빠서, 우울해서, 불안해서, 친구와 싸워서 기분을 전환하기 위해서일 수도 있습니다. 그런 신호를 포착하는 것이 중요합니다.

출출해서 먹는 경우라면, 몸에 신호가 왔을 때 '해로운 간식'을 먹는 습관을 '건강한 간식'을 먹는 습관으로 바꿔 줍니다. 먼저 아이의 주변에 해로운 간식은 모두 제거하고 과일이나 견과류 채소류를 아이 손에 닿는 곳에 둡니다. 눈에 맛있는 정크푸드를 두고서 다른 것을 먹으라고 할 수는 없습니다. 심심해서 먹는다면 먹는 것 외에 다른 행동으로 기존 습관과 같은 효과를 누릴 수 있도록 바꿔 줍니다. 줄넘기를 하든지, 부모와 함께 보드게임을 한다든지, 그림 그리기·곤충 기르기·강아지 산책시키기를 하든지 또는 부모가 책을 읽어준다든지, 아이가 즐거워하는 일을 찾아줍니다.

무료함을 달래기 위해 정크푸드를 먹는 것보다 더욱 재밌고 가치 있는 다른 일이 많다는 걸 알려 줍니다. 아이와 이야기하면서 어떻게 하면 좋을지 아이에게 맞는 방법을 찾아 바꿔 주고, 긍정적인 생각을 하도록 도와줍니다. 주의할 점은 음식 대신에 스마트폰을 주면 또 다른 중독이 될 수 있기 때문에 이 방법을 대안으로 제시하면 안 됩니다.

신호 포착이 잘되면 아이가 원하는 보상을 제대로 얻을 수 있습니다. 간식을 먹은 후에 포만감 자체보다는 포만감에 이어서 오는 심리적 안정감을 원하거나 불편한 상황을 순간적으로 벗어나려는 시도일 수도 있습니다. 음식이 주는 자극을 따라 그저 먹다 보면 안정감은 누리지 못하고, 오히려 '이건 아닌 것 같은데?', '뭔가 잘못된 것 같아' 하는 불안감이 엄습할 수도 있습니다. 게다가 한번 음식중독의 습관 고리에 들어서면 혼자서는 쉽게 빠져나오기가 어려워 악순환의 고리를 반복하게 됩니다. 이럴 때는 혼자서 해결할 수 없는 상황이기에 주변의 도움이 절실합니다. 아이가 갑자기 살이 찌거나 우울해하면 부모가 모든 일을 제쳐 두고 아이를 잘 관찰해야 합니다.

습관은 정체성

제임스 클리어는 《아주 작은 습관의 힘》에서 "습관은 정체성"이라고 말합니다.[55] 어떤 습관을 바꾸면 그 사람의 정체성부터 바꾼다는 의미입니다. 이전의 행동이 눈에 띄게 달라지기까지 변화하는 과정이 있는데, 그 모든 과정과 결과가 변하게 된 핵심은 정체성이 바뀐 데서 출발한다는 것입니다. 혹은 거꾸로 습관을 바꾸고 나니 정체성이 바뀐다고 해석할 수도 있습니다.

'저는 이제 과자 끊었어요.'와 '저는 과자 안 먹어요.'는 어떤 차이가 있다고 보십니까? 전자는 이전엔 과자를 먹었지만 이제는 먹지 않는다는 뜻이고, 후자처럼 대답하는 사람은 원래 과자를 안 먹는 사람이라는 뜻으로 이해됩니다. 전에 과자를 먹던 사람이었다고 하더라도 '저는 과자 안 먹어요.'라고 대답하면 전자보다 다시 과자를 먹을 확률이 매우 낮습니다. 과자를 끊은 사람이 아니라, 과자를 먹지 않는 사람으로 정체성이 바뀌었기 때문입니다.

---
55) 제임스 클리어, 아주 작은 습관의 힘, 비즈니스 북스 (2019).

〈표 17〉 식사일지

식 사 일 지

이 름		날 짜		년 월 일
시 간	음 식 명	양	포만감 정도 (상,중,하)	식후 느낌
아 침				
점 심				
간 식				
저 녁				

텔레비전 끄기

우리 아이가 하루에 텔레비전이나 동영상을 보는 시간은 얼마나 될까요? 자신이 좋아하는 연예인이 나오는 음식 광고를 볼 때 어떤 마음이 들까요? 식습관을 바꿀 수 있을까라는 질문에 생뚱맞게 웬 텔레비전 이야기를 하는지 조금 의아할 수 있습니다. 아이가 음식을 먹을 때 텔레비전뿐만 아니라 영상물을 보는 경우가 많습니다. 특히 식당에서 타인에게 폐를 끼치지 않으려고 영상을 보여줍니다. 그러나 식습관을 바꾸고자 한다면 이제는 꺼야 합니다.

텔레비전을 꺼야 하는 첫째 이유는 과식을 유발하기 때문입니다. 비만을 측정할 때 허리둘레를 재거나 몸무게와 신장으로 계산하기도 하지만, 텔레비전 시청시간을 통해 비만과 초기 심장병 위험을 측정하기도 합니다. 텔레비전을 오래 보는 것과 비만은 밀접한 상관관계가 있음이 1985년부터 알려져 왔습니다. 장시간 텔레비전을 시청하는 사람은 음식을 먹을 때도 역시 텔레비전을 볼 확률이 높습니다. 텔레비전이나 동영상을 시청하면 음식에 집중하기보다 영상물에 집중하게 돼서 자신이 얼마만큼 먹었는지, 배가 부른지를 인식하지 못하고, 자신의 적정량보다 훨씬 많이 먹게 됩니다.

EBS에서 비만도가 각각 다른 세 명의 아이에게 텔레비전을 켰을 때와 껐을 때 피자를 얼마만큼 먹을 수 있는지 조사했습니다. 영상을 보면서는 피자 12조각을 먹던 아이가 영상을 끄면 8조각을, 5개를 먹던 아이는 3조각을, 6조각을 먹던 아이는 5조각을 먹었습니다. 아이가 얼마나 잘 먹느냐와 상관없이 모두 영상을 끄면 더 적게 먹습니다.[56] '그러면 마른 아이는 영상을 보여주면 더 많이 먹겠구나.' 하고 역발상하는 분도 있을 겁니다. 빠르게 화면이 전개되는 영상은 뇌의 전두엽을 강하게 자극합니다. 아이가 영상을 보면서 음식을 먹도록 하는 것은 이성을 담당하는 전두엽이 채 발달하기도 전에 전두엽을 손상시키는 원인이 됩니다. 배가 고프면 영상 없이도 음식을 잘 먹을 수 있습니다. 아이에게 이제부터는 밥을 다 먹고 나서 동영상을 볼 거라고 잘 설명해 주십시오.

---

56) EBS다큐프라임(아이의 밥상 제작팀), 아이의 식생활, 지식채널 (2012).

둘째, 영상을 보는 동안 몸의 신호를 제대로 느끼지 못합니다. 음식을 먹을 때는 텔레비전을 끄고 자기 몸에서 느껴지는 반응에 집중하는 것이 좋습니다. 음식을 꼭꼭 씹으면 음식이 주는 냄새, 맛, 질감이 느껴지고, 목구멍에서, 위에서 어떤 느낌이 나는지, 얼마나 먹었을 때 배부르다는 느낌이 오는지도 느낄 수 있습니다. 생각보다 빨리 신호가 옵니다. 1차 신호는 위에 음식물이 들어찼다는 신호입니다. 이것을 지나서 그다음에 오는 신호가 밥을 그만 먹어야 한다는 신호입니다. 처음에는 1차 신호를 못 느낄 수 있습니다. 1분 모래시계를 놓고 꼭꼭 씹어가며 먹으면 모래시계 보는 재미도 있고 영상을 대체할 수 있는 실물이 생겨서 쉽게 영상을 떼어낼 수도 있습니다.

영상을 보면서 음식을 얼른 먹고 나면, 아이는 포만감을 못 느끼게 되고, 또 다른 음식을 갈망하게 됩니다. 식사든 간식이든 아이가 먹을 분량을 정해 주고, 그만큼을 천천히 꼭꼭 씹어서 음식 맛을 느끼면서 먹도록 도와주십시오. 그와 함께 텔레비전을 끄면 식구끼리 대화가 늘어나서 밥상머리 교육이 시작될 수 있습니다.

셋째, 정크푸드를 선택하도록 강요당합니다. 먹는 프로그램은 즐거움을 주기 위함이기도 하지만, 궁극적인 목적은 돈을 벌기 위함입니다. 가공식품 없는 밥상을 잘 실천하다가도 '먹방'을 보면 먹고 싶은 충동이 생깁니다. 먹방이 아니어도 프로그램 사이에 들어간 광고가 문제입니다. 우리 몸에 좋은 제철 음식은 광고하지 않습니다. 미디어에서 광고하는 것은 모두 이윤을 위해 만들어진 가공식품과 쓰레기음식입니다. 정크푸드를 딱 한 번만 먹은 사람은 없습니다. 영상에서 맛있게 먹는 모습을 보면 먹고 싶어집니다. 연예인이 먹는 것과 같은 것을 먹는다는 동질감에 그 음식이 점점 더 좋아집니다. 게다가 정크푸드 안에는 중독을 일으키는 3요소(정제당, 포화지방, 트랜스지방)가 모두 들어 있습니다.

그런 음식 먹고 소비자가 병에 걸리면 돈 버는 곳은 제약회사입니다. 현대인이라면 건강기능식품을 먹는 게 필수라며 기능성식품을 사도록 부추깁니다. 제약회사는 소비자가 병에 걸려야 돈을 법니다. 돈의 논리에 빠지면 사람이 사람으로 보이지 않습니다. 그저 돈 버는 수단일 뿐이죠. 이제 식습관 개선을 통해 입맛과 건강을 회복하고, 가공식품을 사지 않음으로써 소비자도 그 정도의 카르텔은 알고 있음을 보여주면 어떨까요?

배경 바꾸기

아이가 배가 고프면 가장 먼저 어떤 음식이 먹고 싶어 할까요? 달콤하거나 기름지고 짭짤한 과자가 가장 먼저 떠오를 것입니다. 그중에서 가공식품을 빼면 뭐가 남을까요? 달콤한 과일이 선택 후보에 남아 있다면 다행입니다.

아이가 자연식품보다 가공식품을 선택하는 가장 큰 이유는 가격입니다. 또 어디서나 쉽게 구할 수 있는 편리함 때문입니다. 과일과 채소 값이 싸고 어디서나 쉽게 하나씩 살 수 있다면 아이가 왜 사지 않을까요? 모든 아이가 한결같이 과일과 채소를 선택하지는 않겠지만 지금보다 더 많은 아이가 과일과 채소를 사 먹을 수 있을 것입니다. 매리언 네슬 교수는 영양정책에서 가장 먼저 신경 써야 할 대상은 어린이임을 강조하며 다음과 같이 말합니다. "학교 식당에서 과일과 채소의 가격을 내리면 이들 제품의 판매는 증가합니다. 과일과 채소 같은 품목의 낮은 부가가치를 정부가 보조금을 통해 일부 보상할 수도 있습니다. 이러한 정부 보조는 유제품과 설탕의 경우 가격 지원을 통해 이미 이루어지고 있습니다." [57]

우리나라 학교 매점이나 식당에는 과일과 채소를 판매하지 않으니 네슬 교수의 말이 뭔가 어색하게 느껴집니다. 학교 안이든, 밖이든 아이들이 용돈으로 과일을 하나씩 사먹을 수 있도록 정부의 보조가 필요합니다. 이런 정책이 이루어지기까지 우리 아이의 건강을 그저 방치할 수만은 없습니다. 아이가 건강한 선택을 할 수 있도록 집 안 배경을 바꿉시다. 쌓여 있는 과자와 가공식품을 모두 제거하고, 건강한 간식이 그 자리를 대신하면 아이도 어쩔 수 없이 그것을 선택합니다. 간식으로 견과류나 과일을 가방에 챙겨주는 정성도 필요합니다. 먹기 싫어서 다른 친구에게 줘버릴 수도 있지만, 언젠가는 먹습니다. 아이의 식습관을 개선하려면 주부가 가장 힘들고 불편합니다. 하지만 편한 것 다 놔두고 정성들여 밥상을 차린 덕분에 온 식구가 건강식을 먹고 건강해집니다. 아이의 식습관을 고치려고 시작하지만, 양육자의 뱃살이 먼저 빠지고 젊어졌다는 소리를 듣습니다.

---

[57] 매리언 네슬, 식품정치, 고려대학교출판부 (2011).

물 잘 마시기

우리 몸에 물이 부족하면 갈증을 느낍니다. 그때 음료수를 마시면 수분 보충이 안 되고 탈수현상이 일어납니다. 갈증 해결이 안 되면 근육이 피로해지고, 탈수가 지속되면 무기력 상태를 지나 혼수상태, 심할 경우는 사망하기도 합니다. 몸무게가 25kg인 어린이의 경우 갈증이 난다는 것은 체중의 1~2%의 물인 250~500mL가 부족하다는 뜻입니다. 갈증이 날 때는 입만 살짝 적실 게 아니라 물을 머그컵으로 한 잔, 종이컵으로는 두 잔 이상을 천천히 마셔야 합니다. 한꺼번에 두 잔을 연거푸 마시면 소변양만 늘어나기 때문에 미지근한 물을 조금씩 자주 마시는 것이 세포 내로 흡수가 잘됩니다.

심한 운동을 할 때는 시간마다 1~2L, 심한 설사를 할 때는 하루에 2~3L의 수분이 배출되고, 땀이 나지 않아도 폐와 피부로 느끼지 못하게 수분이 손실됩니다. 어린아이는 적은 양의 수분이 빠져나가도 금방 피로감을 느끼기 때문에 물을 자주 마셔야 합니다. 온 가족이 목마를 때는 체중이 적게 나가는 어린아이에게 먼저 먹여야 합니다. 아이는 적은 양으로도 쉽게 탈진되고, 반대로 금세 회복될 수 있기 때문입니다.

〈표 18〉 물이 부족하면 일어나는 현상

수분 손실량(체중, %)	1~2%	4%	10~12%	20%
체중 25kg 아이의 수분 손실량	250~500mL	1L	2.5~3L	5L
증 상	갈증	근육피로감	무기력상태	혼수상태, 사망

물은 인체의 50~70% 차지하는 중요한 구성요소입니다. 우리 몸에 물이 어디 있을까를 생각하면 피가 가장 먼저 떠오릅니다. 하지만 피에 들어 있는 물인 혈장은 몸무게의 약 8%에 불과합니다. 물은 세포 안에 3분의 2가 있고, 세포 밖에 3분의 1이 있습니다. 세포 내액은 세포 안에 들어 있는 물로서 모든 생화학 반응을 돕습니다. 또 수분 평형, 산-염기 평형, 능동

수송 같은 중요한 역할을 담당합니다. 세포 외액은 세포 간질액, 혈장, 림프액이 있습니다.

〈표 19〉 몸무게가 25kg인 어린이의 체내 수분량

세포 내액	세포 간질액, 림프액	혈 장	합 계
10L	3.75L	1.25L	15L

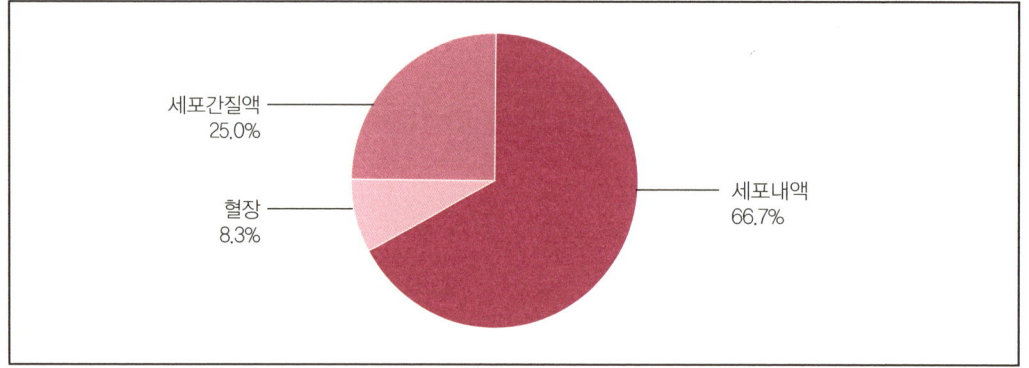

[그림 5] 몸에 있는 물의 비율

우리가 마신 물은 장에서 흡수되어 혈액으로 들어간 다음 세포로 들어갑니다. 혈관이 우리 몸에 있는 고속도로라고 한다면, 물은 우리가 먹은 영양소를 혈액이나 림프액을 타고 필요한 곳으로 이동시키는 화물차와 같습니다. 인체에 불필요한 성분은 신장이나 폐로 운반해서 소변과 호흡을 통해 몸 밖으로 내보내고, 피부를 통해 땀으로 내보내기도 합니다. 우리 몸에서는 여러 가지 화학반응이 일어나는데, 이때 물이 반응물질을 녹여 용액 상태로 만들어서 화학반응을 원활하게 합니다.

또 더울 때는 땀을 흘림으로써 체온을 정상으로 유지해 줍니다. 땀을 흘리게 되면 그 땀이 날아가면서 체온을 낮추는데, 그때 사용되는 물이 하루에 350~700mL입니다. 침, 위액, 담즙, 췌장액, 장액처럼 우리 몸에서 하루에 분비되는 소화액이 7L나 되고, 소화액에도 물이 필수입니다. 물은 우리 몸에 있는 전해질 농도와 삼투압, pH를 일정하게 유지하는 역할을 합니다. 음료수를 마시던 습관을 물 마시기로 바꾸면 머리도 맑아지고 생기가 도는 것을 느낄 수 있을 것입니다.

※ **물 마시기 원칙**

- 아침에 일어나자마자 따듯한 물 마시기.
- 물은 공복에 마시기.
- 목이 마를 때 즉시 마시기.
- 식사시간 앞이나 뒤 약 1시간은 입만 적실 정도만 마시기.
- 밀폐된 공간에서는 물 자주 마시기.
- 외출할 땐 항상 물 챙기기.
- 미네랄이 풍부한 자연수(약수) 마시기.

2. 섬유질이 많은 식품 먹기

섬유질은 조절물질

섬유질이 많은 식품이라고 하면 뭐가 가장 먼저 생각나세요? 아마도 채소나 과일일 겁니다. 김치, 나물이나 샐러드도 섬유질이 많은 음식입니다. 김치는 식이섬유소는 기본이고 유산균까지 들어 있어서 건강에 좋고 과학적인 한국의 발효식품입니다. 짭짤해서 밥을 많이 먹게 되긴 하지만, 채소류 자체에는 칼륨도 함께 들어 있어서 나트륨과 균형을 이루기 때문에 간을 맞추는 정도의 소금은 괜찮습니다.

> *** 피토케미컬**(phytochemical)
> 피토케미컬은 식물을 뜻하는 'phyto'와 화학물질을 뜻하는 'chemical'의 합성어로, 식물에 함유된 생리활성물질을 뜻합니다. 식물은 포식자가 와도 도망갈 수 없어서 자신을 보호하기 위해 약간의 독성물질인 피토케미컬을 갖고 있습니다. 그 약간의 독성이 사람에게 항암효과나 항산화효과, 항염증효과처럼 유용하게 작용합니다. 라스베라트롤, 이소플라본, 라이코펜, 카로티노이드, 플라보노이드 같은 낯선 이름을 가진 성분이 피토케미컬입니다. 한 가지 채소나 과일에는 수백 가지의 피토케미컬이 있고, 이들 성분은 함께 있어야 안전합니다. 단일 성분만 추출하거나 합성해서 고단위로 농축하면 오히려 과량 섭취로 몸의 균형을 깨뜨리게 돼 해로울 수 있습니다.

섬유질을 왜 먹어야 할까요? 섬유질은 소화액에 잘 녹고 잘 발효되는 정도에 따라 수용성 섬유질과 불용성 섬유질로 나뉩니다. 수용성 섬유질은 주로 유산균이 잘 자랄 수 있는 환경을 제공하고, 불용성 섬유질은 대변의 부피를 키워서 잘 배설하도록 돕습니다. 또 우리 몸에 불필요한 성분과 결합해 배출하는 역할을 하면서 변비나 대장암을 예방합니다.

섬유질은 당분이 소화 흡수되는 속도를 조절하기 때문에 인슐린 분비도 서서히 이루어져서 췌장의 부담을 덜어줍니다. 섬유질이 많은 식품에는 현미 같은 통곡물을 빼놓을 수 없습니다. 주식인 백미에 부족한 비타민과 미네랄 같은 미량영양소뿐만 아니라 제7의 영양소라고도 하는 피토케미컬*이 풍부합니다.

섬유질을 풍부하게 먹어야 하는 것은 알겠는데, '어떻게 먹을까?'가 관건입니다. 하루에 25~30g의 섬유질을 섭취하는 것이 건강에 이롭습니다. 그러나 섬유질을 생채소나 과일로 섭취하려면 하루에 1kg은 먹어야 이 정도의 양을 섭취할 수 있습니다.[58] 너무 많아서 포기하기 십상입니다.

그러나 한식에서 반찬으로 섬유질을 섭취하는 방법에는 여러 가지가 있습니다. 콩나물, 시금치나물처럼 익혀서 만든 숙채가 있고, 오이생채, 무생채같이 생으로 먹는 생채, 상추나 깻잎, 쑥갓, 다시마처럼 쌈으로 먹는 방법이 있습니다. 숙채의 경우는 시금치 한 봉지(150~300g)를 데쳐서 나물로 무치면 부피가 확 줄어듭니다. 나물 한 접시를 다 먹으면 꽤 많은 섬유질을 섭취할 수 있습니다. 섬유질은 콩류나 종실류, 견과류에도 많이 들어 있습니다. 볶은 콩이나 견과류를 간식으로 즐겨 먹는 습관도 섬유질 섭취를 늘리는 좋은 방법입니다. 섬유질은 껍질에 많이 있으므로 채소나 과일도 껍질과 함께 먹는 것이 좋습니다.

과일은 샐러드에 넣어 식사 전에 입맛을 돋우는 애피타이저로 먹어도 좋고, 간식이나 후식으로 따로 먹기도 합니다. 흡수율을 생각한다면 비타민이나 무기질은 다른 음식물이 있을 때 흡수율이 낮아지므로 식후보다는 식전이 더 바람직합니다. 과일류는 매일 한두 가지를 먹으면 더욱 좋습니다. 이처럼 채소와 과일은 일부러 찾아먹는 수고가 있어야 하지만, 특별한 반찬이 없이도 섬유질과 영양을 제대로 섭취하는 방법이 있습니다. 바로 현미밥을 먹는 것입니다.

> *** 시금치 이야기**
>
> 나물에 관해 이야기하다 보니 시금치 먹고 힘내서 여자 친구를 구하는 뽀빠이(Popeye)가 생각납니다. 시금치 통조림을 열어 한입에 털어 넣고 여자 친구를 구하러 달려가죠. 뽀빠이라는 작품은 식품성분표에 소수점이 잘못 찍혀 있어서 시금치가 철분이 굉장히 많은 식품인 줄 알고 만화를 제작했다고 합니다. 그런 비화는 둘째치더라도 시금치 통조림은 일단 시금치를 데쳐 낸 것이어서 상당히 많은 양의 섬유질과 미량영양소를 포함하고 있습니다. 섬유질을 즐겨 먹으면 일차로 장이 건강해집니다. 장 건강은 뇌건강과 직결됩니다. 시금치의 미량영양소는 세포에서 에너지를 합성하는 조효소로 작용하기 때문에 에너지를 잘 만들 수 있습니다. 결국 뇌는 상황파악을 잘해서 대처능력이 빨라지고 근육에 에너지가 잘 전달되기에 뽀빠이가 악당을 이기고 여자 친구를 구해 내는 것이 타당하다고 생각합니다.

---

58) 엘리아나 리오타, 피에르 주세페 펠리치, 루칠라 티타, 스마트 푸드 다이어트, 판미동 (2018).

현미 전도사에게

어느 날 갑자기 우리 집 밥상에 현미밥이 올라왔죠. 그래놓고 대뜸 "오늘부터는 현미밥을 먹을 거예요."라고 말했어요. 주방에서는 제가 대장이니 제 마음대로 결정하고 행동했었죠. 미리 상의하지 못해 미안해요. 당신은 "평생 흰쌀밥을 먹어 왔는데 어떻게 갑자기 현미밥으로 바꾸겠냐."라며 싫은 내색을 했었죠. 처음에는 현미밥을 맛있게 하는 방법도 몰라서 실제로 밥이 거칠었어요. 생식도 해 보고, 어떤 날은 무른밥을, 어떤 날은 된밥을 지었죠. 그 거친 밥을 삼키려면 턱이 아프다 싶게 많이 씹어야 했고요. '이렇게 거친 밥을 계속 먹어야 한다면 과연 얼마나 할 수 있을까?' 저도 고민했죠. 그럼에도 현미밥을 포기할 수 없었던 몇 가지 이유가 있습니다.

우선 쌀눈 때문이었어요. 현미에는 백미에 없는 쌀눈이 있죠. 그걸 배아라고 하는데 배아에는 백미에는 없는 미량영양소가 가득 들어 있습니다. 배아에는 생명을 움트게 하는 비타민과 미네랄, 지방산까지 고루 들어 있습니다. 한마디로 배아는 종합영양제예요. 백미는 다른 영양소를 보충하기 위해 반찬이 꼭 필요하지만 현미는 밥만 먹어도 문제가 없답니다.

두 번째로 현미의 껍질 부분인 쌀겨에 들어 있는 섬유질인 '피틴산' 때문이었어요. 이 섬유질 부분 때문에 백미밥보다 거칠지요. 이 섬유질이 혈당이 급격하게 올라가는 것을 막아주기 때문에 현대인이 꼭 먹어야 할 식품이죠. 어떤 이들은 피틴산이 독이라고 말하기도 하는데, 피틴산은 콩류나 견과류의 껍질 부분에 모두 들어 있는 성분이에요. 피틴산만 따로 분리하고 농축해서 먹지 않는 이상 독이 되지 않아요. 게다가 우리 몸에 축적돼 있던 환경오염물질을 붙잡아서 배출하는 역할을 하니 고마운 성분이죠.

식습관에 관한 책을 쓰려다 보니 내가 해 보지 않은 것을 말할 수가 없더라고요. 그래서 우리 집에 현미밥상이 먼저 정착되어야 했어요. 아이들 식습관을 바꾸기 전에 부모의 식생활이 먼저 바뀌어야 되겠더라고요. 아버님이 뇌졸중을 앓으셨기 때문에 당신도 혈관관리가 필요해서 현미밥은 일석이조라고 생각했답니다.

서당 개 삼 년이면 풍월을 읊는다더니 이제는 현미 전도사가 된 당신이 자랑스러워요. 어찌 된 일인지 주변 사람들에게 내 말보다는 당신 말이 더 먹히는 것 같아요. 입맛이 예민한 사람이라 처음에는 많이 힘들었을 텐데 끝까지 참아주어서 고맙고, 이제는 흰밥을 먹으면 밥이 싱겁다는 당신이 있어서 큰 힘이 돼요.

오늘도 바쁜 하루를 마치고 돌아와서 집에서 현미밥을 먹으면서 "밥이 맛있다" 하고 말해 주니 얼마나 행복했는지 몰라요. 나의 든든한 지원군, 당신을 존경하고 사랑합니다.

당신을 사랑하는 아내가

생명이 있는 현미

백미와 현미는 생명이 있느냐 없느냐가 가장 큰 차이점입니다. 현미는 쌀눈과 쌀겨가 모두 있어서 그대로 싹이 나고 생명을 틔울 수 있습니다. 쌀눈에는 생명을 움트게 할 비타민, 미네랄, 필수지방산이 들어 있고, 쌀겨에는 섬유질과 지방이, 백미인 배유 부분에는 탄수화물과 단백질이 함유되어 있습니다. 대체로 쌀겨의 섬유질 때문에 밥이 거칠어서 현미가 꺼려집니다. 그러나 누군가에게는 그 단단한 섬유질이 현미를 선택하는 이유가 되기도 합니다.

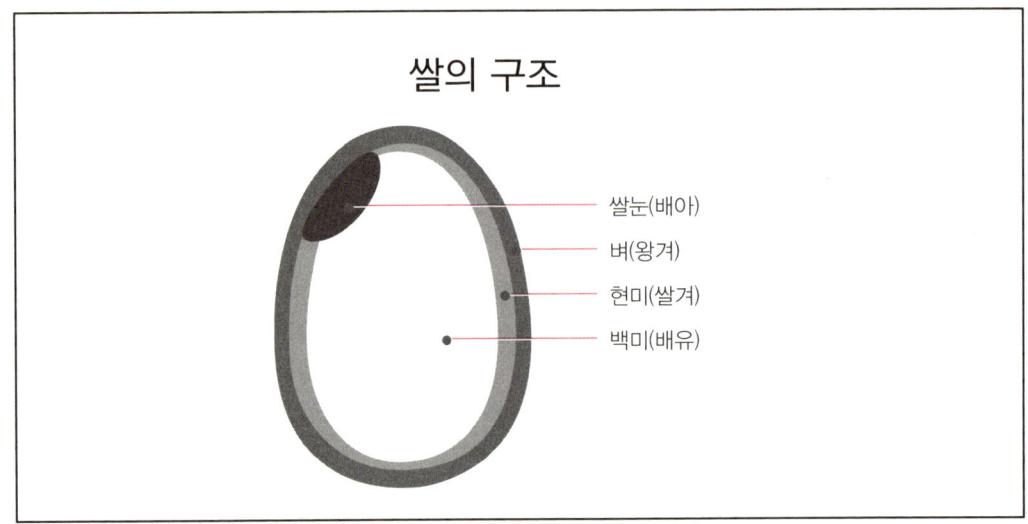

[그림 6] 쌀의 구조

백미로 지은 밥(백반)으로 상을 차릴 때는 비타민과 미네랄, 섬유질을 공급하기 위해 반드시 다른 반찬이 곁들여져야 합니다. 그러나 현미밥으로 밥상을 차리면 밥 한 공기만으로도 미량영양소와 섬유질까지 고루 챙길 수 있으니, 이보다 더 간단하고 건강하고 가성비도 좋은 상차림은 없습니다. 쌀겨가 쌀눈을 잘 감싸고 있어서 미량영양소를 품어주기 때문입니다. 다음 〈표 20〉은 국가표준식품성분표에 기록된 현미와 백미의 성분입니다. 백미로 만들기 위해 버려지는 쌀눈과 쌀겨에 얼마나 많은 미량영양소가 들어 있는지를 확인할 수 있습니다.

<표 20> 동진찰벼의 현미와 백미 100g의 성분

구분	에너지 (kcal)	수분 (g)	단백질 (g)	지질 (g)	회분 (g)	탄수화물 (g)	당류 (g)	자당 (g)	포도당 (g)	과당 (g)	유당 (g)	맥아당 (g)	갈락토오스 (g)
백미	363	13.6	6.64	1.04	0.56	78.16	0.07	0	0.07	0	0	0	0
현미	357	13.2	7.14	2.18	1.26	76.22	0.39	0.39	0	0	0	0	0

구분	식이섬유 (g)	칼슘 (mg)	철 (mg)	마그네슘 (mg)	인 (mg)	칼륨 (mg)	나트륨 (mg)	아연 (mg)	구리 (mg)	망간 (mg)	셀레늄 (μg)	몰리브덴 (μg)	요오드 (μg)
백미	1.9	7	0.38	43	130	111	1	2.02	0.144	0.714	1.84	45.02	0
현미	6.2	10	1.18	118	322	248	1	2.35	0.234	1.604	1.37	47.82	0

구분	레티놀 (μg)	베타카로틴 (μg)	비타민 B_1 (mg)	비타민 B_2 (mg)	니아신 (mg)	판토텐산 (mg)	비타민 B_6 (mg)	비오틴 (μg)	엽산 (μg)	비타민 B_{12} (μg)	비타민 C (mg)	비타민 D (μg)	비타민 D_2 (μg)
백미	0	0	0.135	0.044	1.419	0.646	0.012	2.66	27	0	0	0	0
현미	0	0	0.296	0.055	2.232	1.232	0.029	4.77	44	0	0	0	0

구분	비타민 D_3 (μg)	비타민 E (mg)	비타민 K (μg)	필수아미노산 (mg)	비필수아미노산 (mg)	필수지방산 (g)	포화지방산 (g)	단일불포화지방산 (g)	다중불포화지방산 (g)	트랜스지방산 (g)
백미	0	0.31	0	1090	47	0.43	0.28	0.29	0.43	0
현미	0	1.29	0	1278	53	0.85	0.51	0.73	0.85	0

레시피	5. 현미밥 맛있게 짓는 방법
재 료	현미 3컵 반, 찰현미 1컵 반, 물(눈금 6까지)

1. 일반 현미와 찰현미를 7:3으로 섞습니다.[59]

   (백미가 남아 있을 경우는 현미 3컵, 찰현미 1컵, 백미 1컵 비율로 밥을 지으면 좋습니다.)
2. 쌀을 씻어서 물은 백미밥보다 반 눈금~ 한 눈금 정도 더 넣습니다(물 양은 취향껏 가감합니다).
3. 전기 압력솥으로 잡곡 취사를 합니다.

---

[59] 안현필, 안현필의 삼위일체 건강법1, 썰물과 밀물 (2017).

Tip. 현미밥 짓기에 실패했을 때

- 누룽지로 바삭하게 만들어서 과자처럼 먹기
- 만들어 둔 누룽지를 간단한 식사 대용으로 끓여 먹기
- 현미밥에 물을 넣고 살짝 갈아서 죽이나 미음으로 끓여 먹기
- 현미밥을 바짝 말린 다음 살짝 덖어서 현미차로 마시기

※백미와 제2차 세계대전

제2차 세계대전 당시에 실제 있었던 일입니다. 일본 육군에서 비타민B_1 결핍증인 각기병이 발생했습니다. 그 당시 취사병이 따로 없어서 사병들에게 쌀만 주고 부식은 각자 해결하라고 돈으로 주었습니다. 그랬더니 가난한 군사들은 쌀로 밥만 해 먹고 부식 살 돈은 고향집에 보냈습니다. 그렇게 반찬 없이 백미만 먹은 1만여 명이 각기병에 걸려 사망하거나 아파서 군사 역할을 할 수 없었습니다. 각기병에 걸리면 다발성신경염증이 생겨 온몸에 감각이 없어지고, 근육이 약해져서 말초신경뿐만 아니라 심장 근육에도 이상이 생겨 호흡곤란 같은 순환기 증상이 나타납니다. 식욕 저하, 체중 감소, 단기 기억력 상실, 혼돈, 복부 통증, 과민, 말초신경 무감각, 근육 약화 같은 증세가 나타납니다.

반면에 일본 해군은 보리쌀을 먹어서 각기병 발병자가 없었습니다. 사실 각기병은 제1차 세계대전 때도 발생했고, 이후에 각기병 해결책은 쌀눈이 있는 현미나 보리를 먹어야 한다는 점이 알려지게 되었습니다. 그러나 일본 육군 책임자는 각기병이 비타민B_1 결핍증이 아니라 바이러스나 세균에 따른 질환으로 믿었습니다. 따라서 굳이 취사하기 어려운 보리나 현미를 군량미로 사용하지 않았다고 합니다. 어쩌면 육군 책임자 자신이 거친 보리밥이 먹기 싫었는지도 모릅니다.

아이가 현미를 먹어도 될까?

현미를 먹으라고 말할 때 흔히 듣는 말이 있습니다. 어린아이에게 현미밥을 먹여도 될까요? 현미밥이 체질에 맞지 않은 사람은 어떻게 할까요? 현미를 먹으면 소화가 잘될까요? 현미의 쌀겨 부분이 딱딱해서 잘 소화시킬까가 염려스러운 것입니다. 아마도 현미가 체질에 맞지 않다는 말도 소화 기능이 약한 경우라고 생각합니다. 그러나 현미는 아이든, 노인이든 꼭꼭 씹으면 아무 문제가 없습니다. 현미밥을 먹을 때는 쌀눈이 터지도록 꼭꼭 씹어야만 현미의 미량영양소를 잘 흡수할 수 있습니다.

갓난아기가 모유를 먹다가 이유식으로 넘어갈 때 밥알 하나를 넣어주고 씹기 훈련을 시키는 것처럼 백미에 적응된 아이가 현미밥을 먹으려면 적응훈련이 필요합니다. 소화가 잘 안 되거나 체질에 맞지 않는다는 말은 결국 잘 씹지 않아서 발생하는 일입니다. 어린아이도 마찬가지입니다. 꼭꼭 씹기 훈련을 잘하면 문제가 없습니다.

현미는 흰밥 지을 때보다 물과 시간이 조금 더 필요합니다. 그 점을 보완한 것이 발아현미입니다. 발아현미는 발아하는 과정에서 가바(GABA: γ-aminobutyric acid)라는 물질이 많이 형성되고 발아 과정에서 피틴산이 분해되어 미량영양소가 사용됩니다. 발아현미는 비싸다는 점이 있지만, 가바는 흥분을 조절하는 억제성 신경전달물질이기 때문에 스트레스가 많아 흥분하기 쉬운 현대인에게 적합하다는 평가가 나옵니다.

백미나 현미는 모두 같은 식물의 종자입니다. 차이가 있다면 도정을 얼마나 했느냐의 차이입니다. 흰밥이 자기 체질에 맞지 않다거나, 어린이에게 맞지 않다는 말을 들어보지 못했습니다. 어떤 가공식품이 어떤 체질과는 맞지 않다는 말도 역시 들은 적이 없습니다. 그런데 왜 유독 현미 같은 가공하지 않은 자연식품만 체질에 안 맞다 할까요? 가공식품이 우리의 체질을 바꿔놓은 것은 아닐까요? 일단 가공식품을 끊은 다음에 체질에 맞게 자연식품을 선택해 봅시다.

현미에 독이 있다고 주장하는 이들도 있습니다. 현미 섬유질의 피틴산(phytate, phytic acid,

inositol hexakiphosphate(IP$_6$)) 때문입니다. 피틴산은 현미의 피토케미컬로서 콩이나 견과류, 곡류에 들어 있는 식물보호 성분입니다. 생명을 담은 쌀눈을 보호하는 성분입니다. 독이 된다고 하는 것은 꼭꼭 씹지 않아 설사를 했거나 단일 성분을 농축해서 많이 먹어 탈이 났을 경우입니다. 식물은 처음부터 인간의 먹을거리였고, 쌀은 오랫동안 주식으로서 안전성이 증명되었습니다. 사실 지금과 같은 백미를 먹은 건 100년이 채 되지 않습니다. 이렇게 깨끗하게 도정할 수 있는 기술은 일제강점기 이후에 등장했기 때문입니다. 그 이전에는 거의 현미에 가깝게 먹었습니다. 도리어 100년 역사밖에 안 된 백미의 유해성이 속속 드러나고 있습니다. 이제는 '우리 아이 백미를 먹여도 될까요?' 하고 물어야 할 시점입니다.

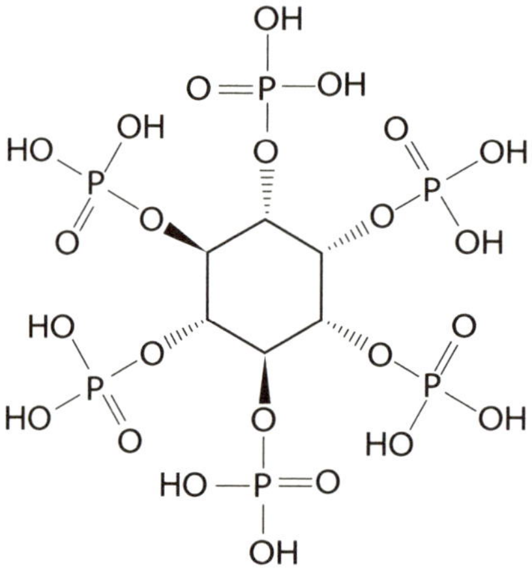

[그림 7] 피틴산 구조 [60]

> **Tip. 현미밥과 친해지기**
>
> - 아이가 간식 달라고 할 때 현미밥 한 숟가락을 입에 넣어주고 '누가 꼭꼭 더 오래 씹나?' 게임을 합니다.
> - 현미밥으로 고소한 누룽지를 만들어 과자 대신 줍니다.
> - 아침은 현미 죽이나 현미 누룽지로 간편하게 먹습니다.
> - 1분 모래시계가 내려갈 동안 꼭꼭 씹기를 연습합니다.
> - 밥을 먼저 입에 넣고 거의 다 씹은 다음에 반찬을 먹어야 소화가 잘됩니다.

---

[60] https://en.wikipedia.org/wiki/Phytic_acid

레시피	6. 세상 간편한 아침, 현미 주먹밥
재 료	현미밥 5공기, 잔멸치볶음 1접시, 올리브유, 깻가루 적당량, 구운 김 2장

1. 현미밥을 짓습니다.
2. 밥에 멸치볶음, 올리브유, 깻가루, 부순 구운 김을 넣고 버무립니다.
3. 동그랗게 주먹밥으로 뭉칩니다.

레시피	7. 현미 누룽지
재 료	현미밥 1공기

1. 식은 현미밥을 찬물에 헹궈 체에 밭칩니다.
2. 한 주걱 떠서 팬이나 넓은 냄비에 가능한 한 밥알이 겹치지 않게 얇게 펼칩니다.
3. 약한 불에 30분에서 1시간 정도 두면 팬에서 저절로 뚝 떨어집니다. 아주 바삭한 누룽지가 만들어집니다.

장 건강과 피틴산

피틴산이 우리 몸에 들어오면, 장내 미생물이 피틴산을 분해하여 이노시톨이 되어 일부는 흡수되고, 나머지는 대장에 유익한 미생물이 더 많이 자랄 수 있는 환경을 제공합니다. 유익균과 유해균이 장내에서 균형을 이루지 못하면 몸 전체에 염증이 잘 생기고, 피곤을 쉽게 느끼며 집중력이 떨어집니다. 스트레스를 받으면 뇌에서 호르몬을 분비하라고 지시하지만 그에 앞서 장내 미생물로부터 스트레스 신호가 뇌로 전달됩니다. 그래서 스트레스를 관장하는 기관이 뇌가 아니라 장내 미생물이라고 말합니다. 그 외에도 장내 미생물은 비타민을 합성하고 영양소 흡수에도 도움을 주며 면역의 70~80%를 담당하고 있어서 장내 미생물 환경은 건강에 매우 중요합니다.

피틴산은 몸에서 대사되지 않고 쌓이는 잔류성유기오염물질(POPs: Persistent Organic Pollutants)과 결합해서 몸 밖으로 내보내는 일을 합니다. 고기를 먹을 때 상추나 깻잎, 김치 같은 섬유질을 함께 먹으면 더 건강한 식사가 되는 이유도 역시 과도한 지방질과 오염물질을 배출하기 때문입니다. 음식을 비롯해서 환경으로부터 우리 몸에 들어오는 POPs를 완벽하게 피할 수 있는 방법은 없습니다. 건강한 삶을 위해서는 우리 몸에 들어온 해로운 물질을 잘 배출하는 데 초점을 맞추는 것이 현명한 방법입니다.

어떤 사람은 피틴산이 칼슘이나 철분, 아연 같은 영양소 흡수를 방해한다는 것을 문제 삼기도 합니다. 우리 가정이 완전 현미밥상으로 바꾸고 몇 년이 지났는데, 건강검진을 해 보니 저의 헤모글로빈 수치가 지극히 양호합니다. 철분이 전혀 결핍되지 않았습니다. 지난여름 발목이 접질리는 바람에 심하게 멍이 들고 부어서 반깁스를 한 적이 있었습니다. 혹시라도 뼈에 금이 갔을까 걱정했는데, 뼈는 멀쩡하고 인대만 다쳤습니다. 현미 때문에 칼슘 흡수가 방해받았다면, 최소한 뼈에 실금이라도 가야 했는데 말입니다.

현미밥 먹은 우리 아이들은 혈색이 좋고, 목청도 크고, 에너지가 넘칩니다. 기본적으로 현미는 백미보다 두 배 이상 많은 비타민과 미네랄을 함유하고 있습니다. 백미는 흡수할 영양소 자체가 적고, 현미는 잘 씹은 만큼 흡수됩니다. 미네랄은 많이 흡수되면 부작용이 있기 때문에 흡수율도 낮고 필요한 만큼만 흡수하게 되어 있습니다. 그래도 피틴산이 칼슘 흡수를 방해할까 걱정된다면 칼슘 함량이 가장 많은 식품인 멸치와 함께 먹으면 됩니다. 피틴산을 비롯한 섬유질은 영양소 흡수를 방해하는 물질이 아니라 흡수를 조절하는 물질입니다.

식사로 먹는 피틴산은 우리 몸에 필요한 것까지 흡수하지 못하도록 방해하지 않습니다. 우리 몸이 정상이라면 영양소가 필요한 만큼 알아서 흡수하기 때문에 영양결핍이 될까 봐 걱정할 필요는 없습니다. 오히려 가공식품 위주의 식사만 하면 '살찐 영양결핍'이 옵니다. 가공식품만 먹던 사람이 현미밥을 먹으면 그동안 부족했던 미량영양소를 잘 흡수할 수 있습니다. 오랫동안 미량영양소가 결핍되어 있어서 체내 흡수율이 높아진 상태이기 때문입니다. 우리 몸은 항상성(homeostasis)*을 갖고 있기 때문에 지속적으로 신호를 보냅니다. 신선한 채소나 과일이 먹고 싶다거나, 고기가 먹고 싶다거나, 오늘은 정말 쉬고 싶다는 신호를 무시하지 않으면 누구나 건강한 삶을 누릴 수 있습니다.

> *항상성(Homeostasis)이란?
> 몸에 어떤 변화가 생겼을 때 처음에 균형 잡혀 있던 그 시스템으로 우리 몸을 되돌리려는 성질을 말합니다. 고무줄을 당겼을 때 다시 되돌아가려는 것과 같습니다. 다른 말로는 회복탄력성이라고 표현할 수 있습니다.

완전 현미밥상

몇 년 전부터 현미 혼식이 아니라 100% 현미밥을 먹기 시작했습니다. 일에 관한 열정이 많은 사람이 늦은 나이에 세 아이를 양육하다 보니 힘에 부칠 때가 많았습니다. 모닝커피를 보약 삼아 살았는데, 수면의 질이 떨어져서 잠을 자고 일어나도 개운하지 않아 만성피로에 시달리는 악순환이 계속되었습니다. 그래서 찾은 방법이 현미밥이었습니다.

주방대장의 결단으로 어른에서 네 살 막내까지 온 식구가 현미밥을 먹기 시작했습니다. 처음에 현미밥을 좋아한 사람은 의외로 아이들이었습니다. 꼭꼭 씹어 먹으니 고소하고, 시간이 오래 걸리긴 하지만 더 맛있다고 했습니다. 문제는 식사 처음부터 끝까지 꼭꼭 잘 씹느냐입니다. 어른도 먹다 보면 덜 씹고 삼킬 때가 있는데 하물며 애들은 두말 하면 잔소리입니다. '꼭꼭 씹기' 훈련이 잘되지 않으면 처음 한 숟가락은 정성들여 씹다가 귀찮아져서 대충 씹고 삼킵니다.

아이들에게 씹기 훈련을 시킬 때 밥 한 숟가락을 입에 넣은 다음 1분 모래시계를 밥상에 올려놓고 모래가 다 내려갈 때까지 씹은 다음에 삼키도록 약속합니다. 또 식사 전에 동요 '리, 리, 리 자로 끝나는 말은'의 가사를 '꼭꼭 씹어요.'로 바꿔서 불러봅시다.
"꼭꼭 씹어요, 모든 음식을.
씹어요! 씹어요! 씹어요! 씹어요! 꼭꼭 씹어요." [61]

꼭꼭 씹지 않을 경우 현미는 소화되지 않고 변으로 나옵니다. 덜 씹힌 현미가 많으면 변이 성형되지 않고 소화불량으로 배탈이 나기도 합니다. 건강을 위해 현미로 바꿨는데 배탈이 나다니, 당황스럽습니다. 그때 한 끼는 물만 먹이고, 다음 끼니부터 현미를 갈아서 죽을 쑤어 먹였더니 바로 나았습니다. 병원에 가서 링거를 맞거나 약을 먹일 필요도 없었습니다. 코로나에 걸려서 고열에 구토 증상이 있을 때도 현미 미음을 먹이니 약도 토하던 아이가 잠잠해지고 진정되었습니다.

---
61) 구로야나기 테츠코, 이와사키 치히로, 창가의 토토, 김영사 (2019).

미음의 온도와 영양소가 중요합니다. 위장 기능이 활발하지 못한 상황에서 따뜻한 미음은 긴장한 위장근육을 이완시켜 수분이 잘 흡수되게 합니다. 현미 미음은 웬만한 영양수액 못지않은 균형 잡힌 영양제입니다. 열이 나거나 구토, 설사가 있을 때는 수분뿐만 아니라 비타민과 미네랄의 손실이 많은데, 현미에 함유된 미량영양소가 그 필요를 채워 주었습니다. 이 과정을 한두 번 거치자 아이 스스로 더 꼭꼭 씹어야 한다는 걸 인식하고, 장도 적응해서 더는 배탈이 나지 않았습니다.

꼭꼭 씹기 훈련은 성품에 따라 차이가 있습니다. 순종적인 경향의 아이는 부모의 가르침에 따라 더 꼭꼭 씹는 반면에 반항적이고 자유분방한 아이는 여전히 대충 씹습니다. 이런 아이는 밥 대신 현미죽이나 현미가루를 줍니다. 그와 동시에 현미밥 한 숟갈씩 꼭꼭 씹기 훈련을 하면서, 잘 씹으면 죽 대신 밥을 먹을 수 있다고 설명해 주면 좋습니다. 배탈 한번 났다고 자연이 선물한 건강식품 현미를 포기할 수는 없습니다. 현미식이 아니어도 육식 위주의 식사를 하던 사람이 채식으로 바꾸면 이런 적응과정을 거칩니다.

레시피	8. 현미 죽/미음 끓이는 법
재 료	현미 1컵, 물 5컵, 소금 약간

1. 현미를 1~2시간 불립니다.
2. 현미를 믹서에 넣고 갑니다. 죽은 반 토막 내는 정도로 쌀을 살짝 갈고, 미음은 곱게 갑니다.
3. 현미와 물, 소금 한 자밤 넣고 저으면서 끓이다가 불을 줄입니다.
4. 불을 끄고 뚜껑을 덮어 두면 저절로 식으면서 먹기 좋게 퍼집니다.
   (덜 퍼져도 괜찮습니다. 죽이지만 천천히 꼭꼭 씹어서 먹게 하십시오. 씹다 보면 침이 나와서 소화도 잘되고 입맛이 돌므로 일석이조입니다.)

허리둘레 감사

우리 식구는 현미밥을 먹은 이후 감기에 잘 걸리지 않습니다. 증세가 있더라도 크게 고생하지 않고 금세 낫습니다. 그 이전에는 연중행사로 일 년에 서너 번은 감기와 비염으로 고생하고 소염진통제, 해열제, 항생제를 먹어야 했습니다. 현미에 들어 있는 비타민B군을 비롯한 미량 영양성분과 섬유질이 소화·흡수를 비롯한 체내 대사과정과 면역작용을 원활하게 한 덕분입니다.

현미를 먹으면 피곤을 덜 느낍니다. 에너지대사가 정상적으로 이뤄지고 장내 미생물의 균형이 이뤄지기 때문입니다. 완전 현미밥으로 바꾸고 처음 며칠간 그것을 뚜렷이 느낄 수 있었습니다. 부부관계도 더 원만해집니다. 난임 부부의 경우에도 현미밥 자연식과 간헐적 단식을 시도해 보길 권합니다. 비만이나 당뇨, 심근경색으로 고민하는 사람에게도 현미밥과 간헐적 단식을 추천합니다.

눈에 띠는 변화는 허리에서 나타났습니다. 2년 전 건강검진과 비교했을 때 3cm나 가늘어졌습니다. 먹는 것을 워낙 좋아해서 주는 대로, 눈에 보이는 대로 참 잘 먹는 편입니다. 현미밥을 먹은 지 3개월쯤 지난 어느 날 체중을 재보니 5kg 줄었습니다. 아침에는 따뜻한 물을 자주 마시고, 무리하지 않을 만큼 아파트 뒷산을 올랐습니다. 점심과 저녁에는 현미밥이나 통밀빵으로 포만감 있게 먹었습니다. 간헐적 단식과 병행했기 때문에 체중 감량은 예상되는 결과였지만, 저는 체중 감량이 목표는 아니었습니다. 아무튼 배 둘레의 지방이 줄어들고 그 체중은 몇 년이 지난 지금껏 유지되고 있습니다. 갱년기에는 살이 쪄서 고민인데, 감량되니 감사했습니다. 이 체중 감량을 계기로 남편은 현미 전도사가 됐습니다. 화색이 좋다거나 뱃살이 빠졌다는 말을 들으면 현미를 먹어서 그렇다고 자랑하고 다닙니다.

현미 먹고 살이 빠졌다고 하니 겁을 내는 분도 있습니다. 건강하게 살이 찌고 싶으면 현미밥을 네 끼 먹으면 됩니다. 삶이 무기력하고 변화가 필요하다면 현미밥을 먹어 보십시오. 반찬이 마땅치 않을 때는 현미밥에 김치, 멸치 정도면 완벽에 가깝습니다. 현미밥은 맞벌이 하느라 식사 준비 시간이 부족한 이들에게 더욱 안성맞춤입니다. 편식하는 아이들도 현미밥을 잘 먹으면 종합비타민이든, 영양제든 안 먹어도 됩니다.

> **※간헐적 단식**
> 간헐적 단식은 공복을 유지하는 동안 지방을 에너지로 사용하면서 체지방을 낮추어 삶의 질을 높이는 방법입니다. 단식의 종류로는 격일 단식, 주 1일 단식, 1일 1식, 16 대 8 단식(매일 16시간 단식하고 나머지 8시간 정상적인 식사하기) 등이 있습니다.
> 언제 공복을 유지할 것인지는 자신의 생활방식에 따라 결정합니다. 비만 정도나 질병의 상황에 따라 16시간에서 18시간을 공복으로 유지하고 나머지 시간은 건강한 음식으로 잘 먹으면 됩니다. 흰밥보다는 현미밥, 가공식품보다는 자연식품을 기본으로 하는 것을 권합니다.
> 16:8 단식의 경우, 12시에 점심, 6시에 저녁을 먹고 다음날 아침을 공복으로 유지하거나 아침을 9시에 먹고, 점심을 3~4시에 먹은 뒤 저녁을 공복으로 유지하는 방법도 있습니다. 때에 따라 한두 시간 공복을 깨는 시간이 앞당겨질 수도 있지만, 다음 끼니도 당겨서 먹으면 조절할 수 있습니다.
> 공복이 12시간 이상 지속되면 우리 몸은 포도당이 아닌 지방 분해산물인 케톤체를 에너지로 사용합니다. 간헐적 단식을 하면 자가소화(autophagy)가 이루어져 염증수치가 낮아지고 산화적 스트레스가 감소하며, 혈압과 인슐린 저항성이 개선된다고 알려져 있습니다.

건강하게 살찌고 빼는 방법

살을 빼는 것보다 찌는 것이 훨씬 어렵습니다. 우리 집 아이들은 셋 다 마르고 작아서 어떻게 하면 살 좀 찌워 볼까, 여러 가지로 생각해 봅니다. 쉽게 살찌는 방법이 있다면 그건 단연코 야식과 외식입니다. 하지만 야식이나 외식은 음식의 질이 나빠 평생 건강을 망칠 수 있어서 좋은 방법이 아닙니다.

마른 아이들을 보면 두 가지 부류가 있습니다. 첫 번째는 입이 짧아서 잘 먹지 않는 아이입니다. 소화기능이 약하고 침도 적게 나오는 경우입니다. 이런 아이를 키우는 부모는 마음이 조급합니다. 뭘 먹지 않으니 과자나 사탕, 햄이라도 입맛에 맞는 것을 먹고 살이 찌고 키가 크기를 바랍니다. 그렇게 아이가 잘 먹는 것만 먹이다 보니 입맛이 가공식품에 길들여져 자연적인 맛을 즐기는 식사에 소홀하게 됩니다. 간식으로 입맛이 떨어진 상태라서 식사량이 적습니다. 그러면 또 금세 배가 고프니 빵이나 과자를 추가로 먹게 됩니다. 건강한 음식보다 가공식품만 계속 먹는 악순환이 이뤄집니다.

두 번째는 잘 먹는데도 살찌지 않는 아이입니다. 이런 아이는 먹은 음식이 흡수되기 보다는 배설되는 양이 훨씬 많다는 뜻입니다. 물론 아이가 활동량이 많아서 살이 안 찔 수도 있지만, 대체로 급하게 음식을 대충 씹어 먹는 경우가 많습니다. 꼭꼭 씹어 먹으면 입에서 1차 소화가 이뤄지기 때문에 위장관을 거치면서 더 쉽게 소화되고, 잘 흡수될 가능성이 높습니다. 살이 잘 찌지 않은 아이의 식사 태도를 잘 살펴보고 뭐가 문제인지 확인할 필요가 있습니다.

그러나 음식을 잘 씹는데도 살이 찌지 않는다면, 몸에 영양소 흡수율이 낮게 세팅되어 있다는 뜻입니다. 어떻게 그리 세팅되는지는 아직 미지의 영역이지만, 항상 음식이 풍족하니 조금씩 흡수해도 된다고 세포가 인식한 것으로 추정합니다. 누군가는 이런 아이들을 가리켜 진화가 많이 되었다고도 합니다. 음식이 부족한 고대 수렵을 하던 때에는 언제 음식을 먹게 될지 확신할 수 없기 때문에 일단 먹은 음식은 최대한 잘 흡수하도록 세팅되어 있었고, 음식이 풍부한 시대일수록 흡수율이 낮다는 주장입니다. 한편 조금 더 신빙성 있는 주장은 장내 미생물 균형이 맞지 않아서 몸에 흡수돼야 할 영양분이 미생물에게 많이 가는 경우일 수도 있습니다. 이런 경우는 분변검사를 통해 미생물총을 확인하면 알 수 있습니다.

키가 크든 작든, 마른 아이든 통통한 아이든, 성장 속도와 단계의 차이가 있을 뿐입니다. 갑자기 살이 찌는 아이보다는 어려서부터 계속 마른 아이가 지금도 건강하고 어른이 돼서도 건강할 확률이 높습니다.

Tip. 살을 찌우려면

- 조급하게 생각하지 않습니다.
- 얼마나 체중 증량을 할지 현실적이고 구체적인 목표를 정합니다.
- 하루 식사를 4~5번 현미자연식으로 먹어 장내 미생물 균형을 맞춥니다.
- 꼭꼭 씹어 먹습니다.
- 간식으로 콩물이나 현미죽, 깨죽같이 소화가 잘되고 영양이 풍부한 것을 먹습니다.
- 운동으로 근육 키우기를 병행합니다.

Tip. 건강하게 살을 빼려면

- 밥그릇을 작은 것으로 바꿉니다.
- 음료수 대신 물을 마십니다.
- 천천히 꼭꼭 씹어 먹습니다.
- 간식과 야식을 끊습니다(허기질 때 채소나 과일 간식은 괜찮습니다).
- 최소 12시간 공복을 유지합니다(저녁 6시부터 이튿날 아침 6시까지, 적응되면 16시간 공복과 두 끼만 먹으면 더 효과적입니다).
- 자연식으로 배부르게 두세 끼를 먹습니다.
- 주 5회 이상 산책합니다(걷기와 뛰기를 반복합니다. 집에 돌아올 때는 체력이 허락하는 만큼 뛰어옵니다).

3. 제철 음식 먹기

우리 몸과 조화를 이루는 음식

제철 음식이란 그 지역의 날씨와 풍토가 맞아서 씨앗을 뿌리면 자연스레 자라나 수확할 수 있는 식품을 말합니다. 요즘엔 비닐하우스에서 작물에 맞는 온도와 양분을 맞춰서 재배하기 때문에 웬만한 채소는 사계절 언제나 구할 수 있어서 제철이 언제인지 헷갈립니다. 산나물은 봄이 제철이고, 채소는 여름, 나무에 열리는 과일은 대부분 가을이 제철입니다. 그래서 수확할 것이 없는 겨울을 위해 김장도 하고 나물을 말려서 겨울까지 오래 두고 먹을 수 있게 저장합니다.

제철 음식은 그 계절에 우리 몸과 조화를 이루는 음식입니다. 여름에 나는 채소와 과일은 몸이 더울 때 시원하게 식혀 주고, 겨울에는 가을에 수확한 고구마를 쪄 먹거나 호박죽, 팥죽을 쒀 먹으면 몸이 따뜻해집니다. 체온은 면역에 아주 중요합니다. 체온이 1도 올라가면 대식세포의 식균 작용이 활발해져서 그만큼 면역이 증가합니다. 제철 음식은 체온을 잘 조절해 건강한 면역력을 강화하도록 돕습니다.

제철 음식이 좋다는 건 알지만 어떻게 요리할 줄 몰라 그냥 가공식품을 사는 경우도 많습니다. 요리를 너무 잘하려고 애쓰지 마십시오. 제철 음식은 그대로 먹어도 좋습니다. 여름에 나는 채소는 생으로 먹을 수 있으므로 손질해서 먹기 좋게 썰어 놓고 된장만 곁들이면 됩니다. 고추나 오이, 당근, 파프리카 같은 것은 그냥 생으로 찍어 먹는 것이 영양소도 많이 흡수할 수 있고 맛도 좋습니다. 상추나 미나리, 열무도 쌈으로 먹으면 입맛 없는 여름철에 그만입니다. 무엇보다 제철에 난 음식은 정말 맛있습니다. 같은 무라도 가을에 수확한 무는 보약입니다. 시금치도 겨울철에 훨씬 달고 맛있습니다. 봄이 오기 전에 봄동을 겉절이로 무쳐 먹거나 유채나물을 데쳐서 먹으면 나갔던 입맛이 돌아옵니다. 봄에는 바지락을 넣은 쑥국이 기운을 돋웁니다. 봄나물 같은 경우는 다듬어서 데친 다음 조선간장이나 액젓, 된장으로 무치면 됩니다. 콩나물만 무칠 줄 알면 모든 나물을 다 무칠 수 있습니다.

가공 저장법의 탄생

제철 음식을 제때 다 먹지 못하면 어떻게 해야 할까요? 냉장고에 넣는 것도 한계가 있습니다. 오래전 냉장고가 없을 때는 어떻게 했을까요? 농산물 수확철에 한꺼번에 수확한 것을 다 먹을 수도 없고 그냥 두면 다 썩어버립니다. 양식이 부족한 겨울철까지 오래 저장할 수 있도록, 다시 말해 생명을 살리기 위해 가공 저장법이 생겨났습니다. 그렇게 가공한 것도 너무 오래 두지 않는 것이 더 맛있습니다.

소금에 절이거나(염장) 말리게 되면(건조) 미생물의 발육을 억제해서 썩지 않고 오래 저장할 수 있습니다. 대표적인 것이 김치, 무청 시래기, 건미역, 마른멸치 같은 것입니다. 잼, 병조림, 피클처럼 설탕이 들어간 당절임법은 설탕이 보편화된 뒤에 생겨난 방법입니다. 마트 냉동실에 사시사철 있는 것은 그것이 아니면 대체할 다른 무엇이 없을 때만 사용하는 것이 좋습니다.

이번 주말에는 마트보다는 전통시장에 가 봅시다. 요즘엔 어떤 채소가 있는지, 어떤 생선이 있는지 살펴보고, 제철 음식표도 만들어 봅니다. 아이가 좋아하는 것과 싫어하는 것을 적어 봅니다. 몸에 맞지 않아서 먹지 않는 음식도 있겠지만 어떤 편견 때문에 안 먹는 것이 있다면 한번 천천히 시도해 보는 것도 좋습니다. 편식은 편견에서 옵니다. 그 음식을 맛있게 먹은 경험이 없어서 '맛없다'는 편견이 생기기도 합니다. 또 부모가 먹지 않는 음식은 아이 눈에도 먹을 수 없는 것으로 인식되기 때문에 편식도 자녀에게 대물림됩니다. 첨가물이 범벅된 가공식품 대신 제철 음식으로 내 아이에게는 더욱 건강한 입맛을 물려줍시다.

⟨표 21⟩ 나만의 제철 음식

계절(날짜)	봄(/)	여름(/)	가을(/)	겨울(/)
제철음식	달래, 냉이, 쑥, 머위, 멸치, 주꾸미, 바지락, 키조개	오이, 고추, 감자, 옥수수, 가지, 머윗대, 매실, 완두콩, 강낭콩, 아욱, 깻잎	배추, 무, 당근, 밤, 대추, 석류, 무화과, 낙지, 전어, 은행	김, 파래, 매생이, 귤, 유자, 가리비, 꼬막, 굴, 아귀, 대구, 시금치
도전해 볼 만한 요리				
제철음식 좋아하는 것				
싫어하는 것 (이유)				

냉장고가 멈춘 날 [62]

어느 날 갑자기 차차네 냉장고가 멈춥니다. 차차네뿐만 아니라 온 마을 냉장고가 파업을 선언해서 난리가 났습니다. 그런데 마을 꼭대기 집에 사시는 할머니는 원래 냉장고 없이 사셔서 냉장고 파업에도 끄떡없습니다. 채소도 소금물에 데쳐서 햇볕에 널어두고, 생선도 소금에 절여서 말립니다. 피클도 만들고 젓갈도 만듭니다. 그분을 찾아가서 냉장고에 있던 것을 어떻게 해야 할지 지혜를 배웁니다. 다 같이 밥상을 차려 먹으면서 냉장고가 없어도 이렇게 맛있는 음식을 먹을 수 있다는 데 감탄합니다.

책을 읽은 다음에 아이들과 하브루타를 통해 책 내용을 깊이 생각해 봅니다. 하브루타는 유대인이 토라(Tora: 유대교의 경전, 모세오경)를 연구할 때 사용하는 전통적인 교육 방법으로 짝과 함께 질문하고 대화하고 토론하는 방법입니다. 또한 짝과 우정을 쌓으며 협력하고 연합해 짝을 성장하도록 돕는 철학을 가진 교육 방법입니다.[63] 순서는 다음과 같습니다.

1. 아이들과 책을 두 번 읽습니다. 글을 읽을 줄 알면 같이 소리 내어 한 문장씩 읽습니다(경청하기).

2. 책을 덮은 뒤 보지 않고 책에 있는 내용을 설명합니다(보지 않고 말하기).

3. 책에 답이 있는 퀴즈를 냅니다(사실 질문). 육하원칙(누가, 언제, 어디서, 무엇을, 어떻게, 왜)을 참고하면 퀴즈 내기가 수월합니다. 엄마도 아이도 교대로 퀴즈를 내고 서로 답을 맞힙니다.

4. 책에 없는 궁금한 내용에 관해 질문을 만듭니다(열린 질문). 본문에 있는 등장인물을 주어로 삼아 질문을 만듭니다. 우리 삶에 적용하는 질문도 만들 수 있습니다(적용 질문). 예를

---

[62] 강민경, 이은지, 냉장고가 멈춘 날, 스콜라 (2018).
[63] 양동일, 진은혜, 이천하, 말하는 독서 하브루타 교사 가이드북, ㈜생각나무 (2021).

들면 이런 것입니다.

차차네 집 냉장고가 왜 고장 났을까요?
차차네 마을 냉장고는 무슨 마음으로 파업을 선언했을까요?
냉장고가 고장 났을 때 사람들은 어떤 기분이었을까요?
마을 꼭대기 집 할머니는 마을 사람들이 찾아왔을 때 어떤 마음이 들었을까요?
우리 집 냉장고가 고장 난 적이 있나요?
냉장고 없이 살 수 있을까요?
우리 집 냉장고에는 무엇이 있을까요?
냉장고에 넣지 않아도 되는 것은 무엇일까요?
우리 집에서 만들 수 있는 가공식품은 무엇일까요?

5. 독후 활동으로 냉장고에 있는 재료로 생명을 살리는 가공식품을 만들어 봅니다.
　　예) 피클, 레몬청, 무청 시래기

4. 좋은 단백질과 지방 먹기

좋은 단백질과 나쁜 단백질

식습관을 바꾸려면 물을 잘 마시고, 섬유질이 많은 음식과 제철 음식을 먹어야 합니다. 그 다음으로는 양질의 단백질과 지방을 먹습니다. 단백질 식품에는 지방을 비롯한 다른 영양소가 패키지로 묶여 있기 때문에 따로 떼어서 생각할 수 없습니다. 사실 좋은 단백질이라든지 나쁜 단백질은 없습니다. 다만 지방의 경우는 필수지방산을 함유한 식품이 있고, 필수지방산이 전혀 없는 식품이 있습니다. 즉, 단백질과 함께 묶여 있는 패키지의 영양분이 우수한 식품을 먹어야 한다는 뜻입니다. 그러면 단백질과 지방이 무엇이고, 어떻게 먹으면 좋을까요?

단백질은 정상적인 성장을 돕고 체격을 유지하며, 생명 유지를 위해 꼭 필요한 영양소입니다. 단백질은 효소나 호르몬, 항체, 피부, 근육, 뼈, 손톱, 머리카락 그리고 각종 기관을 만드는 신체 구성요소입니다. 또 각종 영양소가 되기도 하고, 그 영양소를 운반하거나 저장하는 역할도 하며, 체액과 산-염기의 평형 유지 같은 중요한 생리 기능을 담당합니다. 그래서 단백질이 부족하면 문제가 생깁니다.

단백질은 21가지 종류의 아미노산이 2개 이상 다양한 순서로 연결된 중합체입니다. 특히 몸에서 합성되지 않아서 음식으로 섭취해야 하는 아미노산을 필수아미노산이라고 합니다. 동물성 식품에는 모든 필수아미노산이 다 들어 있고, 식물성 식품은 한두 가지 필수아미노산이 부족한 경우가 있는데, 이는 다른 식품과 함께 먹어서 그 부족을 보완할 수 있습니다.

〈표 22〉 식물성 단백질의 상호보완작용

식 품	부족한 필수아미노산	단백질의 보충효과
곡 류	라이신, 트레오닌	콩과 쌀밥
콩 류	메티오닌	콩과 쌀밥
견과 및 종실류	라이신	콩가루와 참깨가루를 섞어 양념으로 사용
채 소	메티오닌	나물과 쌀밥, 채소와 견과류를 섞은 샐러드
옥수수	트립토판, 라이신	옥수수와 달걀

필수아미노산이 결핍되면 콰시오커, 마라스무스 같은 단백질 에너지 영양불량 증상이 생깁니다. NGO(비정부기관)에서 공익광고를 할 때 보이는 아이들의 모습이 바로 단백질 부족으로 생기는 질병입니다. 골고루 먹으면 이런 질병이 생기지 않지만 음식에 단백질이 너무 부족하거나 전체적으로 먹을 음식이 부족할 때 발생합니다. 그러나 우리나라에서 이런 질병은 생기지 않습니다. 질은 나쁘지만 단백질과 지방은 충분히 섭취하고 있기 때문입니다. 오히려 단백질이 과해서 병이 발생하고 있습니다.

* **콰시오커** : 단백질과 에너지가 부족하고, 특히 단백질이 많이 부족할 때 생기는 병으로, 심한 부종과 복부 팽만이 나타나고, 머리카락이 건조하거나 변색되며 약간 말라 보입니다.

* **마라스무스** : 먹을 음식 자체가 부족하여 단백질과 에너지가 모두 부족하며, 특히 에너지 부족이 심한 병으로, 피부와 뼈만 앙상하고, 연령 대비 작고 말라 주름이 생겨 얼굴이 노인 같습니다.

부자와 간암 이야기

콜린 캠벨 교수는 그의 책 《무엇을 먹을 것인가》에서 동물성 단백질이 암을 일으킨다고 말합니다.[64] 그는 기아 대책을 위해 필리핀에서 육아 프로젝트를 진행한 적이 있습니다. 그곳은 단백질뿐만 아니라 전체적인 먹을거리가 부족한 지역이었습니다. 영양 결핍을 해결하기 위해 단백질 섭취를 늘려야 했습니다. 그곳에는 땅콩이 풍부해서 적합한 단백질 급원으로 선정되었습니다.

그러나 땅콩은 보관 중에 곰팡이가 쉽게 피고, 곰팡이 대사산물 중에 간암을 유발하는 아플라톡신(aflatoxin) B1이 많았습니다. 땅콩과 옥수수에 아플라톡신 오염이 가장 심했고, 땅콩보다는 땅콩버터 같은 가공식품에서 오염 정도가 더욱 심각했습니다. 수집한 29종의 땅콩버터는 모두 아플라톡신에 오염되어 있었으며, 미국의 허용 기준치보다 300배가 넘는 수치를 보였습니다. 마닐라와 세부 같은 인구 밀집 지역에서 간암이 많이 발생했는데, 특이하게도 평소에 고기를 먹을 수 있는 부유한 집안의 아이들이 간암에 걸린 것을 발견했습니다.

그는 대학으로 돌아와서 쥐 실험을 통해서도 그 사실을 확인했습니다. 두 그룹의 쥐에게 모두 간암을 유발하는 아플라톡신을 투여했지만, 단백질을 5% 섭취한 그룹에서는 간암이 **'전혀'** 발생하지 않았고, 20%를 섭취한 그룹에서는 **'모두'** 간암이 발생했습니다. 단백질을 많이 섭취하면 암을 유발한다는 것이 실험으로도 증명되었습니다.

---

[64] 콜린 캠벨, 토마스 캠벨, 무엇을 먹을 것인가, 열린과학 (2020).

소는 어떻게 근육이 많을까?

단백질이 매우 중요한데, 왜 조금만 필요할까요? 그 비결은 단백질이 재활용되기 때문입니다. 아이가 가지고 노는 장난감 블록을 생각해 보세요. 자동차를 만들어서 가지고 놀다가 지겨워지면 그 자동차를 해체하고 다른 멋진 집을 만들 수 있는 것과 같습니다. 자동차나 집이 단백질이라면 블록 하나하나는 아미노산과 같습니다.

체조직과 혈액 속에는 아미노산 풀(amino acid pool)이라는 아미노산 저장소가 있습니다. 우리 몸을 구성하고 있던 세포가 수명을 다 하면 세포를 구성하고 있던 단백질이 아미노산으로 분해됩니다. 그 후 아미노산 풀에 저장해 두었다가 필요한 곳으로 가서 새로운 단백질을 합성합니다. 단백질을 먹은 만큼 근육량이 증가한다거나 아이가 쑥쑥 자라거나 하지는 않습니다. 단백질은 거의 배출되기 때문입니다. 입과 뇌는 즐겁지만, 소화기관이 고생하고 만성질병을 일으키는 것이 단백질입니다. 소는 동물성 단백질을 먹지 않아도 엄청난 근육이 생깁니다.

우리는 왜 단백질을 많이 먹어야 한다고 생각하게 되었을까요? 우유와 마찬가지로 기업의 로비에 세뇌된 결과입니다. 동물성 단백질, 특히 붉은 고기는 2A급 발암물질입니다. 단백질을 섭취하려다가 지방을 과잉 섭취해서 비만이 되고, 비만은 성장호르몬을 저해하기 때문에 아이의 성장을 방해합니다.

단백질을 많이 먹으면 손해

단백질을 하루에 얼마나 섭취하면 될까요? 2020년 개정된 영양소 섭취 기준에서는 모든 연령대에서 자신이 필요한 열량 중에서 7~20%를 단백질로 섭취하라고 권합니다. 예를 들어 하루 2,000kcal가 필요한 사람이라면 단백질로 35~100g을 섭취하라는 말입니다. 다시 말해 35g이면 충분하고 100g을 넘어서는 안 된다는 뜻입니다.

그러나 캠벨 교수의 말을 기억하십시오. 발암물질이 있을 때 단백질을 20% 이상 섭취하면 '모두' 암이 발생합니다. 우리 지구 환경에서는 발암물질을 피해서 살 수 없습니다. 따라서 단백질은 최저권장량인 7%(35g) 정도를 섭취하는 것이 적당합니다. 황성수 박사는 환자가 현미채식으로 바꿨을 때 당뇨병과 고혈압이 개선되는 것을 수없이 보았습니다. 그는 현미에 들어 있는 단백질 함량인 7%가 우리 몸에 필요한 단백질량이며, 현미채식을 하면 장수할 수 있다고 주장합니다.[65]

우리가 주로 섭취하는 육류의 단백질과 지방의 비율을 〈표 23〉에서 정리했습니다. 이 표를 활용하면 음식을 100g 먹었을 때 단백질과 지방을 얼마나 섭취하는지 쉽게 알 수 있습니다. 이 표에 나오지 않은 식품 성분이 궁금하면 검색할 수 있습니다. 검색창에 '국가표준식품성분표'를 입력하면 농촌진흥청 산하 국립농업과학원 사이트가 나옵니다. 전체 내용을 PDF파일이나 엑셀파일로 다운받을 수도 있고 원하는 식품만 검색할 수도 있습니다.[66]

---

65) 황성수, 현미밥 채식, 페가수스 (2009).
66) http://koreanfood.rda.go.kr/kfi/fct/fctIntro/list?menuId=PS03562

⟨표 23⟩ 주요 동물성 식품의 단백질과 지방 비율(100g당 영양성분 함량)

육류 부위	수분(g)	단백질(g)	지질(g)	탄수화물(g)
돼지 삼겹살	50.3	13.27	35.70	0
돼지 목심	62.0	17.21	16.36	0
돼지 앞다리	71.4	20.56	7.92	0
돼지 등심	71.0	24.03	3.60	0
돼지 안심	74.4	22.21	3.15	0
한우 꽃등심	52.8	17.76	27.73	0
한우 갈비	56.4	16.5	24.4	0
한우 아롱사태	58.8	21.47	18.27	0
한우 설도	65.8	19.38	13.74	0
한우 안심	66.6	19.17	13.14	0
오리고기	64.6	16.63	18.99	0
닭고기	69.4	19.0	10.6	0.1
닭튀김(전체)	51.1	23.9	17.1	6.1
닭 가슴살	76.2	22.97	0.97	0
달걀	75.9	12.44	7.37	3.41
달걀프라이	66.6	15.12	13.46	3.79
우유	87.4	3.08	3.32	5.53
호상 요구르트(플레인)	81.7	3.03	2.96	11.66
고등어	68.2	20.2	10.4	0
삼치	76.0	20.08	2.93	–
연어	75.8	20.6	1.9	0.2
오징어	78.3	18.84	1.44	0.16
갈치	72.7	18.5	7.5	0.1
붕장어	74.7	17.4	6.4	0.3
말린 잔멸치	41.6	42.94	4.59	0.32
참치 통조림	66.1	22.31	10.60	0

*부위별 100g당 함유한 단백질과 지방의 함량을 표시했습니다.
닭튀김과 달걀프라이를 제외하고는 모두 생것에 관한 함량입니다.
참조: 국가표준식품성분표

예를 들어 아침에 달걀프라이 2개(중간 크기 달걀 2개가 약 100g)를 먹고, 간식으로 우유 200mL를 마시고, 저녁에 돼지 목심을 구워 먹었다고 합시다. 그 외에 밥이나 채소에도 단백질이 함유되어 있지만 일단 동물성 단백질만 계산해 보겠습니다. 세 가지만 계산해도 단백질이 53.1g이면 하루 섭취량으로 충분하며, 지방도 46.7g이면 하루 먹을 양을 웃돕니다. 그런데 만약 목심이 아닌 삼겹살을 먹었다면 지방 섭취량이 85g으로 증가합니다.

달걀 2개	단백질 12.5g	지방 7.4g
우유 200mL	단백질 6.2g	지방 6.6g
돼지 목심 200g	단백질 34.4g	지방 32.7g
합 계	단백질 53.1g	지방 46.7g

단백질은 탄수화물이나 지방과 달리 질소(N)를 함유하고 있습니다. 암이 아니더라도 단백질을 과잉 섭취하게 되면 대사 항진, 체중 증가, 혈압 상승, 피로, 골다공증, 요독증, 간성 혼수를 유발할 수 있습니다. 우리가 섭취한 음식이 소화되고 흡수되었을 때 질소 성분은 간으로 가서 독성이 없는 요소(urea)로 변화된 다음 신장을 거쳐 소변으로 배설되기 때문에 과도한 단백질 섭취는 간과 신장에 무리를 줍니다. 요즘 우리나라에 흔한 질병이 단백질 과잉으로 생겼다고 해도 과언이 아닙니다.

동물성 단백질은 당뇨병에도 해롭습니다. 동물성 단백질 섭취가 10g 증가할수록 당뇨병 위험이 5% 증가하며[67], 콩이나 견과류 같은 식물성 단백질을 섭취하는 그룹은 당뇨병 발병률이 낮아졌습니다.[68] 동물성 단백질은 인슐린 저항성을 높이기 때문에 당뇨병 발병률을

---

[67] van Nielen M, Feskens EJ, Mensink M, Sluijs I, Molina E, Amiano P, Ardanaz E, Balkau B, Beulens JW, Boeing H, et al. Dietary protein intake and incidence of type 2 diabetes in Europe: the EPIC-InterAct Case-Cohort Study. *Diabetes Care* 37:1854-62 (2014).
[68] Ke Q, Chen C, He F, Ye Y, Bai X, Cai L, Xia M. Association between dietary protein intake and type 2 diabetes varies by dietary pattern. *Diabetol Metab Syndr* 10:48 (2018).

높이고, 식물성 단백질은 당뇨병 예방 효과가 있습니다. 두 단백질 간 아미노산 구성 비율이나 지방산의 차이가 그런 결과를 보이는 것으로 추정하고 있습니다. 단백질은 적당량, 아니 '조금' 먹어야 합니다.

우리의 친구 지방

"오늘 저녁에는 고기 먹자!"라고 했을 때 보통 어떤 고기가 떠오르나요? 삼겹살, 목살, 쇠고기 꽃등심 등 여러 가지 부위를 생각합니다. 그 고기에는 우리 아이에게 필요한 지방이 충분할까요? 식단에서 단백질량은 신경 쓰지만, 지방이 충분한지 좋은 지방을 먹었는지는 얼마나 확인할까요? 그렇다면 지방은 무엇일까요? 우리 몸의 적일까요?

> ***콜레스테롤** : 콜레스테롤은 인체의 세포막을 구성하고 중요한 여러 가지 호르몬을 합성하기 때문에 반드시 필요한 성분입니다. 식품으로 섭취하는 것 외에도 우리 몸에서 자연적으로 합성되며, 필요에 따라 체내에서 합성되는 양을 조절합니다. 혈액순환이 원활하도록 콜레스테롤은 성인 기준으로 1일 300mg 미만 섭취할 것을 권장합니다. 포화지방산 섭취를 줄이면 특별히 콜레스테롤 함량은 걱정하지 않아도 됩니다.
>
> ***필수지방산** : 우리 몸을 구성하기 위해 꼭 필요하지만, 몸에서 합성되지 않는 지방산을 말합니다. 리놀레산, 알파-리놀렌산, 에이코사펜타엔산(EPA: Eicosapentaenoic Acid), 도코사헥사엔산(DHA: Docosahexaenoic Acid)이 필수지방산이며, 구조에 따른 분류로는 불포화지방산에 속합니다. 불포화지방산이 모두 필수지방산은 아닙니다. 어떤 것은 필수지방산으로부터 체내에서 합성되기 때문입니다.

지방은 우리 몸에 농축 저장되는 좋은 에너지원입니다. 흡수된 에너지 중에서 사용하고 남은 에너지는 중성지방 형태로 저장됩니다. 중성지방은 모든 세포에 저장될 수 있지만 특별히 지방만으로 85~90%를 채울 수 있는 세포인 지방세포에 저장됩니다. 모든 세포막을 구성하는 인지질과 콜레스테롤*도 지방입니다.

지방은 지용성 비타민이 흡수가 잘되도록 돕고, 체온을 일정하게 유지하는 단열재 역할을 합니다. 또 어딘가에 부딪혀도 우리 몸의 장기나 뼈가 다치지 않도록 보호하는 완충재이며, 인지질은 세포막을 구성하는 필수성분입니다. 음식에 지방이 들어가면 맛과 향이 풍부해지고 포만감이 오래갑니다. 또 우리 몸에 꼭 필요한 필수지방산*을 공급합니다. 콜레스테롤은 여러 가지 호르몬을 만드는 기본 성분이고, 비타민D 전구체를 만들어서 칼슘 흡수를 돕습니다. 지방은 사람이 성장하고 건강하게 살아가기 위해 꼭 필요한 성분입니다.

필수지방산과 트랜스지방산

오늘 우리 아이는 어떤 지방을 먹었을까요? 건강한 지방이라는 게 따로 있는 것일까요? 물론입니다. 우리 몸에 필요한지를 기준 삼으면 명확해집니다. 꼭 필요하지만 우리 몸에서 합성되지 않는 필수지방산을 갖고 있는 지방이야말로 건강한 지방입니다. 반대로 세포에 들어가면 안 되는 트랜스지방산을 함유하는 것은 나쁜 지방입니다. 따라서 오늘 우리 아이가 필수지방산을 먹었는가와 트랜스지방산을 먹지 않았는가를 점검하면 됩니다. 식용유나 버터처럼 인위적으로 분리한 제품을 제외하면, 지방은 보통 단백질 식품에 함께 들어 있기 때문에 양질의 단백질 식품은 바로 양질의 지방을 가진 식품이라는 의미입니다.

지방은 흔히 식물성 지방과 동물성 지방으로 나뉩니다. 식물성 지방은 대체로 필수지방산 같은 불포화지방산이 많이 함유된 액체이며, 동물성 지방은 포화지방산이 많아서 실온에서 고체입니다. 필수지방산은 모두 불포화지방산입니다. 불포화지방산의 함량이 높으면 액체에 가깝고 포화지방산 비율이 높으면 실온에서 고체입니다. 필수지방산은 견과류, 종실류, 콩류, 생선류에 많이 함유되어 있습니다. 유지류는 견과류나 종실류, 콩류의 지방성분만 따로 모았기 때문에 필수지방산 함량이 높습니다.

〈표 24〉 필수지방산 함유 식품(g/100g)

리놀레산	포도씨유(69), 해바라기씨유(57), 면실유(54), 옥수수기름(52), 콩기름(57), 참기름(42), 호두(42), 쌀겨기름(미강유)(31), 해바라기씨(28), 수박씨(25), 호박씨(24), 잣(22), 참깨(18), 들기름(13), 아몬드(13), 아보카도유(12), 콩류(9), 오리고기(3.2), 오리 난황(3.2), 죽순(1.9), 돼지등심(1.9), 표고버섯가루(1.8), 옥수수(1.6), 수수(1.5), 구기자(1.5), 엿기름(1.4), 닭다리(1.4), 재래 고추장(1.2), 달걀(1.2), 백향과(1.0)
알파-리놀렌산	들기름(62), 아마씨(24), 들깨(24), 호두(11), 콩기름(6.6), 건머윗잎(2.6), 건고춧잎(2.6), 보리순(2.3), 건참취(1.9), 쥐눈이콩(1.7), 대두(1.5), 흑태(1.5), 쌀겨기름(1.2), 올리브유(0.7), 재래 된장(0.6),
EPA	연어기름(13), 청어(1.3) 고등어(1.1), 방어(1.0), 미역(0.9), 잔멸치(0.6)
DHA	연어기름(13), 다랑어(3.2), 고등어(3.1), 방어(1.9), 잔멸치(1.9), 꽁치(1.2), 삼치(1.2), 오리 난황(0.9), 북어(0.7), 연어(0.7), 오징어(0.6)

〈참조: 국가표준식품성분표〉

요리법을 달리한다고 해서 지방 성분이나 함량에 변화가 생기지는 않습니다. 그러나 튀김이나 구이보다는 백숙이나 죽, 찜 같은 요리 방법을 사용하면 환경오염물질이 생성되지 않습니다. 사실 요리하기도 간편합니다. 닭보다는 오리에 올레산 같은 불포화지방산이 많고, 필수지방산인 리놀레산도 함유되어 있습니다. 올레산이 필수지방산은 아니지만 장수나 혈압 조절 효과가 알려지면서 올레산이 많이 함유된 올리브유가 건강한 지방으로 부각되고 있습니다.

생선도 갈치나 명태 같은 흰살 생선보다 고등어 같은 등 푸른 생선에 필수지방산이 많습니다. 등 푸른 생선은 불포화지방산과 필수지방산이 많아서 아이들 뇌 발달에도 도움이 됩니다. 그러나 참치 통조림은 등 푸른 생선으로 만들었지만, 살만 발라서 다른 기름으로 채운 것이라서 다랑어에 있는 필수지방산이기보다 식용유에 포함된 지방산일 확률이 높습니다. 또 생선의 크기가 커질수록 바다에 오염된 중금속이 많이 축적돼 있어서, 어린아이일수록 큰 생선보다는 작은 생선을 먹이는 것이 좋습니다. 어린이는 참치통조림을 먹지 않는 게 바람직합니다.

　트랜스지방산이 위험한 이유는 세포막에 트랜스지방산이 끼여 들어가면 세포막이 단단해져서 막에 존재하는 효소나 수용체의 작용을 방해하게 됩니다. 따라서 동맥경화 같은 심혈관계질환을 악화시킬 수 있고, 아이들에게는 알레르기를, 어른들에게는 2형 당뇨병, 유방암과 대장암을 비롯한 각종 암을 유발할 수 있습니다. 국내에서도 영양성분표시 제도가 시행되면서 트랜스지방산 사용량이 많이 줄었지만, 그 대신 포화지방산 사용이 더 늘어났습니다.

　트랜스지방산은 마요네즈나 팝콘, 파이, 쿠키, 패스트리, 햄버거, 튀김, 프라이드치킨, 케이크, 감자튀김, 피자, 초콜릿바에 많이 들어 있습니다. 제과제빵을 할 때 액상으로 된 식용유를 사용하는 것보다, 쇼트닝을 사용하면 실온에서도 더 바삭함을 느낄 수 있어서 많이 사용합니다.

　학교 앞이나 휴게소처럼 포장지가 없이 판매되는 즉석식품은 영양성분을 알기 힘들기에 특히 주의가 필요합니다. WHO에서는 트랜스지방산을 1일 에너지 섭취량의 1% 미만으로, 성인 2,000kcal 기준으로 하루 2.2g 이하로 권장합니다. 트랜스지방산이 얼마나 들었는지 잘 몰라도 몇 가지를 주의하면 됩니다.

- 튀긴 음식에는 트랜스지방산이 많습니다(프라이드치킨, 감자튀김, 크로켓, 도넛).
- 바삭한 음식에는 트랜스지방산이 많습니다(팝콘, 페이스트리, 비스킷).

[그림 8] 트랜스지방산이 많은 식품

포화지방산은 우리 몸을 구성하는 중요한 성분이면서도 과도하게 섭취하면 심혈관질환, 대장암 같은 여러 가지 병을 유발합니다. 포화지방산은 하루 열량의 7% 미만으로, 약 15g 미만을 권장합니다. 가공식품에도 포화지방산이 많이 함유되어 있는데, 특히 가공식품은 포화지방산과 트랜스지방산뿐만 아니라 정제 탄수화물도 함께 있어서 음식중독의 3요소를 모두 갖추고 있다는 점을 꼭 명심해야 합니다.

특히 직계가족 중에서 고혈압, 심근경색, 동맥경화, 협심증, 뇌졸중 같은 심혈관질환을 앓은 어른이 있다면, 아이의 음식에 반드시 신경 써야 합니다. "세살 버릇 여든 간다."라는 속담처럼 아이의 식습관은 성인의 식습관으로 발전하기 때문입니다. 심혈관질환을 예방하기 위해서라도 필수지방산을 잘 섭취하고, 과당과 트랜스지방산이 많은 달콤한 간식을 끊어야 합니다.

지방은 하루에 얼마나 먹으면 될까?

그러면 지방은 얼마나 섭취하는 것이 좋을까요? 2013부터 2017년까지 5년간 사람들이 무엇으로 하루에 필요한 에너지를 충족하는지 조사했습니다. 10대의 경우 에너지의 25%를 지방으로 섭취하고 있었습니다. 일일 총 칼로리에서 적절한 지방섭취비율은 15~30%이고, 실제 먹는 양으로 환산하면 33~66g입니다. 하루에 지방을 33g 정도 섭취하면 적당합니다. 그중에서도 포화지방산은 8% 미만을, 트랜스지방산은 1% 미만을 권합니다. 반드시 섭취해야 할 필수지방산이 포함되었는지를 신경 쓰는 것이 중요합니다. 돌 이전의 유아에게만 25g의 지방권장량이 있고 그 이상의 연령대에는 필수지방산 외에는 권장량이 없습니다. 권하지 않아도 자연스레 먹는 식사에 넘치게 들어 있기 때문입니다.

고기, 생선, 달걀, 콩류에 단백질과 지방이 고루 들어 있습니다. 그러나 아이들은 네 가지 중에서 가공된 육류만 너무 좋아합니다. 아이를 둘러싼 환경 즉, 가정, 학교, 친구, 미디어로부터 먹을 수밖에 없도록 강요당하고 있습니다. 한번 맛본 가공육류는 중독을 일으켜서 끊기 어려운 지경에 이르렀습니다. 고기의 비계 부분에는 포화지방산이, 프라이드치킨 같은 튀김 음식에는 트랜스지방산이 많아서 어린아이의 비만과 그에 따른 심혈관질환, 대사증후군의 원인이 되기 때문에 주의해

> *오메가-3 지방산(omega-3 fatty acid)
> 지방산의 구조에 따라 부르는 이름 중 하나입니다. 지방산의 기본 사슬은 한쪽 끝에는 메틸기($-CH_3$)가 있고, 다른 한쪽 끝에는 산기($-COOH$)가 있습니다. 메틸기에서부터 3번째 탄소부터 이중결합이 존재하는 지방산을 오메가-3 지방산이라고 부릅니다.
>
> 그냥 가공식품 먹고, 오메가-3 지방산을 연질캡슐 제품으로 사서 추가로 먹으면 되지 않을까요? 요즘에는 흡수율이 좋은 제품이 개발되어 기존보다 건강기능식품으로도 충분히 오메가-3 지방산을 섭취하기 쉬워졌습니다. 그러나 포화지방산을 양껏 먹으면서 거기에 추가로 오메가-3 지방산까지 더해서 섭취하면 살이 찝니다. 보통 어떤 성분이 우리 몸에 좋기도 하지만 나쁠 경우가 있는데, 자연식품으로 섭취하는 것은 좋고, 건강기능식품처럼 특정 성분만 농축한 경우 부작용이 생깁니다. 어떤 질환이 생겨서 치료를 위해 잠깐 먹는 것이 아니라면, 아이에게 오메가-3 지방산 제품을 먹일 필요는 없습니다. 그것보다는 가공식품이나 육류의 섭취를 줄이고 필수지방산을 함유한 견과류나 종실류, 콩류, 등 푸른 생선을 챙겨 먹는다면 필수지방산을 잘 섭취할 수 있습니다.

야 합니다.

우리 아이가 먹어야 할 좋은 단백질과 지방은 마블링이 잘돼 있는 1⁺⁺A등급의 꽃등심이나 삼겹살, 오겹살이 아닙니다. 등급이 낮더라도 안심이나 등심처럼 포화지방산이 적은 고기입니다. 충분한 공간에서 생명을 존중받으며 자란 닭고기나 오리고기, 그런 가금류가 낳은 알, 넓은 바다에서 자유를 누리던 등 푸른 생선 그리고 견과류나 종실류, 콩류입니다.

5. 다양한 빛깔 먹기

다양한 빛깔이 주는 영양 지혜

다양한 빛깔을 먹자고 하면 부담이 앞섭니다. 반찬 한두 가지 챙겨 먹기도 벅찬데 여러 가지를 먹으라고 하니 말입니다. 그러나 조금만 신경 쓰면 가능합니다. 한식은 다양한 색으로 밥상을 차리기 쉽습니다. 한식 위주의 식사를 하고 김치를 매일 먹는 한국인이라면 흰색이나 빨강은 매일 먹는 빛깔입니다. 검정은 밥에 흑미나 검정콩을 넣거나 김을 싸 먹으면 간단히 해결됩니다. 그렇다면 노랑, 주황, 초록만 신경 쓰면 됩니다.

흰색은 무·배추·양파 같은 것이고, 노랑은 파프리카·울금·강황, 주황은 당근이나 파프리카, 빨강은 고춧가루·토마토·딸기, 초록은 시금치·아욱·상추·풋고추·피망을 비롯한 녹색채소, 검정은 흑미·검정콩·김 같은 것이 있습니다. 그 외에도 보라색을 내는 블루베리나 비트, 복분자처럼 자연에는 다양한 빛깔을 띤 식품이 존재합니다. 빛깔이 다르면 그 안에 들어 있는 피토케미컬도 다릅니다.

다양한 빛깔을 먹자는 의미는 단지 색만을 의미하지는 않습니다. 잎채소, 줄기채소, 뿌리채소, 열매채소처럼 채소의 종류와 부위가 다른 것을 선택하면 더욱 다양한 피토케미컬을 섭취할 수 있습니다. 검정콩이라도 서리태, 흑태, 쥐눈이콩의 성분이 조금씩 차이가 있기에 콩도 여러 가지 종류를 돌아가면서 섭취하기를 권합니다. 브로콜리나 콜리플라워는 꽃채소이고, 무·당근·비트는 뿌리채소, 상추·쑥갓·열무·깻잎·시금치·미나리·취는 초록빛을 띠는 잎채소입니다. 나오는 시기이며, 생김새나 향이 서로 다른 것을 고루 먹는 것이 좋습니다.

피토케미컬이 우리 몸에서 잘 활용되기 위해 몇 가지 섭취 방법이 있습니다. 과일이나 채소류의 껍질에 피토케미컬이 많기 때문에 껍질째 먹는 것이 가장 좋습니다. 라이코펜이나 베타카로틴 같은 주황이나 붉은빛을 띠는 카로티노이드 종류는 지용성이기 때문에 기름과 함께 섭취하면 흡수가 잘됩니다. 알리신 같은 하얀빛이나 초록빛 채소에 들어 있는 함황(含黃) 화합물은 가열하면 유효 성분이 파괴되기 때문에 살짝 매콤하더라도 생으로 먹는 것이 더 좋습니다. 빛깔마다 들어 있는 피토케미컬의 종류가 달라서 우리 몸에 작용하는 방법도 다르므로 다양한 빛깔을 고루 먹는 것이 건강에 도움이 됩니다.

프레드 프로벤자 교수는 그의 책 《영양의 비밀》에서 "풍부한 피토케미컬을 지닌 허브와 향신료는 식욕과 미각, 포만감과 충족감을 증가시키며, 건강에 필수적인 요소"라고 말합니다. 즉, 향미는 그 식물이 갖고 있는 피토케미컬 자체의 특성이라서 "세포와 장기는 우리가 먹는 음식의 다양한 피토케미컬을 기록해 두었다가 필요할 때마다 기억을 꺼내 쓰는 영양 지혜를 갖고 있다."라고 합니다. 그러나 인공 향료 때문에 영양 지혜가 사라졌다고 합니다. 다양한 피토케미컬을 함유한 음식에 우리 몸을 노출하는 것은 우리 세포에 의학 정보를 새기는 것과 같습니다.[69]

다음 〈표 25〉에 오늘 자신이 어떤 빛깔의 음식을 먹었는지 재료를 적어 봅니다.

〈표 25〉 다양한 빛깔의 음식

종 류	빨강색	주황색	노란색	초록색	보라색	검은색	흰 색
예 시	파프리카, 토마토, 홍고추, 사과, 딸기, 자몽	당근, 단호박, 귤, 감	늙은 호박, 파프리카, 울금, 강황	시금치, 브로콜리, 상추, 풋고추, 애호박, 오이, 피망	가지, 비트, 적색양배추, 자주감자, 체리, 포도	검정콩, 흑임자, 김, 다시마, 흑미	양파, 무, 양배추
내가 먹은 빛깔							

---

[69] 프레드 프로벤자, 영양의 비밀, Bronstein (2020).

부분의 합이 전체일까?

다양한 빛깔을 먹자고 말하는 이유는 다양한 피토케미컬 때문입니다. 대개 피토케미컬은 항산화효과나 항균효과, 항암효과 같은 우리 몸에 유익한 기능을 지니고 있기 때문입니다. 그래서 등장한 것이 건강기능식품입니다. 피토케미컬을 따로 모아서 하나의 알약에 넣어주는 방법입니다. 실제 과일이나 채소보다 훨씬 많은 용량의 기능성분과 그 흡수를 도와주는 성분까지 포함해 건강기능식품으로 만들 수 있습니다. 어쩌면 자연식품보다 기능성도 뛰어나고 유익한 면도 있습니다. 그러면 알약 하나가 과일이나 채소 하나보다 더 우수할까요? 아니, 알약 하나가 식품 자체를 대신할 수 있을까요?

예를 들어 마늘에는 어떤 성분이 있어서 곰이 웅녀가 됐을까요? 그 마늘이 지금 우리가 먹는 마늘과는 다르겠지만, 마늘이나 쑥이 어떤 효험이 있다는 것을 알고 있었기에 우리 건국신화에 신비한 약초 중 하나로 마늘이 등장했을 것입니다. 18세기 이후로 천연물화학이 발전되면서 많은 식품의 성분이 속속 밝혀졌고, 마늘에는 알리신(allicin)이 매운맛 성분이라는 것이 드러났습니다. 우리 몸에서 마늘이 어떤 효능을 나타내려면 냄새나고 매운 마늘을 많이 먹어야 하는데, 알리신이 들어 있는 알약 한 알이면 편리하고 효과도 뛰어납니다. 그러나 마늘에는 알리신만 있는 것이 아닙니다. 마늘 하면 '알리신'이 떠오르는 것은 순전히 유명세 때문입니다. 알리신이 피토케미컬을 분리하는 시스템에서 단일 성분으로 분리되기 좋은 특징을 지닌 성분이며, 그중에서 가장 많은 성분이라는 뜻입니다. 그렇게 분리된 성분이 어떤 화학구조를 지녔는지 밝히고 그 이름을 '알리신'이라고 붙인 것이지요.

하나의 성분이 알려지면, 그것을 안정적으로 분리하는 방법이 밝혀지고, 그 후에 대량으로 단일 성분을 분리해 낼 수 있습니다. 또 그 성분을 화학적으로도 합성할 수 있게 됩니다. 그렇게 얻은 성분으로 어떤 생리효과가 있는지 다양한 연구를 할 수 있습니다. 그러면 마늘에서 항산화효과, 항균효과, 항암효과를 지닌 성분이 단지 알리신같이 유명한 성분뿐일까요? 마늘의 성분을 분리하고 분석하기 위한 처리과정에서 소실되는 성분은 없을까요? 그렇게 소실된 성분은 우리 몸에 어떤 역할을 할까요? 마늘이 우리 몸에서 하는 역할과 알리신의 역할이 같을까요? 그렇게 마늘에서 분리된 이름 있는 성분을 다 합치면 마늘이 될까요?

다음 〈표 26〉은 국가표준식품성분표에 수록된 마늘 100g에 함유된 성분입니다. 마늘에 가장 많이 들어 있는 성분은 수분이고, 그다음으로 탄수화물과 단백질입니다. 이 세 성분만 합쳐도 98.94%입니다. 나머지 중에서 0.9%가 회분, 즉 무기질 함량을 빼면 나머지 0.16%인 160mg 정도가 우리가 중요시하는 비타민과 피토케미컬입니다. 알리신 함량은 재배 지역에 따라 차이가 있지만 마늘100g에 7.8~20mg 들어 있습니다.[70] 0.02%도 안 되는 것을 먹고 전체를 먹었다고 말할 수 있을까요?

〈표 26〉 마늘 100g의 성분

에너지 (kcal)	수분 (g)	단백질 (g)	지질 (g)	회분 (g)	탄수화물 (g)	포도당 (g)	자당 (g)	식이섬유 (g)	과당 (g)	유당 (g)	맥아당 (g)
123	65.3	7.03	0.12	0.90	26.61	0.47	0	3.3	0	0	0
갈락토오스(g)	칼슘 (mg)	철 (mg)	마그네슘 (mg)	인 (mg)	칼륨 (mg)	나트륨 (mg)	아연 (mg)	구리 (mg)	망간 (mg)	셀레늄 (μg)	몰리브덴 (μg)
0	8	0.82	23	124	357	2	0.66	0.033	0.274	4.31	3.40
요오드 (μg)	레티놀 (μg)	베타카로틴 (μg)	비타민 B_1 (mg)	비타민 B_2 (mg)	니아신 (mg)	판토텐산 (mg)	비타민 B_6 (mg)	비오틴 (μg)	엽산 (μg)	비타민 B_{12} (μg)	비타민 C (mg)
2.23	0	0	0.118	0.276	0.613	2.168	–	0.075	6.48	125	11.86
비타민 D(μg)	비타민 D_2(μg)	비타민 D_3(μg)	비타민 E(mg)	비타민 K(μg)	필수아미노산 (mg)	비필수아미노산 (mg)	필수 지방산 (g)	포화 지방산 (g)	단일 불포화 지방산(g)	다중 불포화 지방산(g)	트랜스 지방산 (g)
0	0	0	0.20	0	2434	2552	0.06	0.04	0.02	0.06	0

축구에서도 공격수 한 명이 단독으로 기회를 포착해서 슈팅에 성공하는 경우도 있지만, 그 슈팅으로 이어지기까지 도움을 주는 선수가 있습니다. 가장 마지막 결정적인 도움을 준 선수에게 '도움'이라는 공격포인트를 부여하면서 그 선수의 능력을 평가하는 자료로 사용됩니다. 그러나 만약 도움을 준 선수에게 공을 패스해 준 선수가 없었다면, 수비 진영에서 상대방이

---

[70] 윤환식, 강민정, 황초롱, 심혜진, 김경민, 신정혜, 남해지역 마늘종의 이화학적 특성, 한국식품저장유통학회지, 21(3), 321-327 (2014).

점유한 골을 가로챈 선수가 없었다면 그 골이 성공할 수 있었을까요? 축구 경기에서 점수만 보지 않고 경기 내용과 팀워크를 중요시하는 것처럼, 식품도 그 유명한 성분 한두 가지가 어떤 효과를 내기까지 각자의 자리에서 자기 역할을 감당하는 이름 모를 성분도 있습니다.

식품에는 어떤 효과를 극대화하는 성분과 억제하는 성분이 공존합니다. 그래서 오랫동안 식품으로 사랑받은 것은 자연스러운 상태로 먹었을 때 부작용이 없습니다. 식품 자체에 견제하고 조절하는 성분이 함유되어 있기 때문입니다.

환원주의(還元主義: reductionism)는 철학에서 복잡하고 높은 단계의 사상이나 개념을 하위 단계의 요소로 세분화해 명확하게 정의할 수 있다고 주장하는 견해입니다.[71] 식품에서도 환원주의가 건강을 망치고 있다는 주장이 힘을 얻고 있습니다. 어떤 식품이 어떤 면에서 좋다는 설명을 하려면 그 식품에는 어떤 성분이 있고 그 성분이 어떤 효과를 내는지 알아야 합니다. 그러나 마늘 하면 알리신이기에 알리신만 먹으면 마늘을 먹은 것과 같다는 식의 주장이 환원주의입니다. 과일에 비타민C가 많으므로 비타민C를 알약으로 먹으면 과일을 먹지 않아도 된다는 생각으로 이어집니다.

다양한 색을 먹자는 말은 피토케미컬만 먹자는 말이 아닙니다. 이름을 가진 피토케미컬이 우리가 어떤 식품을 선택하는 데 정보를 주고 특정 효과도 줄 수는 있지만 그 성분과 그 효과가 그 식품의 전체가 될 수는 없습니다. 건강기능식품 많이 드시는 분은 알약을 하루에 몇십 알을 먹습니다. 왜 점점 먹어야 할 알약이 늘어날까요? 건강기능식품은 아플 때 잠깐 도움이 될 수 있습니다. 그러나 특정 성분을 오래 먹으면 몸의 균형을 깨뜨릴 수 있습니다. 자연적으로 균형을 유지하고 있는 식품 전체를 먹는 것이 우리 몸의 균형을 유지하는 데 이롭습니다.

---

71) https://ko.wikipedia.org/wiki/환원주의

생으로 조금 먹어보기

코로나19가 급속하게 번지면서 사회적 거리두기를 강력하게 시행하던 2020년 봄, 아무런 준비 없이 자가 격리되는 사람이 있었습니다. 활동지원 서비스를 받아야 하는 중증장애인의 경우, 활동지원사가 확진 판정을 받거나 격리되면 담당 장애인까지 격리되기도 했습니다. 그래서 지자체와 종교단체에서 장애인과 홀몸노인에게 마스크와 비상식량 키트를 배달했습니다.

그때 이런 기사를 봤습니다. '나 홀로 격리된 장애인, 지자체에서 구호물품을 보내지만' 먹을 수 없는 생쌀과 양파, 파, 배추 같은 식재료를 가져다 주었다며 난감해하는 내용이었습니다.[72] 뉴스의 핵심은 그 물품을 받는 사람이 요리조차 할 수 없는 장애인일 수도 있다는 것을 왜 생각하지 않을까 하는 취지였습니다. 이들 식재료가 먹을 수 없는 것일까요? 반드시 요리를 해야만 먹을 수 있을까요? 양파, 파, 배추 같은 십자화과 채소를 생으로 먹기엔 조금 맵긴 하지만 살짝 익히면 매운 맛이 달콤하게 변합니다. 된장만 있으면 생으로도 맛있게 먹을 수 있습니다. 사실 그 매운 성분이 우리 몸에 축적돼 있는 유기성잔류오염물질(POPs)을 제거하는 데 도움을 줍니다. 첨가물이 범벅된 가공식품을 익혀서 먹는 것보다 천연식품을 날로 먹는 것이 면역력 증강에 훨씬 더 이롭습니다.

자가 격리자에게 생것을 가져다 준 것 자체를 나무랄 것이 아니라, 어떤 상황에도 불평하기보다는 감사하면서 자신의 생을 이어가는 방법을 가르치는 것이 필요합니다. 비위가 약해서 생채소를 거부하는 아이들도 있고, 먹어보지 않아서 낯설어할 수도 있습니다. 양육자가 아이에게 음식을 익혀 주는 이유는 소화를 돕기 위해서이거나 살균을 위해서입니다. 그러나 출생한 이후 사람은 미생물과 더불어 삽니다. 모든 세균을 병원균으로 생각하면 세균이 억울해합니다. 또 섬유질은 장내 유익균의 먹이가 되어 장내 미생물총의 균형과 면역에 중요한 역할을 합니다.

---

72) https://news.jtbc.co.kr/article/article.aspx?news_id=NB11940986

아이의 미각이 어른보다 예민해서 쓴맛을 잘 느낍니다. 게다가 분유로 삶을 시작해서 단맛에 익숙해진 아이가 생채소를 먹기란 쉬운 일이 아닙니다. 장애인이든 비장애인이든, 어릴 때부터 생채소를 먹을 수 있도록 훈련시키는 것은 그들이 더 건강하게 자라고 어떤 환경에서든 생존할 수 있는 기술을 가르치는 것입니다. 이런 훈련이 되지 않은 이들은 두려움이 앞서서 생채소를 먹기보다 굶기를 선택할 확률이 높습니다. 건강한 음식을 먹어본 경험은 바이러스 전성시대에 건강을 유지하는 비결이자 생존 능력입니다.

아이들에게 새로운 음식을 먹을 수 있도록 가르치는 방법으로는 조금 먹어보기와 푸드 브리지가 있습니다. 조금 먹어보기와 푸드 브리지는 건강한 입맛 회복과 편식 교정에 유익합니다.

※조금 먹어보기(Tiny Taste)

어려서부터 가공식품에 많이 노출되어 자연식품을 먹지 못하는 아이에게 Tiny Taste에 도전해 봅니다. Tiny Taste는 Lucy cooke 박사가 고안한 식습관 교정 방법입니다.[73] 말 그대로 채소를 조금씩 먹어보는 것입니다. 식사시간에 채소 반찬이 나오면 당연히 아이들은 먹지 않습니다. 자기 입맛에 맞는 더 맛있는 다른 반찬이 있기 때문입니다. 아이가 '목말라요', 혹은 '배고파요' 하는 그 시각에 간식 대신에 채소를 조금씩 먹이는 방법입니다. 아이가 잘 먹지 않는 채소나 과일을 콩알만큼 작은 크기로 잘라 줍니다. 그 작은 조각을 꿀꺽 삼키거나 뱉지 않고, 꼭꼭 씹어서 삼키면 그날 미션은 성공입니다. 그 성공이 10일에서 14일간 이어진다면 아이는 그 채소나 과일을 먹을 수 있게 됩니다. 중간에 먹지 않겠다고 하면 며칠 쉬었다가 다시 시작하면 됩니다. 단, 포기하지는 마십시오.

아직 친해지기 전에는 이유식 만들 때처럼 눈에 보이지 않게 갈아서 음식에 넣어 보면 비위가 약해서 못 먹는 것인지, 심리적 거리가 있어서 안 먹는 것인지 알 수 있습니다. 처음에는 콩알만 한 한 조각조차도 거부하겠지만, 그럴 때는 친해지는 시간이 필요합니다. 편식 해소를 위해서 푸드 브리지와 병행해도 좋습니다.

※채소와 오감으로 친해지기

이때는 먹거나 좋아하지 않아도 됩니다. 그저 가까이 두고 오감을 사용해서 관찰하게 합니다.
1. 눈으로 모양 관찰하기
2. 코로 냄새 맡아보기
3. 손으로 만져보기
4. 다른 사람이 먹을 때 씹는 소리나 도마 위에서 써는 소리 들어보기
5. 직접 채소를 재배하거나 요리에 도전하기

---

73) https://www.tasteeducation.com/tasted-at-home/

※푸드 브리지(Food Bridge)

아이가 태어나면서부터 싫어하는 음식은 없습니다. 그 음식을 처음 만난 경험이 괴로웠거나, 누군가로부터 들은 편견이 있으면 싫어합니다. 언제부터 편식하게 됐는지 영향을 주는 사람이 누구인지 찾아서 원인을 해결해 주는 것이 필요합니다. 처음 보는 음식을 싫어하는 것을 네오포비아(neophobia)라고 합니다. 이는 자아 존중감, 자기를 좀 알아 달라는 의미가 큽니다. 모든 음식을 다 먹어야 건강한 것은 아니지만, 편식은 영양소 불균형을 불러올 수 있으므로, 즐기지는 않더라도 거부하지 않도록 훈련시키는 것이 필요합니다. 아이가 '새로운 음식을 수용하기까지 8~12회의 노출이 필요'하다고 합니다.[74]

푸드 브리지는 편식 습관이 생긴 아이에게 싫어하는 음식을 단계별로 노출시켜서 그 음식과 친해지도록 돕는 식습관 교정 방법입니다. 아이가 싫어하는 음식에는 주로 생채소나 버섯인 경우가 많습니다. 각 단계가 충분히 익숙해지면 그다음 단계로 넘어갑니다.

첫 번째, 친해지기
그림책이나 동요로 호기심을 유발해서 그 채소와 친해지도록 돕습니다. 안 보이게 갈아 넣어 과일주스나, 수프로 만듭니다. 그리고 그 음식을 다 먹어갈 때쯤 아이가 싫어하는 재료가 들어 있음을 알려줍니다. 채소를 직접 키우거나, 채소를 그릇처럼 사용해서 긍정적 이미지를 심어줍니다.

두 번째, 간접노출
재료를 갈아서 아이가 좋아하는 요리에 첨가하거나 좋아하는 식감을 갖도록 요리합니다. 당근색, 호박색 만두피를 만들거나 시금치즙을 넣은 쿠키, 양파스틱을 만듭니다. 아이와 함께 음식을 만들고, 그 재료 형태가 사라졌기 때문에 하나쯤 용기 내어 먹을 수 있습니다.

세 번째, 소극적 노출
1cm 정도의 크기로 썰어 음식에 넣습니다. 데친 시금치 조금 먹어보기, 양념간장에 들어간 당근 먹어보기, 인절미에 묻히는 콩가루 먹어보기, 카레에 들어간 양파나 버섯 먹어보기를 시도합니다.

네 번째, 적극적 노출
큼직하게 썰어서 요리에 사용합니다. 양파를 링으로 썰어서 튀긴다거나, 당근칩, 깻잎튀김, 두유, 콩국수, 채소김밥을 만들어 먹어봅니다.

---

74) 남기성, 허계영, 김경민, 아이를 살리는 음식 아이를 해치는 음식, 넥서스books (2014).

04

AI시대, 미래형 인재 양육을 위한 식습관 지침서

강혜숙 박사의 내 아이를 위한 음식코칭

4장
진짜
가능해?

4장
진짜 가능해?

1. '내 돈 주고 사지 않기'의 뜻

포크로 투표하기

라면은 우리 집 비상식량이었습니다. 반찬이 마땅찮고 밥 차리기 귀찮으면 아이에게 돈을 쥐여 주면서 라면 사오라고 심부름을 시키고는 했습니다. 라면에 김치, 달걀을 더하면 영양가도 골고루 들어가니 한 끼로 충분히 괜찮다고 생각했습니다.

항상 있던 라면이 없으니 금단현상이 옵니다. 첫째에게 가장 먹고 싶은 음식이 뭐냐고 물으면 라면과 치킨을 꼽습니다. 과자나 가공식품을 먹은 다음 날이면 가려움증이 더 심해지고, 팔다리의 오금은 긁어서 피딱지가 앉아 있으면서도 가공식품을 갈망합니다. 치킨도 아주 가끔 특별한 경우를 빼고는 먹지 않아서 아이들은 더욱 먹고 싶어 합니다. 어린아이가 칼을 달라고 간절히 애원한다고 해서 아이를 해칠 물건을 선뜻 내주지 않는 것처럼 쓰레기음식을 줄 수는 없습니다.

내 돈 주고 사지 않는다는 말은 어쩌다가 선물로 들어오는 식품에 한해서 먹는다는 뜻입니다. 요즘은 생일 같은 축하할 일, 위로할 일이 있으면 케이크나 치킨 쿠폰을 선물로 보내곤 합니다. 우리가 직접 사지 않아도 선물로 종종 치킨 쿠폰을 받을 수 있습니다. 그럴 때 거절할 수 있는 상대가 있고 거절하면 오해를 살 우려가 있는 경우도 있습니다. 물론 돈으로 환불할 수도 있지만 가끔은 우울한 마음을 달래주는 용도로 남겨 두어도 괜찮습니다. 우리 몸은 항상성이 있어서 몸에 힘든 일이 생기더라도 원래대로 회복하려는 능력이 있기 때문입니다.

내 돈 주고 사지 않는다는 말에는 남에게 선물할 때도 가공식품은 제외하고 다른 것을 선물한다는 뜻이 들어 있습니다. 명절이라면 과일이나 자연식품세트를, 생일이나 특별한 날에도 가공식품이나 음식중독을 일으킬 수 있는 음식보다 몸에 건강한 것을 고르게 됩니다. 눈을 크게 뜨고 찾으면 보입니다. 차라리 식품 말고 옷이나 책, 잡화 같은 것을 선물하는 것도 좋습니다. 먹는 것이 남는 것인지는 잘 모르겠지만, 확실한 것은 히포크라테스가 말했듯이 우리가 먹는 것이 우리가 됩니다.

내 돈 주고 사지 않는다는 것은 작은 행동 하나에도 우리의 의지를 담는다는 뜻입니다. 우리가 하나의 음식을 선택한다는 것은 어떻게 보면 정치행동입니다. 사회학자 조지 리처는 《맥도날드 그리고 맥도날드화》에서 "당신의 포크로 투표하자."라며 이렇게 행동할 것을 촉구합니다. "인위적으로 가공된 식품은 절대 사지 말고, 유기농 식품만을 구입하고, 텔레비전의 광고를 보지 말고, 아이들을 패스트푸드 식당에 데리고 가지 말자." [75]

우리는 투표할 권리가 있고 힘이 있습니다. 아무리 광고해도 사지 않고, 계속 생산해도 소비가 없으면 어느 순간 생산이 줄어듭니다. 더는 텔레비전이나 미디어에서 음식중독을 일으키는 광고가 방영되지 않고, 가공식품 생산량도 늘어나지 않는 날이 속히 오길 바랍니다.

---

75) 조지 리처, 맥도날드 그리고 맥도날드화, 풀빛 (2017).

가정경제에도 이득

건강한 음식을 먹으라고 하면 대부분 친환경 매장으로 달려갑니다. 한살림이나 자연드림은 친환경 농산물이 제대로 대우받는 곳입니다. 하지만 친환경매장에 납품되는 가공식품은 비싸기만 하고 첨가물이란 첨가물은 다 들어간 제품이 많습니다. 친환경매장 제품이라고 무조건 믿고 사기보다는 생명을 살리는 가공식품인지 따져보고, 자연식품 위주로 구입하면 됩니다.

제가 주로 가는 곳은 로컬푸드매장입니다. 로컬푸드는 그 지역에서 농사짓는 사람으로서 회원으로 등록된 이가 생산한 제품입니다. 영수증에 생산자의 이름이 찍힙니다. 자주 구입하다 보면 어떤 분이 어떤 작물을 생산하는지 알게 됩니다. 한번도 생산자의 얼굴을 보지는 못했지만, 그 이름만 들어도 친근해져서 일부러 그분의 생산품을 찾아 구입할 때도 있습니다.

제철 식품을 구입하기 위해서 로컬푸드매장으로 갑니다. 로컬푸드는 유기농도, 친환경인증 제품도 아니지만, 가장 신선합니다. 농협 하나로마트 안에 로컬푸드 판매대가 있는 곳이 많습니다. 로컬푸드 판매대를 구경하다 보면 가지고추 같은 신품종도 종종 발견합니다. 또 끝물에 나오는 매운 고추는 한보따리 묶어서 아주 저렴한 가격에 팔기도 합니다.

저는 현미와 달걀, 통밀가루, 통밀국수는 유기농 제품을 고집합니다. 현미의 경우는 유기농이라고 해도 많이 비싸지 않습니다. 달걀은 건강한 유정란(난각번호 1번)을 구매합니다. 지역에 건강하게 닭을 방목해서 키우고, 장애인의 일자리를 제공하는 사회복지회가 있어서 그곳에서 구매합니다. 통밀가루와 통밀파스타 종류도 유기농 제품으로 구입합니다. 파스타류는 오래 보관할 수 있는 제품이라 한꺼번에 넉넉히 주문합니다. 과일도 GAP인증을 받은 제품을 한 상자씩 주문해서 먹습니다. 과도한 농약 사용을 하지 않기 때문에 믿고 먹습니다.

> *** 난각번호**
>
> 달걀에 찍혀 있는 10자리의 고유번호를 난각번호라고 합니다. 난각번호는 맨 앞 네 자리 숫자는 산란일을 의미하고, 가운데 숫자와 문자는 생산자고유번호, 맨 마지막 숫자는 사육환경을 표시합니다. 사육환경은 숫자 1~4를 사용합니다. 1번은 야외방사사육과 유기축산물인증, 2번은 실내방사사육, 3번은 개선된 케이지, 4번은 기존 케이지 사육을 한다는 뜻입니다. 무항생제라도 4번인 경우가 있습니다. 상표에 속지 말고 난각번호와 유기축산물인증, 동물복지인증 마크와 번호가 제대로 찍혀 있는지 확인하면 됩니다.

우리 집에 상비되어 있는 가공식품은 미역, 멸치, 김, 통밀국수, 통밀파스타, 통밀가루, 당면입니다. 미역국은 우리 아이들이 참 좋아하는 메뉴입니다. 달거리할 때나 초기 감기에 끓여서 먹으면 혈액순환이 잘돼서 몸이 따뜻해지고 기운이 납니다. 멸치는 볶아 먹을 수도 있지만, 고추장에 찍어 먹기만 해도 입맛을 돋웁니다. 굵은 멸치는 육수를 만드는 필수품입니다. 김은 전남 장흥에서 생산되는 무산김(양식 과정에서 다른 조류가 달라붙는 것을 방지하기 위해 산을 사용하는데, 무산김은 산을 사용하지 않는 친환경 제품)도 좋고, 조금 비싸지만 곱창김도 맛있습니다. 곱창김(곱창 모양으로 꼬불꼬불하게 만든 김)은 김 자체가 두껍고 살짝 거친 느낌이 들지만, 구웠을 때 입안에서 느껴지는 바삭함과 고소함이 일품입니다. 김에 조선간장만 있으면 밥 한 그릇은 뚝딱입니다. 당면은 가능한 한 첨가물이 적은 것으로 구입합니다. 잡채로 만들어 먹으면 다양한 채소를 함께 먹을 수 있어서 1kg 단위로 사서 집에 둡니다.

자연식을 하려면 처음에는 양념류를 준비해야 해서 식비가 더 들어갈 수도 있습니다. 그러나 장기적으로 보면 기본양념이 갖춰진 후부터는 아주 적은 비용으로 식사 준비를 할 수 있습니다. 소금, 마늘, 양파, 대파, 고추장, 된장, 조선간장, 액젓, 올리브유가 기본양념입니다. 여기에 강황가루나 매실청, 마스코바도는 선택입니다. 채소 몇 가지만 있어도 반찬 한두 가지는 금세 만들어집니다.

외식할 때 식구가 다섯이면 한 끼에 5만~10만 원은 들어갑니다. 그 정도의 비용으로 식재료를 사면 며칠간 푸짐하게 먹을 수 있습니다. 외식하고 귀가하는 길에 외식 비용만큼 건강한 식재료를 구입해 보십시오. 집에서 먹는 자연식이 얼마나 건강하면서도 저렴한지 알 수 있습니다. 가계부를 적으면 물론 더 잘 보입니다.

가공식품이 아니라 자연식을 먹게 되면 의료비도 적게 듭니다. 값비싼 건강기능식품을 먹지 않아도 됩니다. 건강기능식품은 특정 질병이 발병했을 때는 도움이 될 수 있지만 어린아이 때부터 먹이는 것은 좋지 않습니다. 영양소를 음식으로 섭취해야 영양소 균형이 잘 맞습니다.

텃밭이 있으면 채소도 직접 길러서 먹고, 과실수도 심어서 따먹을 수 있다면 가장 좋을 것입니다. 야외활동이 많기 때문에 아이들 건강에도 좋습니다. 두 번째는 유기농법으로 재배한 과일과 채소를 사서 껍질째 먹는 것입니다. 그러나 유기농 과일이 귀해서 많이 비쌉니다. 세 번째는 GAP인증 과일이나 로컬푸드를 잘 씻어서 껍질째 먹는 것입니다. 그것이 가능한 이유는 현미를 먹기 때문입니다. 현미의 피틴산이나 과일의 불용성 섬유질이 혹시라도 남아 있을 농약을 제거해 주기 때문입니다.

아이 미래에 투자하기

아이가 자라서 어떤 사람이 되었으면 하고 바라십니까? 어떤 직업을 갖든지 자신의 몫을 잘해 내고, 독립된 성인으로서 잘 살아가길 바랄 것입니다. 양육자는 아이가 성인으로서 자기 몫을 잘할 수 있도록 뒷받침해줘야 할 것이 여러 가지 있습니다. 아이들이 키가 자라는 만큼 지성, 인성, 영성이 균형 있게 성장하도록 도와야 합니다. 신기하게도 자연식을 하면 아이들의 인성 교육도 수월해지고 밥상머리 교육을 통해 영혼육의 균형 잡힌 성장을 도울 수 있습니다.

아이들은 성장과정마다 성취해야 할 과업이 있습니다. 발달심리학자인 에릭 H. 에릭슨은 인간의 발달과정을 8단계로 나누고 단계마다 성취해야 할 발달과정과 극복해야할 위기가 있다고 했습니다(최근 노년에 관한 아홉 번째 단계가 추가됨). 초등학생 나이 때에는 근면성, 즉 성실함을 배워야 하고 그렇지 못하면 열등감에 빠질 수 있다고 말합니다.[76] 자기가 목표한 것이나 배워야 할 것을 성실하게 달성하면 열등감이 생기지 않습니다.

공부나 외모로 사람의 존재가치를 평가하면 안 됩니다. 그러나 식습관을 바꾸면 불만스럽던 몸매가 균형이 잡히고, 건강미와 자신감이 넘칩니다. 턱선이 살아나고 눈, 코, 입 모양이 또렷해지고, 입꼬리가 동반 상승하면서 얼굴이 더 멋져 보입니다. 가공식품을 끊고 자연식을 하면, 충동성이 낮아지고 책임감이 높아져서 공부에도 더욱 잘 집중할 수 있습니다. 따라서 공부가 잘되는 식사 방법을 정리했습니다. 첫 번째와 두 번째는 식사 방법은 아니지만 중요한 것이라 여겨 넣었습니다.

---

[76] 에릭 H 에릭슨, 유년기와 사회, 연암서가 (2014).

공부가 잘되는 식사법

1. 잠을 충분히 자기: 제대로 잠을 자야 기억력과 집중력이 향상됩니다.
2. 스마트폰이나 컴퓨터 끄기: 집중을 방해하는 요인을 보이지 않는 곳에 치워둡니다. 그날 할 분량만큼 공부가 끝나고 놀 수 있습니다(하루 2시간 이상 사용은 중독에 해당함).
3. 과식하지 않기: 과식하면 음식을 소화하는 데 에너지를 쓰느라 뇌가 사용할 에너지가 부족해서 졸립니다.
4. 배고플 때 공부하기: 음식을 먹고 난 직후보다는 2시간쯤 지난 후 또는 배가 고플 때 공부가 잘됩니다.
5. 물 자주 마시기: 물은 체내 노폐물을 제거해서 혈액순환을 원활하게 하므로 뇌에도 산소 공급이 잘됩니다.
6. 가공식품 먹지 않기: 특히 아이스크림, 탄산음료, 사탕 같은 인공색소나 향료, 트랜스지방이 들어간 것과 흰 밀가루 음식은 집중력을 떨어뜨리고 산만하게 만듭니다.
7. 아침은 간단히: 허기를 면할 정도로 간단하게 먹습니다.
8. 담백하게 먹기: 설탕이나 물엿을 넣지 않은 담백한 음식을 먹습니다.

'체력은 국력!'이라는 표어가 있습니다. 거창하게 나라까지 운운하지 않아도 조금만 생각을 더 확장하면 건강한 아이가 많은 사회는 곧 우리 아이의 행복한 삶과 연결됩니다. 우리 아이가 건강하면 친구와도 좋은 관계를 유지할 수 있고, 건강한 친구가 모이면 건강한 사회가 만들어지고, 건강한 사회 덕분에 우리 아이가 더 행복한 삶을 영위할 수 있습니다. 자연식을 했다고 모든 건강이 보장되지는 않습니다. 그러나 가공식만 하면 아이의 건강도, 미래도 보장할 수 없다는 점은 확실합니다.

2. 밥상 하브루타

마음 하나 되기

식탁을 책임지는 사람은 입맛 회복 프로젝트를 시작할 마음을 먹었는데, 나머지 식구가 동의하지 않으면 참 힘들어집니다. 그럴 때는 진지한 대화가 필요합니다. 그렇다고 정색하면서 대화하자고 하면 십중팔구는 도망갑니다. 이럴 때 밥상 하브루타를 하면 좋습니다. 분위기가 좋을 때 서로의 건강을 염려하면서 자연식에 관한 이야기를 꺼내봅니다. 밥상 하브루타는 밥상에 둘러앉아 맛있는 음식을 먹으며 대화하고 사랑을 주고받는 시간입니다. 밥상 하브루타 전문가인 손복희 강사는 "밥상 하브루타는 몸과 마음을 함께 채우는 시간"이라고 말합니다.

먼저 온 식구가 모일 수 있는 날과 시간을 정합니다. 먹고 싶은 메뉴를 정하고, 필요한 재료를 구하려고 함께 장을 봅니다. 요리와 상차림도 온 식구가 함께합니다. 그렇게 밥상에 모든 요리를 올려놓고 덜어 먹을 수 있는 개인 접시를 준비합니다. 후식으로 먹을 과일과 물컵까지 모두 준비해 둡니다. 그러면 어느 누구도 뒷수발을 하느라 대화에서 배제되지 않습니다.

대화의 주제는 처음부터 정하고 시작해도 되고, 오늘 하루 감사한 일이나 고민스러운 일을 자연스레 나눕니다. 부모가 먼저 본을 보이면 자녀들도 쉽게 따라할 수 있습니다. 그렇게 마음을 열고 난 후에 우리 집 밥상에 변화가 필요하다는 얘기를 꺼내면 대부분 성공합니다. 처음부터 모든 것을 바꾸는 것이 아니라 일주일에 하루만이라도 혹은 일정 기간만이라도 시도해 보기로 의견을 모으면 좋습니다.

> ※밥상 하브루타 절차
> 1. 온 식구가 모일 수 있는 시간 정하기
> 2. 메뉴 정하고 장보기
> 3. 요리하고 상차리기
> 4. 감사하며 식사하기
> 5. 감사한 일이나 고민, 주제를 중심으로 대화하기

어린아이의 경우는 부모에게 원하는 것이 그리 거창하지 않습니다. 우리 가정의 경우는 아빠와 함께 보드게임을 하고 싶다고 했습니다. 밥상을 물리고 나서 한 시간 동안 보드게임을 하자 큰아이가 참 행복해했습니다. 어떤 아이는 그림책을 보고 싶어 하기도 합니다. 아이들은 부모와 함께하는 시간이 너무 소중합니다. 사랑의 언어가 무엇인가에 따라 다르지만, 초등 미만의 자녀에게 부모와 함께하는 시간은 애착 형성에도 도움이 될 뿐만 아니라 아름다운 추억으로 남을 것입니다. 자녀들이 밥상 하브루타 하는 날을 손꼽아 기다립니다.

밥상의 변화에 관해 자녀들과 더 대화하고 싶을 때는 그다음 날이라도 음식 관련 그림책을 읽어주면서 아이와 추가로 질문하면 좋습니다. 예를 들어 피터 H. 레이놀즈의 《우리 집 식탁이 사라졌어요》 같은 경우는 갑자기 사라져버린 식탁에 관해 말합니다. '왜 식탁이 사라졌을까?'를 아이와 대화하면서 우리 집 식탁 풍경은 어떤지 얘기할 수 있습니다. 이왕이면 건강한 음식으로 행복한 식탁을 만들어 보자고 말을 꺼낼 수도 있습니다.

《산딸기 크림 봉봉》을 본 후에 우리가 먹는 아이스크림과 산딸기 크림 봉봉의 성분을 비교해 보면서, 우리 집도 첨가물을 넣지 않은 건강한 식탁을 만들려 한다고 운을 뗄 수 있겠지요. 중고등학생이면 간단한 영상이나 기사를 같이 읽거나, 양육자가 요약한 내용으로 하브루타를 해도 됩니다.

밥상 하브루타 주제 100선

이 주제를 하루에 하나씩 해도 되고, 여러 개를 할 수도 있습니다. 보통은 주제 하나를 뽑아들고 시작했는데, 이야기하다 보면 자연스레 아이의 이야기 속에서 발견된 주제로 넘어가기도 합니다. 처음에는 대화가 길게 이어지지 않고 밥만 먹고 끝날 수도 있습니다. 그래도 괜찮습니다. 아이도 부모도 마음의 준비가 필요하니까요. 실망하지 말고 다음을 기약합니다. 아이에게 뭔지 모르지만 좋은 이미지가 남으면 성공입니다.

이렇게 밥상머리에서 대화하다 보면 자연스레 부모의 가치관이 자녀에게 전해지고 서로의 마음과 생각을 잘 알게 되어서 잔소리가 줄어듭니다. 초등학생 이상의 아이와 더 깊은 대화나 토론 방법을 알고 싶을 때는 고현승·정진우의 《하브루타 디베이트 밀키트》를 참조하면 좋습니다.[77] 여기에 제시된 것은 예시일 뿐입니다. 아이의 마음을 알아가는 데 정답은 없습니다.

자기발견	
1. 아빠, 엄마랑 뭘 같이 하고 싶어?	9. 너는 어떤 음식이 좋아?
2. 오늘 감사한 일은 뭐야?	10. 네가 좋아하는 친구는 누구야?
3. 오늘 힘들었던 일은 뭐야?	11. 네가 혼자서 할 수 있는 일은 뭐야?
4. 너를 슬프게 하는 것은 뭐야?	12. 네가 가장 잘하는 것은 뭐야?
5. 너는 어떨 때 기뻐?	13. 너는 어떤 과목이 재미있어?
6. 요즘 너의 고민은 뭐야?	14. 너는 커서 어떤 사람이 되고 싶어?
7. 어떤 선물을 받고 싶어?	15. 네가 가장 좋아하는 음악이나 지금 생각나는 노래는 뭐야?
8. 언제 네가 사랑받고 있다고 느껴?	16. 어디로 여행 가고 싶어?

---

[77] 고현승, 정진우, 하브루타 디베이트 밀키트, 글라이더 (2022).

일상생활

17. 왜 놀기만 하면 안 될까?
18. 잠은 왜 자야 하는 걸까?
19. 숙제는 왜 해야 하는 걸까?
20. 책을 읽으면 뭐가 좋을까?
21. 집안일은 누가 해야 하는 걸까?
22. 네가 집에서 할 수 있는 일은 뭘까?
23. 일회용 그릇을 사용하면 어떨까?
24. 청소는 왜 해야 할까?
25. 정리정돈을 잘하는 방법은 뭘까?
26. 엄마, 아빠는 왜 잔소리가 많을까?
27. 몇 살부터 스마트폰을 사용하면 좋을까?
28. 신용카드는 몇 살부터 사용하면 좋을까?
29. 게임은 하루에 얼마나 하면 될까?
30. 집에 텔레비전이 꼭 필요할까?
31. 집에 CCTV가 있으면 어떨까?
32. 주택과 아파트 중에서 어디가 좋아?
33. 반려동물이 왜 필요할까?
34. 학교가 꼭 필요할까?
35. 동물원에 사는 동물은 행복할까?
36. 어른과 아이들은 왜 좋아하는 음악장르가 다를까?

음 식

37. 과자나 사탕은 부모님 허락 없이 마음대로 먹어도 될까?
38. 라면은 어떤 점이 좋을까?
39. 아이스크림을 먹으면 왜 살이 찔까?
40. 음료수를 물 대신 마시면 어떻게 될까?
41. 햄버거는 뭐가 문제일까?
42. 집에서 만든 빵이나 피자는 뭐가 다를까?
43. 채식을 하는 이유는 뭘까?
44. 비건은 뭘까?
45. 고기를 많이 먹으면 좋을까?
46. 아침밥은 꼭 먹어야 할까?
47. GMO는 뭐가 문제일까?
48. 현미밥이 맛있을까?
49. 먹으면 안 되는 음식이 있을까?
50. 혼자 밥을 먹으면 어떤 기분일까?
51. 몸에 좋은 음식이 따로 있을까?
52. 골고루 먹어야 하는 이유는 뭘까?

예의, 인간관계

53. 밥상에서 할 수 없는 말이 있을까?
54. 밥상에서 예의는 왜 필요할까?
55. 밥 먹을 때 움직이면 안 될까?
56. 형제자매는 왜 필요한 걸까?
57. 다른 사람을 배려한다는 건 뭘까?
58. 어떻게 타인의 말을 경청할 수 있을까?
59. 부모님의 말씀에 순종해야 할까?
60. 네 마음대로 하면 뭐가 좋을까?
61. 내 마음을 다른 사람에게 전달하려면 어떻게 해야 할까?
62. 상대방의 마음을 잘 알 수 있는 방법은 뭘까?
63. 어떻게 다른 사람의 마음을 알아줄 수 있을까?
64. 기분이 나쁠 때 화내도 될까?
65. 나를 화나게 만든 사람을 때려도 될까?
66. 친구는 몇 명이 있으면 좋을까?
67. 왜 왕따시키는 걸까?
68. 친구와 사이좋게 지내려면 어떻게 해야 할까?
69. 욕하면 안 되는 이유는 뭘까?
70. 별명을 부르면 너는 기분이 어때?

철학, 인생

71. 사람은 왜 태어났을까?
72. 너는 행복하니?
73. 어떤 얼굴이 잘생긴 것일까?
74. 어른스럽다는 건 무슨 뜻일까?
75. 나에게 가장 소중한 사람은 누구일까?
76. 나에게 가장 소중한 순간은 언제일까?
77. 나에게 가장 중요한 일은 무엇일까?
78. 어려운 사람을 보면 도와야 할까?
79. 악당은 왜 있는 걸까?
80. 천사는 정말 있는 걸까?
81. 연쇄살인범은 사형 집행해도 되는 걸까?
82. 신은 왜 보이지 않는 걸까?
83. 이웃을 사랑하면 뭐가 좋을까?
84. 남자와 여자는 왜 다를까?
85. 왜 사람은 말하는 걸까?
86. 왜 인사하는 걸까?
87. 왜 공부하는 걸까?
88. 왜 결혼하는 걸까?
89. 왜 아이를 낳는 걸까?
90. 왜 규칙을 지켜야 하는 걸까?
91. 왜 국가가 필요할까?
92. 왜 대통령이 필요할까?
93. 왜 통일이 돼야 할까?
94. 왜 하루는 24시간일까?
95. 왜 돈이 필요할까?
96. 왜 세상에는 굶주리는 사람이 있을까?
97. 왜 사람들은 병에 걸릴까?
98. 왜 사람들은 로또를 살까?
99. 만약에 네가 로또에 당첨된다면?
100. 네 재능을 무엇을 위해 쓰고 싶어?

음식 하브루타하기 좋은 그림책

- 《산딸기 크림 봉봉》(에밀리 젠킨스 글, 소피 블래콜 그림):
  아이스크림은 무엇으로 만들까? 아이스크림은 왜 맛있을까?

- 《우리 집 식탁이 사라졌어요》(피터 레이놀즈 글, 그림):
  식탁이 왜 사라졌을까? 식탁에서는 무슨 이야기를 하면 좋을까?

- 《수박이 먹고 싶으면》(김장성 글, 유리 그림):
  수박을 한 통 얻으려면 뭐가 필요할까? 수고와 정성이 들어가지 않은 음식도 있을까?

- 《호랭이 꽃방귀》(박윤규 글, 이홍원 그림):
  호랭이는 왜 무서운 냄새가 났을까? 어떻게 다시 친구가 생겼을까? 채식을 하는 이유는 뭘까? 남을 희생시키지 않고 모두가 건강하게 살 수 있는 음식은 뭘까?

- 《할머니의 식탁》(오게 모라 글, 그림):
  사람들은 왜 오무 할머니의 스튜를 먹고 싶어 했을까? 할머니는 왜 스튜를 나눠줬을까?

- 《오늘의 식탁에 초대합니다》(펠리치타 살라 글, 그림):
  따라서 요리해 보고 싶은 레시피는 뭘까? 우리 집만의 특별한 레시피를 소개한다면? 우리도 누군가를 초대해 볼까?

- 《난 토마토 절대로 안 먹어》(로렌 차일드 글, 그림):
  롤라는 왜 편식하는 걸까? 왜 채소나 과일을 먹어야 하는 걸까? 골고루 먹는다는 건 어떻게 먹는 걸까?

- 《줄리어스 어디 있니?》(존 버닝햄 글, 그림):
  줄리어스는 식사시간에 뭘 하는가? 줄리어스는 왜 밥 먹기 싫어할까? 왜 식사시간에 딴 짓을 할까? 밥을 먹지 않으면 어떤 일이 생길까? 줄리어스는 왜 다시 밥 먹으러 왔을까?

- 《줄무늬가 생겼어요》(데이빗 섀논 글, 그림):
  친구들 때문에 안 먹는 음식이 있는가? 카밀라는 어떻게 다시 건강해졌을까? 콩은 병을 고치는 힘이 있을까? 카밀라는 왜 콩이 먹고 싶었을까?

- 《냉장고가 멈춘 날》(강민경 글, 이은지 그림):
  집에 냉장고가 없다면 어떻게 될까? 냉장고 없이 먹을 수 있는 음식이 있을까? 제철 음식은 뭘까? 아이스크림 같이 냉장고 없으면 상하는 음식은 뭘까? 집에서 건강하게 가공하는 방법에는 어떤 것이 있을까?

- 《국시꼬랭이》(이춘희 글, 권문희 그림):
  국시꼬랭이가 뭘까? 설탕도 안 들어 간 국시꼬랭이가 맛있을까? 요즘 우리가 먹는 과자에는 뭐가 들어가 있을까? 왜 이런 첨가물을 많이 넣었을까?

- 《팥죽할머니와 호랑이》(조대인 글, 최숙희 그림):
  팥죽이 얼마나 맛있기에 호랑이도 먹고 싶어 했을까? 팥죽할머니의 팥죽과 요즘 팥죽은 어떻게 다를까?

- 《손 큰 할머니의 만두 만들기》(채인선 글, 이억배 그림):
  할머니는 왜 만두를 많이 빚을까? 할머니가 만든 만두와 파는 만두는 어떻게 다를까? 냉동만두에는 뭐가 들었을까?

- 《무궁화 꽃이 피었습니다》(천미진 글, 강은옥 그림):
  여기에 등장하는 떡 중에 먹어본 것은? 떡 이름을 몇 개나 알까? 왜 그런 떡을 만들었을까? 우리가 먹는 과자 대신 간식으로 떡을 먹을 수 있을까?

- 《으샤 으샤 당근》(멜리 글, 그림):
  토끼랑 너구리는 왜 당근을 좋아할까? 당근이 정말 맛있을까? 몸에도 좋을까?

- 《달려라 김치버스》(김진 글, 이미정 그림):
  김치버스는 왜 여러 나라에 갔을까? 내가 먹어본 김치는 몇 가지일까?

- 《된장찌개》(천미진 글, 강은옥 그림):
  된장찌개는 왜 구수할까? 된장찌개를 먹으면 얼었던 몸이 정말 풀릴까?

- 《산골짜기 연이네 비빔밥》(천미진 글, 양윤미 그림):
  비빔밥에는 뭐가 들어갈까? 왜 비빔밥이 세계적으로 건강한 음식으로 인정받았을까?

음식 하브루타하기 좋은 영상

〈슈퍼 사이즈 미〉(영화, 감독 모건 스펄록)

모건 스펄록 감독은 스스로 30일간 맥도날드 햄버거만 먹기로 합니다. 의사도 말리는 목숨을 건 실험! 처음에는 역겨워하다가 마침내 중독 증세를 보입니다. 광고와 로비의 효과, 유명 아이스크림 회사를 상속할 뻔했던 존 라빈스와 진행한 인터뷰도 들어 있습니다.

설탕의 소리없는 공격. 우리는 왜 단맛에 중독되나?
(KBS_557회_2015.10.14 방송)

설탕이 다량 첨가된 음식들은 뇌의 보상중추에서 도파민을 과다 분비하도록 해 조절이 어려울 정도로 먹고 싶어집니다. 음식중독이 의심되는 아이와 함께 보면 좋습니다.

간식에 대한 오해와 진실! 약이 되는 간식 섭취의 비밀
(KBS_2019.08.14 방송)

간식을 많이 먹게 되면 비만이나 고지혈증 위험이 있습니다. 간식에 대한 오해와 진실을 파헤쳐 보고, 똑똑한 간식 섭취 방법을 소개합니다.

'단짠단짠' 잠깐의 행복 뒤에 찾아오는 소리 없는 위협(KBS_20210512)

입안 가득 퍼지는 달콤함에 우리의 식탁이 점령당했습니다. 자꾸 손이 가는 단짠의 조화, 몰라서 먹고 알고도 먹는 당분과 나트륨의 불편한 진실을 소개합니다.

화학 첨가물, 수은, 농약 방부제... 음식을 통해 들어와 쌓이는 우리 몸속 독소! (KBS_20130828)

식품첨가물과 중금속, 환경호르몬이 우리 몸속에서 독소로 작용합니다. 1급 발암물질인 육가공품의 섭취 현황과 인스턴트식품에 보존료가 들어가야 하는 이유를 밝힙니다.

[생로병사의 비밀] – 3주간의 해독 프로젝트 놀라운 결과

과일과 채소에 들어 있는 다양한 항산화 성분과 섬유질이 장에서 콜레스테롤이나 지질을 배출시키고, 장을 건강하게 하는 유익균을 증가시킵니다.

EBS 다큐프라임 – Docuprime_맛의 배신(중독을 부르는 향)_#001

인공향료는 사람의 평균 식욕을 증가시켜서 더 많이 먹게 합니다.
인공향료가 왜 해로운지를 생각하게 합니다.

정말 버터보다 건강에 좋을까? 요즘 마가린에는 트랜스지방이 없다는데…
꼭 끝까지

부분경화유에 들어 있는 트랜스지방산이 1970년대에는 안전하다고 했지만, 지금은 몰아내야 하는 나쁜 것으로 인식되고 있습니다. 최근에는 완전경화유로 만든 마가린에는 트랜스지방산이 없다고 말하지만, 그런 마가린의 안전성에 의문을 제시합니다.

제로콜라, 제로사이다는 괜찮지 않나요?
인공감미료에 대해 생각해 봅니다

제로칼로리 음료의 향은 정제 탄수화물을 갈망하게 만들어서, 더욱 살찌는 원인이 됩니다. 인공감미료의 문제점을 알려줍니다.

3. 식습관 개선 프로젝트: 건강한 공동체에서 음식 경험 다시 배우기

지식에서 행동으로

우리 아이의 식습관 개선 프로젝트를 시작하고자 결심한 분들께 먼저 박수를 보냅니다. 먼저 2장을 읽지 않았다면, 그 부분을 먼저 읽어 주십시오. 이미 읽었지만 무엇과 헤어져야 하고 그 이유가 뭔지 잘 기억나지 않는다면 다시 읽기를 권합니다. 프로젝트를 시작하기 전에 2장에 있는 것을 하나씩이라도 먼저 제거하는 과정을 거쳐도 좋습니다. 예를 들어 햄을 먹지 않는다든지, 음료수를 마시지 않기로 약속하면 좋습니다.

식습관을 바꿀 당사자인 아이와 대화가 필수입니다. 아무리 어린아이라 하더라도 왜 식습관을 바꾸려고 하는지 2장을 아이에게 잘 설명해 주는 게 좋습니다. 이때 그림책이나 영상, 칼럼을 이용해서 하브루타를 하면 참 유용합니다. 사실 아이 식습관을 바꾸려면 부모의 식습관을 먼저 교정해야 하는 경우가 많습니다. 입맛은 유전되지만, 식습관은 부모에게서 학습되기 때문입니다. 한집에 살면서 같은 음식 경험을 통해 형성된 것이므로 다시 배워서 좋은 습관으로 바꿀 수 있습니다.

여기까지 준비되었다면 식습관 개선의 필요성을 인지한 상태입니다. 그러나 여기서 멈추면 식습관이 결코 바뀌지 않습니다. 머릿속에 지식은 들어왔지만 그 지식을 실천할 몸이 훈련되지 않은 단계이기 때문입니다. 바꿔야 할 식습관을 머리로 배웠다면, 이제는 머리에서 손발까지 내려오게 하는 새로운 행동을 의식적으로 반복함으로써 결국은 무의식중에도 자동으로 행동할 수 있게 됩니다.

예를 들어 마트에서 무의식적으로 과자나 라면, 냉동식품 코너에 손과 발이 갔다면, 이제는 신선식품 코너만 가는 의식적인 행동을 반복합니다. 의식하면서 하던 행동이 당연해져서 무의식의 단계까지 이르도록 돕는 것이 이 프로젝트의 목적입니다.

1단계부터 차근차근 해도 좋고 평소에 자연식을 잘해 왔다면 바로 7단계에 도전해도 좋습니다. 그러나 가공식품이 집에 많이 쌓여 있고 과자를 즐겨 먹는 가정이라면 1단계부터 천천히 가는 것을 권합니다. 작은 성공을 이룸으로써 자신감을 얻는 경험이 필요하기 때문입니다.

한 주간 식단 기록하기

프로젝트 준비기간은 한 주 동안 먹은 것을 기록하는 시간입니다. 평소대로 먹은 음식을 기록하면서 내 아이가 먹는 것이 무엇인지를 알아봅니다. 그 후에 기록한 식단을 보면서 무엇을 바꾸면 가공식품 없는 식단이 될 수 있는지 체크합니다. 한 주간 먹은 식사와 간식을 꼼꼼하게 적을수록 식습관을 한눈에 알아볼 수 있습니다. 문제가 많을수록 고칠 수 있는 여지가 많아서 변화가 두드러지므로, 부끄러워 말고 적어 봅니다.

입맛이 없어 밥을 적게 먹는 여섯 살 아이가 프로젝트에 참여했습니다. 이 아이의 엄마가 한 주간의 식단에 사탕 하나, 영양제까지 꼼꼼히 잘 적었습니다. 식단을 살펴보니 단맛에 길들어 있음이 한눈에 보였습니다. 간식으로 달콤한 주스나 영양제 캔디, 비타민사탕, 과자를 먹다 보니 입맛이 떨어졌습니다. 그에 비해 식사는 비교적 자극성이 적어 아주 조금 먹었습니다. 식사를 제대로 먹지 않으니 식간에 배가 고파서 달콤한 사탕이나 과자를 먹고, 그러면 다음 끼니에 입맛이 없어서 밥을 조금밖에 못 먹는 악순환이 이어졌습니다.

이 아이의 경우, 식사에서 기본 영양소를 고루 채우지 못하면서 감기 같은 잔병치레를 자주 하는 편이었습니다. 소아과에서는 영양제를 권했는데, 영양제 역시 달콤한 성분이 가득 들어 있어서 과연 아이에게 도움이 될지 의심이 가는 수준이었습니다. 달콤한 것을 모두 줄이고 바꿔 가자 아이의 식사량이 눈에 띄게 늘어났습니다. 식습관 개선 프로젝트 준비 단계에 아이가 먹는 식단을 꼼꼼하게 잘 적었기 때문에 아이에게 어떤 문제점이 있는지 쉽게 발견할 수 있었습니다. 식단 기록은 식습관 변화의 출발점입니다. 아이가 먹는 '모든 것'을 적어 봅시다.

식단을 적어 보면 우리 아이가 골고루 먹는지, 항상 같은 것만 먹는지 발견할 수 있습니다. 식단 메타인지가 생깁니다. 편식이 심한 아이는 '조금 먹어보기(Tiny Taste)'와 '푸드 브리지(Food Bridge)'를 사용하면 편식 교정에 도움이 됩니다. 한 주간 식단을 꼼꼼히 잘 적었는데도 어떤 특정 패턴이 없다면 골고루 먹고 있다는 뜻입니다.

 일주일 동안의 식단을 살펴보면 가공식품이 어떤 모양으로 우리 밥상에 들어와 있는지를 알 수 있습니다. 전체적으로는 괜찮아 보이는데 반찬에 한두 가지씩 가공식품이 들어 있는 경우는 조금만 관심을 가지면 쉽게 가공식품 없는 밥상을 만들 수 있습니다.

〈표 27〉 주간 식단표

요일	아침	점심	간식	저녁
일				
월				
화				

수				
목				
금				
토				

일주일에 하루만이라도

6가공 1자연식은 가공식품 없는 밥상의 기치를 든 첫 번째 단계입니다. 일주일에 하루는 쉬울 수도 있지만, 기존의 일상과 타협하기도 쉬운 단계입니다. 온 식구가 이날만큼은 외출해서도 파는 음식을 사오거나 먹지 않기로 약속합니다. 아이에게도 과일 간식을 챙겨 주면서 자연식 하는 날이라는 걸 알려줍니다. 혹시 바로 그날 약속을 지키지 못한 누군가가 있다면, 째려보거나 원망하지 말고 '예상했던 일이 생겼구나!' 하며 마음을 넓게 가집시다. 그날의 성공을 위해 가공식품을 그다음 날 먹는 것으로 미루면 오늘 성공할 수 있습니다.

식습관 개선 프로젝트를 하고자 마음먹은 사람은 그나마 적극성을 갖지만, 다른 식구는 아무래도 수동적일 수밖에 없습니다. 본의 아니게 시작된 프로젝트에 동참하게 된 식구들의 상황도 이해해 주고 그다음 날로 다시 약속을 잡아 도전하거나, 다음 주에는 다시 잘 지켜보자며 서로 토닥여 주면 좋습니다. 식습관 개선도 중요하지만 가정의 화목도 중요하니까요.

집에 있는 가공식품을 6일간 사용하되 가능한 가공식품이나 정크푸드가 주 메뉴가 되지 않도록 주의합시다. 그러나 1단계에서는 일주일 중 하루에 중점을 두고 그날만은 건강한 음식을 먹자며 서로 대화로 약속하는 게 중요합니다. 섬유질이 풍부한 잡곡밥이나 현미밥이면 더욱 좋지만, 일단 백미를 기반으로 하더라도 가공식품을 모두 제외하는 밥상을 만들어 보세요.

장을 볼 때도 그날에 필요한 최소한의 가공식품만 사도록 합니다. 예를 들어 라면을 사더라도 그날 먹을 한 팩 정도만 사고, 한 박스로 사던 습관을 버립니다. 대용량으로 사야 단가가 내려가기 때문에 적게 사면 약간 비싼 값을 치르게 됩니다. 그러나 가공식품이 비싸게 느껴져야 덜 사용합니다. 건강한 습관을 만들기 위해 값을 치른다고 생각하면 좋습니다. 일주일에 하루여도 기존에 사 놓은 가공식품의 유통기한이 임박해 오면 그것을 사용하려는 압박감에 자연식을 하지 못할 수도 있기 때문에 이 단계부터 장보기에 주의가 필요합니다.

일주일에 하루이기 때문에 결심만 하면 누구나 충분히 할 수 있습니다. 그러나 처음에는 세끼 꼬박 실천하기가 어렵습니다. 그럴 때는 끼니를 줄여서 휴일에 아침 겸 점심과 저녁 이렇게 두 번만 먹어도 됩니다. 삼시 세끼를 준비하느라 진을 빼지 말고 최대한 한 끼는 간단히 먹고 온 식구가 모일 수 있는 시간에 중점을 두면 좋습니다. 갓 지은 밥이 있으면 특별한 반찬이 없어도 밥 자체만으로도 맛있습니다.

〈표 28〉 일주일에 하루 자연식 식단 예시

	1주	2주	3주
아 침	현미멸치주먹밥	달걀주먹밥	현미주먹밥
점 심	월남쌈	삼겹살	닭백숙
저 녁	비빔밥	김밥/김치볶음밥	닭죽/된장찌개

일주일 중 하루, 자연식으로 맛있게 먹을 수 있는 방법을 한 가지 소개합니다. 먼저 아침은 주먹밥으로 간단하게 먹습니다. 주먹밥 재료는 멸치나 구운 김, 김치, 달걀 정도면 충분합니다. 잔멸치 볶은 것이 냉장고에 남아 있다거나, 김을 구워서 잘게 부수고, 김치를 씻어서 물기를 꼭 짜서 잘게 다지고 참기름을 두른 다음 주먹밥을 만들면 됩니다(레시피 6 참조). 새로 씻고 다지려면 복잡하니까 냉장고에 있는 반찬을 활용해서 최대한 간단히 합니다. 현미밥에다 소금과 식초만 넣어 김에 싸면 김초밥이 됩니다.

남은 재료를 잘 활용하는 것도 좋은 방법입니다. 예를 들어 점심에 월남쌈을 먹었을 경우, 월남쌈 재료를 잘게 다져 저녁에 비빔밥이나 볶음밥을 해 먹을 수 있습니다. 같은 재료로 요리 방법만 바꾸면 간단히 두 끼가 해결됩니다. 단, 월남쌈 소스는 집에서 만들어야 자연식의 조건이 완성됩니다. 과일 칵테일 통조림 대신 생과일을 사용하고 시판 소스 대신 집에서 만들 수 있는 깨 소스를 사용하면 고소합니다(레시피 10 참조).

점심에 고기를 구워먹을 경우, 그 고기를 조금 남겨서 저녁에 김밥에 햄 대신에 넣을 수 있습니다. 잘게 썰어서 김치볶음밥을 만들어도 좋습니다.

솜씨를 발휘해서 특별식으로 닭백숙을 만들어도 좋습니다. 마트에 가면 백숙용 한방재료를 한데 포장해서 팝니다. 한방 팩 하나와 소금 그리고 시간만 있으면 충분합니다. 닭을 깨끗이 씻고, 소금간을 해서 압력솥이나 찜솥에 넣고 푹 삶으면 됩니다. 혹시 아이가 물에 빠진 고기를 안 좋아해서 고기가 많이 남을 수도 있습니다. 특히 닭 가슴살은 퍽퍽하다고 싫어하는 아이들도 있습니다. 그럴 때는 가슴살만 잘게 찢어 넣고 백숙 국물에 찹쌀이나 멥쌀을 넣어 닭죽을 쑤면 됩니다. 취향에 따라 양파나 당근, 감자, 부추를 잘게 다져서 죽에 넣으면 색도 예쁘고 맛도 그만입니다.

고기는 다 발라 먹었는데, 한방 육수가 싫어서 국물이 남을 때도 있습니다. 닭 육수를 소분해서 냉장실이나 냉동실에 넣어 두면 된장찌개 만들 때 사용할 수 있습니다. 한약 맛도 안 나면서 깊은 맛을 낼 수 있습니다. 한방재료의 냄새를 싫어하는 사람은 한방재료 대신 녹두를 넣으면 구수한 맛의 백숙을 만들 수 있습니다.

Tip. 건강한 장보기 유의점

- 배가 고플 때 장보러 가지 않기
- 메뉴를 정하고 필요한 재료를 미리 메모하기
- 뭘 살지 잘 모를 때는 가공식품은 아예 쳐다보지 말고 신선식품만 사기
- 가공식품을 살 때는 그날 사용할 양만 사기(가공식품 허용단계에 한함)

Tip. 찾아봐요!

자주 가는 편의점이나 마트, 시장에서 내가 무엇을 자주 사는지 아이와 함께 조사해 보세요. 영수증만 봐도 알 수 있습니다. 같은 제품이라면 신선도나 가격, 포장단위를 고려해서 우리 가정에 적당한 제품이 무엇인지, 가공식품을 얼마나 자주 이용하는지 알 수 있습니다. 마트나 시장마다 특색이 있어서 채소를 살 때는 시장에 가고, 생선이나 육류를 살 때는 어디가 좋은지 자신만의 기준이 생깁니다.

〈표 29〉 내가 자주 사는 식재료

	____편의점	____ 마트	____시장
실 온			
냉장실			
냉동실			

레시피	9. 월남쌈 만들기
재 료	채소(오이, 당근, 양파, 깻잎, 파프리카, 적양배추), 고기, 과일, 기름, 소스, 월남쌈피 30장

1. 채소는 제철에 쉽게 구할 수 있는 채소를 골라 채썰기 합니다.
2. 고기는 돼지 안심(닭 가슴살)을 먹기 좋은 크기로 썰어서 소금, 후추, 마늘, 기름으로 간해서 팬에 굽습니다.
3. 사과나 파인애플, 키위 같은 새콤달콤한 제철 과일을 먹기 좋은 크기로 썹니다.
4. 따뜻한 물에 월남쌈피를 적신 뒤 접시에 펼쳐놓고 재료를 고루 얹은 다음 소스를 뿌리고 잘 말아서 먹습니다.

레시피	10. 깨 소스 만들기
재 료	볶은 깨 5큰술, 소금 1 작은술, 식초 2큰술, 매실청 2큰술, 올리브유 2큰술

1. 믹서에 깨를 곱게 갑니다.
2. 소금, 식초, 매실청, 올리브유를 분량대로 넣어 갈아 냅니다.
3. 식초나 매실청의 양을 가감하면서 취향에 맞는 맛과 농도를 맞춥니다(그날 먹을 분량만 만듭니다. 남을 경우 냉장고에 보관하며 일주일 안에 사용하는 것이 좋습니다).

레시피	11. 김치김밥
재 료	재료 : 김밥용 김 8~10장, 밥 5공기, 김치 1/2포기, 깻잎 16장, 당근 1개, 달걀 5개, 소금, 올리브유

1. 고슬고슬하게 밥을 짓습니다. 밥에 소금과 깨, 올리브유를 넣어 섞어 둡니다.
2. 잘 발효된 김치를 씻어서 김밥에 넣기 좋은 크기로 자르고 물기를 꼭 짜서 기름에 볶습니다.
3. 달걀을 풀어 소금으로 간하고 약한 불에서 지단을 부쳐 식힙니다.
4. 당근은 채썰기하고, 달걀지단은 길게 썰어 둡니다.
5. 김 위에 밥을 편 후 깻잎을 깔고 김치, 당근, 달걀을 올려 잘 맙니다.
6. 김밥 위에 기름을 바르고 깨를 뿌려서 먹기 좋은 크기로 썹니다.

레시피	12. 한방 백숙 만들기
재 료	한방 팩 1개, 자연방사 토종닭(오리) 1마리, 천일염, 현미찹쌀

1. 닭에 조금씩 남아 있는 내장 잔해를 제거한 후 깨끗이 씻어둡니다(끓는 물에 닭을 데친 후에 깨끗이 씻으면 잡냄새가 사라집니다).
2. 찜솥에 닭을 넣고 닭이 잠길 만큼 물을 충분히 붓고 천일염을 2큰술 넣어 삶습니다.
3. 한방 팩에 들어 있는 재료를 물에 살짝 헹궈서 솥에 넣고 강불로 끓이다가 중불로 낮춰서 2~3시간 푹 삶습니다(압력솥은 1시간이면 충분해요).
4. 현미찹쌀은 소금 간을 한 후 조금 질다 싶게 밥을 짓습니다.
5. 닭은 따로 살을 발라 먹고, 한방 국물을 따로 마십니다. 국물에 찰밥을 말아 먹으면 죽처럼 먹을 수 있습니다.

레시피	13. 닭 육수로 된장찌개 끓이기
재 료	멸치 육수(닭 육수), 감자 1개, 양파 1/2개, 애호박(둥근호박) 1개, 두부 1모, 된장 2큰술, 다진 마늘 1큰술, 소금 약간

1. 감자, 양파, 호박을 먹기 좋은 크기로 깍둑썰기를 합니다.
2. 냄비에 육수가 끓으면 1의 채소를 넣습니다.
3. 감자가 익으면 마늘과 된장을 풀고, 두부를 썰어 넣어 한소끔 끓이면 완성됩니다(국물이 많으면 국, 건더기가 많으면 찌개입니다. 취향에 맞게 육수 양을 조절하세요).

하루 더 건강하게

일주일에 하루나 이틀 자연식을 3주간 성공한 다음, 잠깐 쉬는 시간을 보내도 좋습니다. 하지만 일주일에 며칠이라는 정해진 목표는 없더라도 자율적으로 건강한 식단을 이어가 보세요. 요리를 담당하는 부모가 아직 습관이 되지 않은 상태여서 지칠 수 있기 때문입니다. 특히 장볼 때 가공식품을 한꺼번에 많이 사면 자칫 프로젝트 이전으로 환원할 수 있으므로 주의가 필요합니다.

이제는 일주일에 하루씩 자연식을 늘려서 도전해 봅니다. 2자연식을 3주 도전해 보고, 성공한다면 3자연식으로 적응 단계를 조정할 수 있습니다. 그다음에는 7일 중에서 가공식품 없는 날 쪽으로 무게중심을 옮기는 3가공 4자연식 단계로 진입합니다. 매일 건강한 자연식만 챙겨 먹기가 어렵다면 주 7일 중 하루라도 더 좋은 것을 선택하자는 취지입니다. 4일은 자연식을 준비하고 조금 지치는 때가 오면 한 끼씩 간편식을 사용하는 단계입니다. 이런 기준을 따르면, 즐거운 마음으로 식탁을 준비할 수 있습니다.

가공식품의 유혹이 심할 때는 배고플 때입니다. 장보기를 할 때나 미디어의 광고를 접할 때도 역시 가공식품의 유혹을 받습니다. 3일은 가공식품을 사용할 수 있지만 그날 먹을 분량만 사는 것을 잊지 말아야 합니다. 가공식품을 집에 쌓아두던 습관 대신 이제는 자연식품을 쌓아둡니다. 마음가짐은 7자연식을 하는 것처럼 하되, 주 초반에 열심히 자연식을 실천하는 것을 목표로 하면서 변수가 생길 것을 감안하면 됩니다.

문제는 변수가 많다는 점입니다. 때로는 그 변수가 집요합니다. 우리 아이가 건강해지는 것보다 가공식품의 노예가 되게 하려는 환경이 팽배하기 때문입니다. 그럴 때는 프로젝트의 성공 여부를 떠나서 우리 아이가 어떤 사람으로 성장하기를 바라는가를 떠올려 보면 좋습니다. 또는 먹는 생각을 떨칠 수 있는 줄넘기나 산책 같은 신체활동을 통해서 도파민 분비를 촉진시키는 것도 좋은 방법입니다. 그 후에 건강한 간식을 보상으로 주면 허기도 사라지고,

건강을 지키는 운동과 자연식을 함께 먹게 돼 뿌듯함이 몰려오면서 자존감이 상승합니다.

자녀가 자라서 한창 꿈을 펼칠 시기에 건강에 발목 잡히지 않으려면 어릴 때 건강한 식습관을 형성하는 것이 중요합니다. 의지를 가지고 변수를 차단하십시오. 모임이 있어 외식을 하더라도 식습관 개선 프로젝트가 진행 중임을 지인들에게 알리고 더욱 건강한 식당을 찾아봅니다. 또는 자연식을 함께 먹자고 집으로 초대해도 좋습니다. 각자 자연식 음식을 하나씩 만들어서 포틀럭 파티(potluck party)로 모이는 것도 하나의 방법입니다. 그도 어렵다면, 너무 실망하지 말고 다음 주에 심기일전하면 됩니다. 한 주 실패했다고 포기하지 않는 것이 가장 중요합니다.

가공식품을 제외한다는 기준을 놓치지 않으면 자연식 장보기가 점점 익숙해집니다. 집에서 음식하기 시작하면 기본 재료가 몇 가지 필요합니다. 마늘, 대파, 양파 같은 양념류는 거의 매일 필요합니다. 생으로 먹을 수 있는 채소는 씻어서 썰고 쌈장만 있으면 좋은 반찬이 됩니다. 자연식을 처음 시작할 때는 양념류를 장만하느라 가공식보다 더 비싸게 느껴질 수도 있습니다. 그러나 시간이 지나면 외식이나 패스트푸드가 얼마나 비싼지 피부로 느끼게 됩니다.

겨울에는 다양한 김치가 좋은 반찬입니다. 아이를 위해서는 백김치나 동치미, 물김치를 담가 보면 좋습니다. 여름에는 푹 익은 김장김치의 양념을 씻어내고 참기름과 통깨를 뿌려서 무쳐 주면 잘 먹습니다. 열무김치나 깻잎김치, 오이소박이 같은 여름김치도 좋습니다. 그때그때 만든 반찬이 가장 맛있긴 하지만, 그게 어려울 때는 한 번 반찬을 만들 때 조금 넉넉하게 만드는 것도 좋습니다. 그다음 끼니에는 만들어져 있는 반찬이 있으니 걱정이 줄어듭니다. 먹다가 남은 반찬이 애매하게 조금씩 남을 때는 자투리 반찬을 활용해서 볶음밥이나 비빔밥, 채소 죽을 쑤어도 좋습니다.

이 단계부터는 공동체의 힘이 필요합니다. 레시피나 서로의 식단을 공유하고, 식습관을 개선하려고 노력하는 도전기가 서로에게 많은 힘이 됩니다. '우리도 다음 주에는 잘해 보자!' 하는 의지를 갖게 합니다. 유명한 요리 유튜버의 영상을 보면서 가공식품을 제외하고 자연식으로 만들어 보는 레시피 하브루타를 해도 좋습니다. 짝을 지어서 함께 토론하다 보면 좋은 아이디어가 떠오릅니다. 서로 돕고 연합하고 협력하면 자연식 도전이 즐거워집니다.

레시피	14. 김치무침
재 료	재료 : 김치, 참기름, 통깨

1. 푹 익은 배추김치의 양념을 잘 씻어내고 물기를 꾹 짭니다.
2. 먹기 좋은 크기로 썰어서 양푼에 담아 참기름과 통깨를 뿌려 무칩니다.

레시피	15. 깻잎김치
재 료	깻잎 5묶음, 조선간장 5큰술, 액젓 5큰술, 설탕 2큰술, 양파 1개, 당근 1/4개, 부추 한 줌, 고춧가루 2큰술

1. 깻잎은 잘 씻어서 물기를 뺍니다.
2. 양파와 당근은 가늘게 채썰기하고, 부추는 잘게 다집니다
   (부추 대신 쪽파도 좋고, 없으면 빼도 됩니다).
3. 모든 양념에 양파와 당근, 부추를 넣고 버무립니다. 간을 봤을 때 약간 짜지만 맛있으면 됩니다.
4. 넓은 그릇이나 볼에 깻잎을 두 장을 겹쳐 놓고 숟가락으로 양념을 떠서 첫 번째 장에 펴 바릅니다. 그 위에 깻잎 두 장을 얹고 위쪽에만 양념 바르기를 반복합니다.
5. 방향을 바꿔 가며 깻잎을 쌓으면 김치 산이 잘 만들어집니다. 만드는 사이에 깻잎에서 물이 배 나와 양념 국물이 생깁니다. 그 국물을 끼얹으면 깻잎김치에 양념이 고루 뱁니다.
6. 적당한 크기의 용기에 넣어두고 냉장보관하면서 먹습니다(깻잎김치는 다른 김치와 달리 만든 지 1주일 안에 먹는 것이 가장 맛있습니다).

레시피	16. 물김치
재 료	배추 1포기, 무 1개, 사과 1개, 배 1개, 소금물(물 4L에 소금 4큰술), 마늘 10~20알, 생강(마늘 크기로) 1쪽, 밥 반 그릇

1. 무와 배추는 씻어서 아이가 먹기 좋도록 썹니다(가로세로 2cm 이상, 두께는 5mm 미만).
2. 사과와 배도 비슷한 크기로 썹니다.
3. 소금물을 만듭니다. 간을 봤을 때 살짝 짜지만 먹을 만한 정도면 됩니다(소금에 따라 염도의 차이가 있으므로 간을 보고 소금과 물의 양을 조절합니다).
4. 마늘과 생강, 밥을 믹서에 넣고 소금물과 함께 곱게 갑니다.
5. 김치통에 재료와 양념을 넣고 재료가 잠길 정도로 소금물을 붓고 고루 젓습니다. 취향에 따라 소금물의 양은 조절합니다.
6. 실온에서 2~7일이 지나면 보글보글 유산균이 만들어 낸 기포가 올라옵니다. 이때 냉장보관하면서 먹으면 됩니다(계절이나 소금물 농도에 따라 발효 속도가 다릅니다).

가공식품은 일주일에 하루만

3가공 4자연식에 익숙해지면 5자연식으로 바꿔보고, 그 단계도 잘 적응되면 1가공 6자연식, 즉 한 주에 하루만 가공식품을 허용하는 단계로 넘어갑니다. 중간 단계를 생략하고 바로 6자연식을 해도 좋습니다. 이 단계는 마음은 7자연식이지만, 아직 입맛이 회복되지 않은 식구를 위해 하루의 말미를 주는 단계라 볼 수 있습니다. 1가공식을 하는 날을 정해서 그날만 외식이나 배달음식, 간편식을 허용하는 것입니다.

도전 단계가 올라갈 때마다 새로운 메뉴를 하나씩 익힌다고 생각하면 지금쯤이면 최소 5가지 요리는 자신있게 할 수 있습니다. 이제는 다양한 요리에 도전해 볼 힘이 생기는 단계입니다. 현미를 기반으로 하는 자연식을 하다 보면 밀가루 음식이 먹고 싶을 때가 많습니다. 예전에 먹어본 습관이 남아 있기 때문입니다. 그럴 경우 흰 빵을 먹기보다는 통밀빵에 도전해 보십시오. 100% 국내산 통밀로 다양한 빵 만드는 법이 잘 정리되어 있는 이언화의 《힐링브레드》를 참고하면 좋습니다.[78] 드라이 이스트를 사용하여 발효된 반죽을 냉장고에 보관했다가 다음 번 빵 만들 때 효모처럼 사용할 수 있습니다. 그러면 '천연발효 통밀빵'이 됩니다. 통밀가루는 백밀가루보다 발효시간이 많이 필요하고 물도 조금 더 필요합니다. 기다림이 필요하지만 한번 맛보면 뿌듯합니다. 통밀파스타, 통밀국수처럼 직접 집에서 할 수 있는 통밀 요리를 익히면 밥상이 훨씬 다채로워집니다.

통밀국수도 사 놓았고 콩국수를 만들기 위해 유기농 대두를 사서 콩물을 만들었는데 애매하게 남을 경우가 있습니다. 아이 간식으로 조금 희석해서 두유를 만들어 주어도 좋고, 콩물파스타를 하면 색다른 맛을 느낄 수 있습니다. 콩물은 우유를 대체하는 건강한 재료로서 활용도가 높습니다.

이제는 가정의 비상식량이 라면 같은 가공식품이 아니라, 현미와 통밀가루, 통밀파스타, 통밀국수, 대두, 멸치, 미역, 양파 같은 것으로 서서히 바뀝니다. 우리 집에는 통밀가루도

---

78) 이언화, 힐링 브레드, 다빈치 (2009).

20kg 단위로 삽니다. 1~2kg의 소포장 단위는 비싸고 몇 번 쓰고 나면 금세 바닥이 나고 맙니다. 조금 많은 듯하지만 큰 단위로 사면 저렴해서 좋습니다. 그 많은 걸 언제 다 쓰나 싶지만, 밀폐용기 대여섯 통에 나눠 담아 두면, 습기를 먹지 않아서 유기농 통밀가루도 장기간 보관이 가능합니다. 상하거나 썩는다는 것은 미생물이 번식한다는 의미인데, 미생물은 습도가 맞지 않으면 성장하지 못하기 때문에 수분이 들어가지 않게 보관하면 됩니다. 너무 많아 부담스러울 경우는 여러 명이 공동으로 구매해서 나눠도 좋습니다.

레시피	17. 닭 가슴살 알리올리오
재 료	유기농 통밀 파스타 400g, 마늘 15~20개, 올리브유 반 컵, 닭 가슴살 200g, 양배추100g, 양파 1개, 당근 1/2개, 깻잎(루콜라) 10장, 소금, 후춧가루, 액젓

1. 끓는 물에 소금 1큰술과 기름 한 방울을 넣어 통밀 파스타를 10분간 삶습니다.
2. 양파, 양배추, 당근, 깻잎을 먹기 좋은 크기로 채썰기하고 마늘은 납작납작하게 편으로 썹니다.
3. 닭 가슴살도 먹기 좋은 크기로 썰고 소금 1작은술, 후춧가루 한 자밤으로 밑간을 합니다.
4. 팬에 기름을 넉넉히 두르고 마늘과 채소, 고기를 볶으면서 소금으로 간합니다.
5. 재료가 거의 익으면 파스타와 면수를 넣고 양념이 면에 배도록 끓입니다.
6. 액젓으로 간하고 올리브유를 추가합니다. 불을 끄고 깻잎(또는 루콜라)을 넣어 고루 섞습니다.
7. 접시에 담습니다.

* 알리올리오는 마늘과 올리브유가 주재료이므로 다른 채소는 빼도 되지만, 채소 함량을 늘리기 위해 다양한 채소를 넣었습니다. 편으로 썬 마늘을 싫어하는 아이를 위해 모양이 보이지 않게 다져 넣는 것도 좋은 방법입니다.

레시피	18. 콩국수
재 료	통밀국수(메밀국수) 500g(5인분), 대두 300g, 소금 적당량, 오이 1개, 방울토마토 5개, 달걀 3개(또는 달걀지단이나 메추리알)

1. 콩을 하룻밤 정도 불립니다.
2. 콩을 손으로 비벼서 껍질을 벗겨 냅니다(콩 껍질을 벗기면 빨리 익습니다. 잘 안 벗겨질 때는 그냥 해도 됩니다).
3. 깊고 큰 냄비를 사용해서 콩이 푹 잠길 만큼 물을 넣고 소금을 한 스푼 넣어 삶습니다 (푹 삶는다고 가스 불에 얹어 놓고 잊어버리면 넘칠 수 있으니 주의 필요).
4. 팔팔 끓으면 불을 줄이고 손으로 뭉개질 정도로 30~40분 더 삶습니다(비린내를 안 나게 하려면, 큰 냄비를 사용해서 콩이 익는 동안 뚜껑을 열어보지 않습니다. 뚜껑을 열지 않고도 삶아진 정도를 알려면 김에서 나는 냄새를 맡아봅니다. 고소한 냄새가 나면 다 삶아진 것입니다. 과하게 삶아지면 메주 냄새가 납니다).
5. 믹서에 콩을 넣고 콩 삶은 물을 부어서 곱게 갈아냅니다(콩 삶은 물을 버리지 말고 콩물을 만들 때 사용하면 더 고소하고, 잣이나 깨를 넣어서 함께 갈아도 좋습니다).
6. 만들어진 콩물을 냉장고에 넣어 둡니다. 얼음을 싫어할 경우 콩물을 조금 연하게 만들면 됩니다 (생수로 콩물의 농도를 기호에 맞게 조절합니다).
7. 소면(중면) 삶는 동안, 고명으로 쓸 달걀을 삶고, 오이를 채썰기 하고, 방울토마토도 반으로 자릅니다(달걀은 씻어서 국수 삶는 물에 같이 삶습니다).
8. 달걀을 건져내고, 면은 냉수에 두세 번 헹군 다음, 1인분씩 사려 둡니다.
9. 그릇에 면을 먼저 담고, 그 위에 시원한 콩물을 넣고 준비한 고명을 얹습니다. 열무김치를 곁들이면 더욱 좋습니다.

레시피	19. 콩물파스타
재 료	유기농 통밀파스타 400g, 콩물 2~3컵, 양파 1개, 마늘, 팽이버섯 1팩, 소금, 액젓, 올리브유

1. 유기농 통밀 파스타를 소금물에 10분정도 삶습니다.
2. 면을 삶는 동안 양파는 채 썰고, 마늘을 편으로 썹니다(마늘 편을 싫어하면 다진 마늘 사용).
3. 팬에 올리브유를 넉넉히 두르고 마늘과 양파를 넣고 살짝 볶습니다.
4. 파스타를 넣고 면수와 콩물을 넣어 소금으로 간해 끓입니다.
5. 어느 정도 끓어오르면 면처럼 가늘게 찢은 팽이버섯을 넣고, 약간 걸쭉해질 때까지 저어주면 크림 파스타 느낌이 납니다.
6. 간을 보고 멸치 액젓을 반 스푼 정도 넣으면 감칠맛이 돕니다.
7. 그릇에 담고 파슬리 가루(선택)를 뿌려 내면 완성입니다.

* 콩국수를 하고 콩물이 애매하게 남을 경우, 파스타를 하면 색다른 맛을 느낄 수 있습니다. 남은 콩 국물은 희석해서 아이들 간식으로 마셔도 좋고, 우유 대용으로 다양하게 활용할 수 있습니다.

레시피	20. 콩물핫초코
재 료	콩물 100mL, 코코아 가루1큰술, 물300ml, 꿀(설탕) 1/2큰술

1. 냄비에 냉장고에 있는 콩물과 코코아 한 스푼을 넣고 물을 넣은 후 따뜻하게 데웁니다.
2. 컵에 핫초코를 따른 후 꿀을 넣고 저으면 완성입니다.

* 설탕을 사용할 경우는 처음부터 넣어서 끓이고 꿀을 넣을 경우는 영양소 파괴를 막기 위해 끓인 후에 넣습니다.

꿈속에서도 자연식

드디어 7자연식에 도착했습니다. 1자연식에서부터 여기까지 오는 데 짧으면 몇 달, 길게는 1년이 걸릴 수도 있습니다. 여기까지 왔다는 것은 자신의 삶에서 자연식이 새로운 습관으로 형성되고 있음을 의미합니다. 단계별 3주간 도전을 지속하다 보면 의식적으로 하지 않아도 무의식적으로 제철 음식을 구매하고 꿈속에서도 가공식품 없는 자연식을 먹을지도 모릅니다. 마침내 자연식이 습관이 된 단계입니다.

이제는 누군가가 가공식품을 권할 때 "저희는 정크푸드 안 먹어요."라고 말할 수 있습니다. "정크푸드를 끊었어요."가 아닙니다. 이제는 정크푸드를 안 먹는 사람으로 정체성이 바뀌었습니다. 우리 가정의 정체성을 당당히 드러내면, 간혹 구박하는 사람도 있지만, 더는 권하지 않습니다. 가공식품을 권하는 사회 시스템에서 빠져나오게 됩니다.

또 이쯤 되면 나만의 자연식 레시피도 만들어 보고, 여러 가지 요리 동영상에서 뭐가 문제인지 스스로 찾아낼 수 있습니다. 레시피 하브루타를 통해서 왜 이렇게 요리하는지를 알게 되면, 시판 소스 없이도 맛있게 요리할 수 있습니다.

그러면 이제 평생 가공식품과 이별하는 게 아쉬운 분도 있을 것입니다. 그런 분을 위해 호메시스(Hormesis)라는 이론을 소개합니다. 보통은 어떤 물질을 많이 섭취할수록 그 용량에 비례해서 몸에 나쁠 것이라고 생각하는데, 실제로는 그렇지 않습니다. 해로운 물질도 일정 농도까지는 오히려 몸에 이롭게 작용하고 어느 정도 농도가 지나면 해롭다는 것이 호메시스입니다. 이덕희 교수는 호메시스를 화재 대비 소방훈련 같다고 말합니다. 어떤 건물에 작은 화재가 발생한 적이 있다면 나중에 큰 불이 났을 때 즉각 대처할 능력이 생기지만, 소방훈련을 한 번도 하지 않은 건물에서 대형 화재가 발생했을 때는 참사로 이어지기 쉽다는 것입니다.[79]

---

79) 이덕희, 호메시스, MID(엠아이디) (2015).

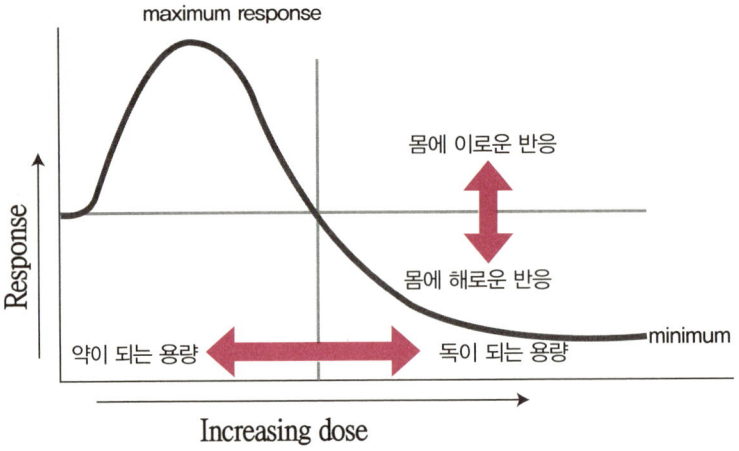

[그림 10] 이상적인 호메시스 곡선 [80]

　약이 되는 용량과 독이 되는 용량은 식품이나 개인마다 차이가 있지만, 대체로 자연식품에 함유된 피토케미컬은 소량 들어 있어서 몸에 이로운 반응을 보이는 용량구간이 충분합니다. 반면, 가공식품은 절제하지 않으면 중독성 때문에 금세 약이 되는 구간을 지나서 독이 되는 지경에 이릅니다. 평소에 건강한 식사가 기본이 되고 일주일이나 한 달에 한 번 정도 가끔 가공식품을 섭취하는 것이 호메시스 작동에 유리합니다.

　그동안 아이의 식습관을 개선하기 위해 애쓴 모두에게 박수를 보냅니다. 특히 평소보다 장보기와 음식 준비에 많은 시간을 할애한 양육자들, 식습관을 바꿀 동기를 부여해준 입맛 까다로운 아이들에게도 박수를 보냅니다. 이제는 어느 정도 몸에 배었을 것입니다. 이 상태가 쭉 이어지면 정말 바람직합니다. 그러나 계속 이어지지 않더라도 너무 낙심하지 맙시다. 포기하지만 않으면 우리 아이는 건강하게 자랄 수 있습니다.

---

80) Volodymyr I. Lushchak, Dissection of the Hormetic Curve: Analysis of Components and Mechanisms, *Dose Response*, 12(3) 466-479 (2014).

가공식품이라는 낙타

낙타를 타고 사막을 횡단하는 상인이 있었습니다. 사막은 밤이면 엄청 추워서 텐트를 치고 잠을 청했습니다. 그런데 낙타가 춥다며 코만 텐트 안에 넣어 달라고 애원했지요. 그래서 상인은 코는 털이 없어 추운가보다 싶어 텐트 안에 코만 넣어 주었습니다. 자다가 너무 추워서 눈을 떠 보니 그 상인은 텐트 밖에서 모래바람을 맞고 있더라는 것입니다. 처음에 코만 넣어 줬는데, 머리가 들어오고 목이 들어오고 몸통이 들어오더니 낙타 꼬리까지 모두 텐트 안으로 들어와서 주인이 밀려난 것입니다. 이것을 주객전도(主客顚倒)라고 합니다.

아무리 적은 양이라도 매일 젤리나 과자 같은 달콤한 것을 허락하는 것은 예전 습관으로 빠르게 돌아갈 위험이 있어서 경계해야 합니다. 달콤한 음식에 길들면 식사량이 줄어들어서 아이가 성장하는 데 필요한 영양소를 충분히 섭취하기 어렵습니다. 조금은 괜찮다며 허용하게 되면 점점 가공식품이라는 낙타가 식탁에 올라오고, 급기야 가공식품이 식탁을 점령하게 됩니다. 지구상에 가공식품이 존재하는 한 이 싸움은 계속될 것입니다. 그래서 가공식품을 내 돈 주고 사지 말 것을 권합니다.

집안에 한 사람은 원칙을 고수하는 것이 필요합니다. 또 다른 사람은 가끔 허용하는 역할을 하면 아이가 건강하게 자랄 수 있습니다. 원칙대로 자연식을 먹되, 가끔 어느 날만 특별히 기분 전환을 위해 가공식품을 맛보게 하는 정도가 좋습니다.

이제 다시 처음처럼 한 주간 매일 먹는 식단을 기록하는 시간을 내 보세요. 프로젝트 시작 전에 적었던 식단과 비교해 보면 우리 집 밥상이 얼마나 바뀌었는지 눈으로 확인할 수 있습니다. 매일 적는 것은 힘들지만 한 달에 일주일 정도는 식단을 적어 보는 것이 식습관 관리에 유용합니다. 달마다 제철 음식도 다르고 먹고 싶은 음식도 다르기 때문에 어느 순간 '뭐 먹지?' 하는 고민이 생길 때 예전에 적었던 식단을 보면 고민이 쉽게 해소되기도 합니다.

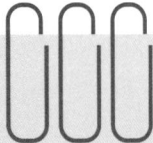

레시피	21. 닭가슴살채소볶음
재 료	닭 가슴살(닭 안심) 400g, 달걀 1~2개, 통밀가루 1~2큰술, 애호박 1개, 감자 1개, 당근 1/4개, 부추(쪽파) 조금, 소금 2작은술, 후추, 액젓, 올리브유 적당량

1. 닭 가슴살의 두꺼운 부분은 균일한 크기로 포를 뜨고 칼등으로 두드린 뒤 먹기 좋은 크기로 썹니다(닭 안심을 사용할 경우, 힘줄 부분만 제거하고 살짝 두드려 줍니다).
2. 달걀을 풀고 거기에 닭 가슴살과 오일 1큰술, 소금 1작은술, 후춧가루 조금, 부추 다진 것을 뿌린 후 버무립니다.
3. 고기가 간이 밸 동안 채소를 준비합니다. 호박, 감자, 당근을 길이로 4등분한 다음 가로로 채썰기 하면 부채꼴 모양이 됩니다.
4. 고기에 간이 배면 통밀가루를 넣고 조물조물 무쳐서 튀김옷처럼 밀가루 옷을 입힙니다.
5. 달군 팬에 기름을 넉넉히 두르고 중불로 고기를 뒤집어 가며 굽습니다.
6. 구워진 고기를 따로 접시에 옮깁니다.
7. 고기를 구운 기름에 준비한 채소와 소금, 액젓을 넣어 볶으면 고기 맛이 채소에 어우러집니다.
8. 감자가 다 익으면 고기와 같이 고루 섞습니다.

레시피	22. 취나물두부무침
재 료	취나물 300g, 두부 1모, 소금 1큰술, 액젓 1작은술, 깨(견과류) 조금

1. 취나물은 다듬어서 끓는 물에 데친 후 차가운 물로 여러 번 헹궈서 체에 받칩니다.
2. 데친 나물을 양손으로 쥐고 물기를 꾹 짠 후 취나물 덩어리를 십자로 썰어서 먹기 좋은 크기로 썰고 뭉친 것을 풀어줍니다.
3. 칼을 눕혀서 짓누르듯 두부를 으깬 다음 베보자기에 담고 물기를 꾹꾹 짭니다.
4. 취나물과 두부를 한데 담고 소금과 액젓을 넣어 조물조물 무칩니다.
5. 통깨와 참기름을 뿌려서 마무리합니다. 통깨 대신에 견과류를 갈거나 잘게 부숴 넣어도 고소하고 씹는 맛이 있어서 좋습니다.

4. 21일간의 도전 후기

2022년 6월 25일 '내 아이의 식습관, 바꿀 수 있습니다.' 특강에서부터 식습관 개선 프로젝트의 물결이 일렁였습니다. 자녀뿐만 아니라 어른의 식습관도 문제라는 것을 많은 분이 인식했습니다. 여기서 멈추면 안 되고, 뭔가 필요하다는 생각이 들었습니다. 구체적인 도움을 요청하신 분들과 함께 제1기 식습관 개선 프로젝트를 시작했습니다. 먼저 각자 도전할 수 있는 목표를 정했습니다. 작은 성공이 큰 성공의 씨앗이 되기 때문입니다.

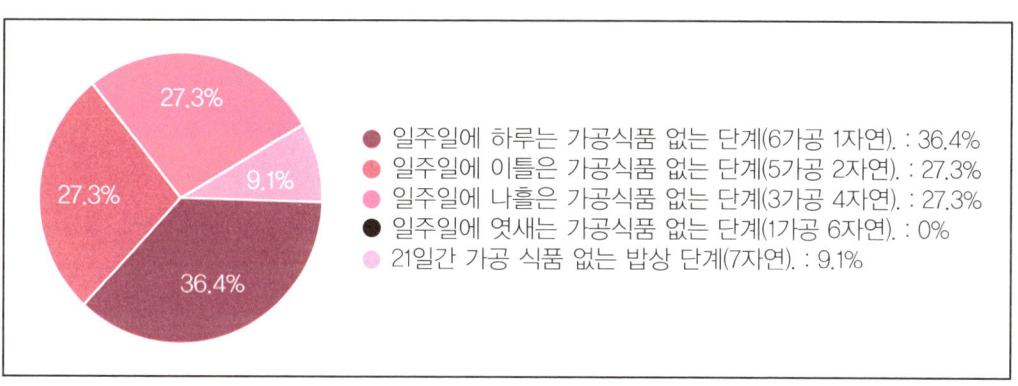

중간에 도전 목표를 현실적으로 수정하는 경우도 있었지만, 대부분이 처음 설정한 목표를 끝까지 완수했습니다. 해로운 가공식품, 특히 식품첨가물이 들어 있는 것, 원료가 GMO인 제품을 자연식 기간에는 쓰지 않습니다. 집에 이미 들어와 있는 각종 소스와 양념류는 GMO와 식품첨가물의 합작품이라고 볼 수 있습니다. 앞으로는 쓰지 않는다는 조건으로 첫주에는 소스류 사용에 관해 살짝 눈감아 주었습니다. 앞으로 식습관을 완전히 바꿀 예정이라면, 첨가물이 범벅된 달콤한 소스 종류를 다 버리는 게 가장 좋습니다.

그렇지만 가정 구성원이 모두 동의하지 않을 때는 반발이 예상되므로 잘 안 보이는 곳에 조금 숨겨두는 것도 한 가지 방법입니다. 알고 보면 가장 반발이 심한 사람은 음식을 준비하는 사람입니다. 소스를 사용하면 금세 맛을 낼 수 있기 때문입니다. 조미료라는 마법 가루가 들어 있기 때문입니다. 그 마법 가루가 우리 몸도 마법에 걸리게 하는 게 문제입니다.

참가자들에게 프로젝트 중에서 가장 좋았던 점을 물어보았습니다. '일대일 맞춤형 지도'가 좋았고, 식단을 기록하면서 '식탁 메타인지가 생긴 것'이 좋았다가 두 번째였습니다. 세 번째로는 함께 도전하는 분들이 매주 올리는 '도전 후기'가 좋았다고 했습니다.

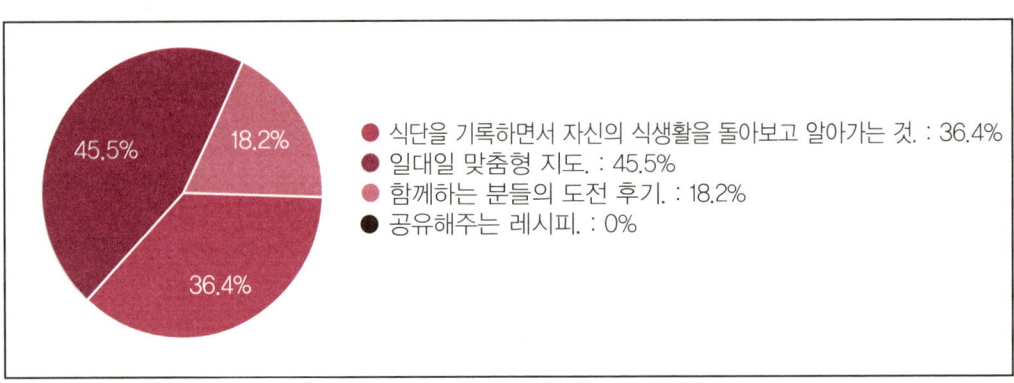

프로젝트를 진행하는 동안 가장 아쉬운 부분이 무엇인지도 물어보았습니다. 다양한 이야기가 나왔지만, 대부분이 가공식품 없는 식단이나 레시피가 필요하다는 것이었습니다. 어디를 봐도 제가 말하는 기준에 맞는 레시피가 없습니다. 인기 있는 요리 사이트에서는 대부분 후원을 받거나 광고소득을 올리기 때문에 가공식품을 사용합니다. 우리가 하나둘 만들어 가면 어떨까요?

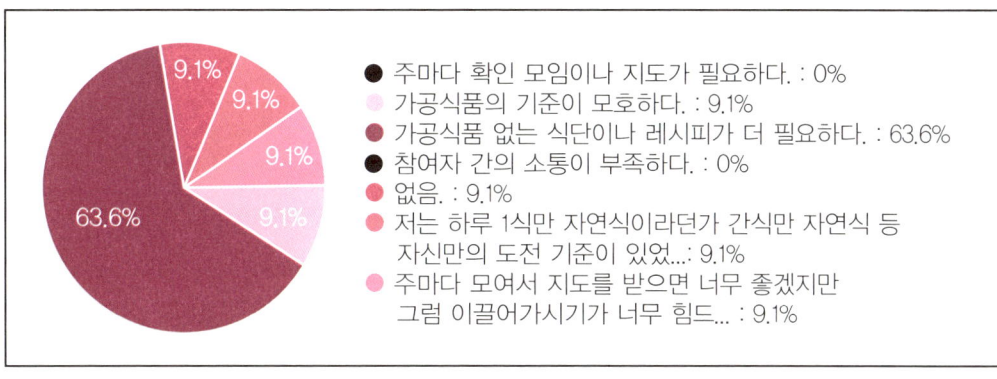

그래서 다음 프로젝트로는 뭘 하면 좋겠냐고 물었습니다. 이전 대답보다 더 높은 비율로 간헐적 단식을 하고 싶다고 했습니다. 저는 아이의 식습관을 바꾸자고 기치를 들었는데 양육자들이 저절로 깨달은 듯합니다. 자신의 식습관이 바뀌어야 자녀의 식습관도 바뀐다는 걸 말이죠. 이렇게 도전자 대부분이 프로젝트를 잘 마무리했습니다.

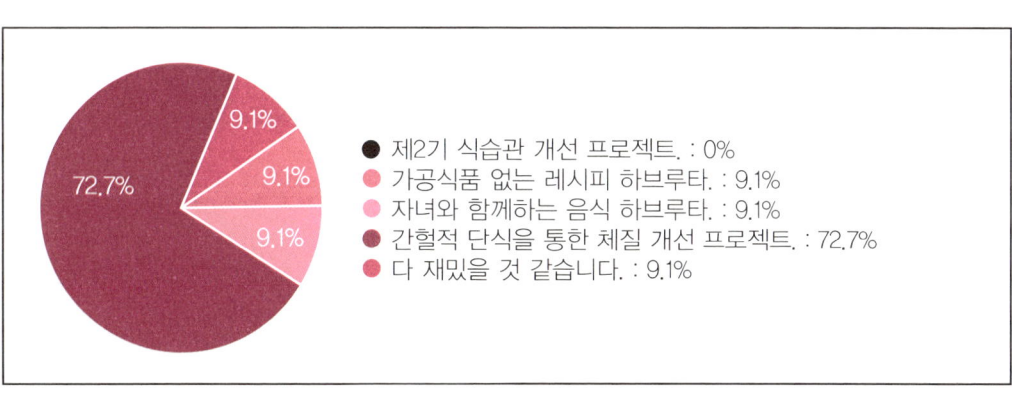

이후 100일이 지나서 현재 식습관이 어떻게 바뀌었는지 물었습니다. 프로젝트가 끝나고 난 후에 가공식품의 비율이 다시 높아진 가정도 있지만, 대부분 주 1회라도 자연식을 하려고 노력하고 있었습니다. 결과에서 보이는 것처럼 한 번의 프로젝트로 식습관이 바뀌지는

않습니다. 그러나 다행히 그 누구도 프로젝트 이전으로 완전히 돌아가지는 않았고, 의식적인 노력을 계속하고 있는 것이 보였습니다.

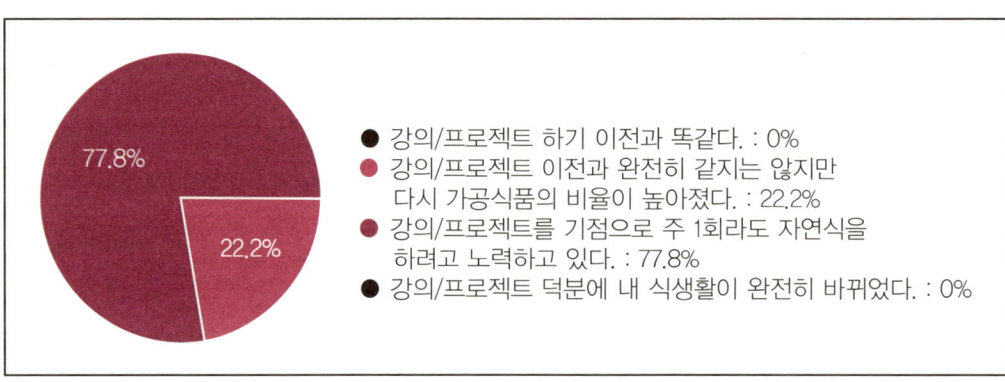

3주간의 경험이 쉽게 잊히진 않을 것입니다. 그 경험을 추억으로만 남기지 말고 느슨한 공동체를 형성하여 지속적인 식습관 개선을 위한 노력이 더 많은 가정에 확장되길 바랍니다.

식습관 개선 프로젝트 참가자 후기

직장을 옮긴 후 점차 일에 밀려 먹거리를 준비하는 시간과 마음의 여유가 줄어들게 되었어요. 편리함이라는 이름으로 반찬가게를 이용하고 밀키트를 쟁여 놓는 와중에 식습관 개선 프로젝트에 참여하게 됐어요. 바쁜 일상일수록 중요한 것을 잘 지키고 실천하기 위한 의식적인 노력이 필요하다는 것을 다시 한번 깨닫는 계기가 되었어요.

흰쌀밥에서 현미밥으로,
생야채를 즐기는 것으로,
보조식품 의존을 기본 먹거리의 믿음으로
쭉 도전!!
– 꿈꾸는 파란나비(6가공 1자연식)

우리 집에 햄이 없어졌어요.
– 슬로우 미라클(6가공 1자연식)

강혜숙 박사님의 식습관 강의를 들었을 때만 해도 나름 아이에게 가공식품을 제한하고 있다고 생각했는데, 박사님과 상담한 결과 아이가 단맛에 길들어 있다는 걸 알게 되었습니다. 충격이었습니다.

식사를 마친 후 하루 세 번 영양제 캐러멜을 먹었고, 유치원 마치고 나서는 보상처럼 음료수를 매일 마셨어요. 프로젝트를 시작하면서도 과연 끊을 수 있을까 의심했어요. 그러나 의외로 아이에게 단것에 관해 설명해 주고 '해 보자'고 제안했더니 아이가 잘 따라주었어요. 요즘은 캐러멜도 거의 안 먹고 음료수 대신 꿀차를 마시거나 음료수는 정말 가끔 마셔요. 이렇게 줄일 수 있다는 것이 너무 신기하고 시도해 보길 잘했다는 생각이 듭니다.
아이 식단을 구성할 때 가공식품을 빼고 생채소를 더 맛보게 하려고 노력하게 되었고요. 아이의 밥 양도 이전보다 좀 늘었어요. 6가공 1자연식이라 쉬울 것 같았지만, 자연식으로 온전히 먹이기 위해 대체할 음식도 줘야 하고, 학원에서 엄마 모르게 아이가 먹는 것을 체크하느라 애를 썼어요.

이번 프로젝트에서 단 음식을 줄이고 끊을 수 있다는 걸 체험한 것이 가장 큰 깨달음이었던 것 같아요. 도움 주신 박사님께 감사드리고 함께한 선생님들 후기를 보면서 도전이 되고 많이 배웠습니다. 감사합니다.

– 단단단(6가공 1자연식)

처음 이 프로젝트를 하면서 '내가 이걸 잘할 수 있을까? 우리 집에서?'라는 걱정과 반발에 관한 두려움이 컸습니다. 여러분의 격려로 겨우 하루를 시작했는데, 그동안 내가 무심코 먹었던 것 중에 빼야 할 것이 이렇게나 많았다는 사실에 놀라고, 적지 않은 충격을 받았습니다. 정말 하루를 온전히 살아내는 것이 너무나 힘들고 아직 가야할 길이 멀지만, 그래도 맛있고 건강한 먹거리를 찾아가는 재미를 알았습니다.

앞으로 우리 식구의 안팎이 함께 건강하고 더 멋지게 변화될 희망에 부풀어 이 프로젝트를 마칩니다.

– 꿀 송이(6가공 1자연식)

식습관 개선 프로젝트에 참여하면서 가장 좋았던 점은 경각심을 가지게 되었다는 것이었어요. 주변에 반찬가게가 아주 많고, 어머니도 음식 만드는 것을 싫어하셔서, 저도 얼른 '모든 영양을 가득 담은 캡슐이 개발되었으면 좋겠다'고 생각하며 어린 시절을 보낸 덕에 지금도 음식을 생각하면 숙제 같고 마음이 무겁습니다.

먹으면 독이 되는 것 그리고 좋은 재료와 쉬운 방법으로 영양을 채울 수 있는 법을 알려주셔서 감사해요. 생야채를 먹으려고 노력하고, 단백질은 줄이고 현미를 먹으려고 노력하고 있습니다. 햄과 피자가 사라진 한 달이었어요. 2기도 계속 참석하고 싶어요.

– 봄날이 맘(5가공 2자연식)

방학이 시작되면서 먹거리를 더 많이 준비해야 했어요. 생채소를 먹지 못하는 때도 있었지만, 건강 빵집도 알아보고, 한동안 뜸했던 한살림 장보기도 시작했습니다.

– 행복한 뇨자(5가공 2자연식)

평소에 먹거리에 관심이 많아서 장을 볼 때 제품 뒷면을 꼼꼼히 읽어보고 사는 편입니다. 하지만 가공식품을 끊고 자연식을 하는 것이 생각만큼 실천하기 쉽지 않아서 이번 기회를 빌려 실천해 보려고 했습니다.

프로젝트에 참여하면서 달라진 점은 라면을 좋아하는 아이에게 국수를 해 주었고, 과자와 빵을 좋아하는 아이에게 삶은 계란과 과일, 통밀빵, 천연발효빵을 간식으로 주고, 김밥을 평소 즐겨 먹던 가족에게 가공식품으로 싼 김밥이 아니라 자연 재료의 김밥을, 우유를 좋아하던 저에게 미숫가루를 주었습니다.

아이는 본인이 선택해서 먹기도 하지만, 대부분 엄마가 주는 것을 먹고 있더군요. 그래서 더더군다나 정신을 차려야겠다는 생각이 듭니다.

– 메두사 엄마(5가공 2자연식)

우리 집은 깡통 햄을 박스째 사다 놓고 먹고, 냉동식품이 냉동실을 꽉꽉 채우고 있었습니다. 일하느라 엄마가 바쁘다는 이유로 거리낌 없이 아이들 배 속을 정크푸드로 채웠습니다. 프로젝트가 끝나도 예전처럼 돌아가지 않겠노라고 다짐하며, 제철 채소, 집밥 메뉴를 고민하게 되었던 보람찬 시간이었습니다.

– 산이 맘 보니타(3가공 4자연식)

저의 외가 식구 중에 당뇨를 앓지 않은 사람은 거의 없습니다. 간식이나 인스턴트식품을 먹지 말라고 집안 어른들과 아내가 말했지만 좀처럼 끊기가 쉽지 않았습니다. 서서히 몸이 상하면서 심각한 증상이 올 것을 알면서도 그런 음식을 통해 위로를 얻었습니다. 비만과 지방간, 콜레스테롤 수치와 당뇨는 어느새 당연한 것으로 여기며 살았습니다.

강혜숙 박사님의 '내 아이의 식습관, 바꿀 수 있습니다.' 강의는 저에게 터닝포인트와 같았습니다. 지금까지 무심코 먹은 음식의 대부분이 실상 나를 망치는 '독'이었으며, 인간이 만들어 낸 화학물질의 '속임'이며, 자본주의와 인본주의의 '유혹'이었음을 깨달았습니다. 간식과 주식, 야식으로 먹던 가공식품은 나를 죽이려고 달려드는 '양의 탈을 쓴 이리'였습니다.

강 박사님의 강의를 통해 '사람은 먹는 대로 산다'는 진리가 나를 다시 깨우기 시작했습니다. 아내와 아이들이 약속하고 결단했습니다. 집에 보관하고 있던 그 나쁜 음식들을 버릴 때 마음 아파 울기도 했지만, 이 약속과 결단의 능력은 신기했습니다.

젤리를 그렇게 좋아하던 막내딸의 양쪽 팔에 오돌토돌 나와 있던 알갱이가 사라지고, 배달 음식으로 나가던 식비가 완전히 줄었으며, 내 살이 빠졌습니다. 강의를 듣고 결심하던 때에 몸무게가 102.8kg이었는데 한 달 후에 96.5kg으로 줄어들었습니다. 물론 오전 간헐적 단식과 주 4회 이상 운동을 병행한 결과이지만, 한 달 만에 6~7kg을 감량했습니다.

아내는 식사 준비하는 데 1시간 이상이 걸려도 성실하게 또 정성스럽게 식탁을 차려주었습니다. 또 분명한 것은 온 식구의 입맛이 변하고 있다는 점입니다. 이제는 자연 그대로의 맛, 오이 자체의 맛, 당근 자체의 맛, 현미 자체의 맛을 알게 되었습니다.

아내는 "나는 당신의 가정에 당뇨 질병의 유산을 끊을 거예요. 내 자녀들에게는 그 악한 유산을 물려주지 않을 거예요."라고 말합니다. 나는 믿습니다. 아내의 이 말이 반드시 성취될 것을….

— 장미 남편(7자연식)

5. 건강한 먹거리 판매처

〈표 30〉 유기농산물 주요 소매처[81]

구 분	명칭과 특징
생활협동조합	한살림, iCoop생협연합회, 여성민우회생협 두레생협연합회 등. 조합원 대상 주문공급 및 직영매장 운영
대형유통업체	농협하나로클럽, 이마트, 롯데마트, 홈플러스, 백화점슈퍼마켓, 슈퍼체인 등 자연주의, 자연예찬, 웰빙플러스 등 브랜드
전문업체 프랜차이즈	자연드림, 초록마을, 무공이네, 신시 등
기 타	인터넷 쇼핑몰, 인터넷 홈페이지, 통신판매, 유기농체험장 판매, 도농교류 현장판매, 학교급식 등

출처: 한일 유기농업학회 공동 심포지엄

미실란(http://www.misillan.com)

먹는 것이 곧 약이 될 수 있도록 생태와 환경을 지키며 건강한 식품을 제공하는 농업회사 법인입니다. 발아현미에 적합한 종자를 찾아 연구하고 직접 농사지어 건강한 유기농 현미를 활용한 제품을 생산해 판매합니다.

* 판매 제품: 유기농 발아현미, 미숫가루 등 곡물 제품

---

81) 김호, 한국의 유기농산물 유통 현황과 과제, 한일 유기농업학회 공동심포지움, 37-55 (2010).

밀예찬 (국수제품: https://smartstore.naver.com/urinoodle
밀가루제품: http://www.lovemill.com)

광의면 우리 밀 공장은 제1호 우리 밀 생산 공장으로서, 지리산과 섬진강이 만나는 전남 구례의 청정한 환경에서 재배한 우리 밀 제품을 생산합니다. 통밀가루는 밀예찬 홈페이지에서 제품규격과 가격을 확인한 후 전화주문만 가능합니다.

*판매제품 : 우리 밀 통밀가루, 우리 밀 통밀국수

소원의 항구(https://wish-harbor.com/)

발달장애인에게 일자리를 제공하기 위해 설립된 장애인직업재활시설입니다. '일하는 것이 최고의 복지다'를 모토로, 장애인이 생산한 상품을 전국으로 택배 배송도 하고 거제 지역은 직접 배송으로 서비스합니다.

* 판매 제품: 유정란, 구운유정란, 표고버섯, 떡

장흥 슬로푸드(https://smartstore.naver.com/slowfood60)

정남진 장흥의 우수 농산품을 회원들과 함께 꾸러미로 판매하기도 하고, 단품으로도 판매합니다. 쌀을 제외하고는 오래 저장하지 않기 때문에 수확 철에 신선한 제품을 구입할 수 있습니다.

* 판매 제품: 유기농 쌀, 절임배추, 김치, 표고버섯, 초당옥수수, 비트, 감자, 고구마, 백향과, 애플수박, 토마토, 사과대추, 무산김 등 제철 농수산물

한마음 공동체(https://www.ecohan.kr/)

전남 장성군에 위치한 영농조합법인으로서 정의, 생명, 민족공동체에 근거한 생산, 유통, 소비가 어우러져 생활 속에서 농민운동을 실천하는 유기농업 단체입니다. 자연의 순리대로 자연과 소통하는 예술 자연재배를 기본으로 합니다.

* 판매 제품: 쌀, 사과 등 농산물 일체

에필로그

자연밥상의 힘으로

이 책을 써야겠다는 마음이 시작된 것은 처치홈스쿨(Church-Home school) 때문입니다. 몇 년 전 아이 교육을 위해 고민하다가 기독교교육 공동체인 처치홈스쿨에 들어갔습니다. 그 공동체에 가입하기 위해서는 부모가 먼저 훈련을 받았습니다. 16주간의 훈련에는 여러 가지가 있지만 '음식분별 훈련'이라는 것이 있었습니다. 그동안 저는 식품 전공자로서 아이들에게 건강한 것 위주로 먹이고 있다는 자부심이 있었습니다. 그러나 그 훈련을 받고 참 부끄러웠습니다. 원칙도 없이 그때그때 타협하며 알게 모르게 과자며 음료수, 라면, 치킨 같은 쓰레기음식을 자주 먹이고 있는 자신의 모습을 발견했습니다.

처치홈스쿨 공동체는 가공식품과 GMO를 먹지 않는다는 원칙이 있습니다. 왜 그런 기준을 세웠는지 물어보았습니다. 처치홈스쿨 사역원의 정해영 선생님은 한 끼의 음식이라도 편리보다는 정성을 자녀에게 먹이자는 의미라고 했습니다. "부모님은 우리에게 정성스럽게 음식을 만들어 주셨는데, 막상 부모가 된 우리는 어떤 음식으로 아이를 기르고 있을까?"를 생각하며 반성했다고 합니다. 이 공동체는 자녀들에게 맞춤형 교육 기회를 제공하는 것도 좋지만, 자녀들의 건강이 중요 항목이라는 걸 놓치지 않았습니다.

건강은 자신의 재능을 펼칠 수 있는 자산입니다. 건강은 '단지 질병이 없는 것이 아니라 신체와 정신뿐만 아니라 사회 속에서 완전히 건강한 상태'를 건강이라고 세계보건기구(WHO: World Health Organization)에서 정의합니다. 어렸을 때 몸과 마음이 건강하도록 기반을 닦아두지 않으면 대학 시절과 사회 초년생 때 와르르 무너지기 쉽습니다. 그 사람이 건강한가는 고난이 닥쳤을 때 어떻게 대처하는지를 보면 알 수 있습니다. 유대인의 안식일 식탁을 우리 상황에 맞게 연구하여 전수하는 데 힘쓰고 있는 정한나 사모는 "유대인이 고난을 이기는 힘은 밥심에서 나온다."라고 말합니다.

우리 자녀가 청년 때 바쁘고 힘든 시기를 지나면서 정크푸드로 연명하기도 할 것입니다. 그러나 어려서 엄마가 만들어 준 건강한 음식을 먹어본 아이들은 그 맛을 기억합니다. 어디서도 맛볼 수 없는 엄마의 음식, 향수를 불러일으키는 그리운 맛이 필요합니다. 맛이 없어도 좋습니다. 그 식탁에서 나눴던 따뜻하고 사랑이 담긴 대화 그리고 그 분위기가 아이들 뇌리에 각인됩니다. 죽을 것같이 힘든 어느 날 밤, 그 추억의 밥상이 다시 살아갈 힘을 줄지도 모릅니다. 우리가 낙담하거나 포기하지 않으면 아이는 반드시 건강히 잘 자라서 자신의 몫을 충분히 해 낼 것입니다.

글을 쓰다가 길 잃고 방향을 잡지 못할 때 이 책의 가치를 알아보고 손을 내밀어 준 ㈜생각나무 양동일 대표님과 독자로서 예리한 도전으로 글의 완성도를 높여 준 미라클 모닝 식구들, 우정의 공동체 여러분께 감사드립니다. 끝없는 응원과 기도로 이 책을 기다려 준 처치 홈스쿨 선생님들, 말없이 기도해 주신 많은 분들, 책 쓰기가 끝나기만을 기다려 준 사랑하는 삼남매 수연, 태연, 성연이 그리고 존경하는 남편께 감사드립니다. 무엇보다 제게 이 책을 쓸 마음을 주시고 갈고 닦으며 합당한 지혜를 부어주신 하나님께 감사드립니다.

"선한 일을 하다가 낙심하지 맙시다. 지쳐서 넘어지지 아니하면,
때가 이를 때에 거두게 될 것입니다.
(새번역 갈라디아서 6:9)"

안 하던 요리를 하려니 '내가 잘할 수 있을까?' 하는 의심이 앞설 수도 있습니다. 그러나 막상 해 보면 할 수 있습니다. 또 요리에 익숙해지면 이보다 더 훌륭한 자신만의 요리법이 생길 것입니다. 재료의 양은 저희 가정을 기준으로 어른 두 명과 아이 셋을 위한 분량입니다. 입맛이 서로 다르기도 하고, 조선간장이나 멸치액젓도 만드는 사람에 따라 간이 다릅니다. 천일염도 간수를 뺀 정도에 따라 염도가 서로 달라서 생각보다 짜거나 싱거울 수 있기에 양념 분량을 다 넣기 전에 미리 간보기를 권합니다. 입맛에 맞게 간을 조절하십시오.

맛이 뭔가 애매하다 싶을 때는 싱거운 경우가 많습니다. 소금이나 조선간장, 액젓을 조금 더 넣어 보세요. 건강한 밥상이 정착되려면 간이 맞아야 합니다. 자연밥상에서 간을 맞추는 정도의 소금은 우리 몸이 충분히 처리할 수 있고, 가공식품으로 먹는 식사에 비해 나트륨양이 많지 않으므로 걱정하지 마십시오. 가공식품을 끊으면 자연히 저염식이 됩니다. 물론 아이의 입맛이 가공식품에 익숙해진 상태에서는 대체로 싱겁게 느낄 수도 있습니다. 그렇다고 계속 짜고 달게 하는 건 좋지 않습니다. 자연식에 익숙해지면 차차 간을 조금씩 연하게 바꾸십시오.

* 양념할 때 주의사항

1. 여기에서 사용한 1큰술은 밥숟가락으로 1스푼, 1작은술은 찻숟가락으로 1스푼, 1컵은 보통 머그컵(200mL) 분량이므로 계량컵이나 계량스푼이 없어도 됩니다. 한 줌은 한 손으로 가득 집은 양이고, 한 자밤은 엄지와 검지로 집은 작은 양을 말합니다(밥숟가락은 계량스푼보다 용량이 적습니다. 계량스푼은 1큰술은 15g, 1작은술은 5g 분량입니다),

2. 참기름이나 올리브유는 간을 맞춘 후 가장 마지막에 넣습니다. 양념할 때 분자량이 큰 설탕부터 넣고 간장·액젓·소금, 마지막에 식초를 넣으면 좋습니다. 그러나 기름을 뺀 다른 양념은 한꺼번에 섞어 양념장을 만들어서 넣어도 무방합니다. 기름은 식품의 표면을 감싸서 막을 형성하기 때문에 먼저 사용할 경우 양념이 배어 들어가기 어렵습니다. 양념을 많이 넣어도 재료와 섞이지 않거나 맛이 나지 않을 수 있습니다.

3. 모든 재료가 다 갖춰지지 않아도 됩니다. 없으면 없는 대로, 주재료와 소금만 있어도 반찬을 만들 수 있습니다. 중요한 것은 사랑과 정성입니다.

4. 설탕이나 올리고당 사용을 자제하십시오. 재료 본연의 맛이 사라집니다. 본 레시피에도 김치 재료의 매운맛을 순화하기 위해서나 대체 과자를 만들 때만 비정제 설탕을 최소한으로 사용했습니다. 아이들 입맛을 회복하려면 설탕이나 올리고당을 넣지 않는 것이 중요합니다. 그 대신 매실청을 사용하면 새콤한 유기산이 함께 있어서 건강에도 좋고, 설탕만큼 많이 사용하지 않게 됩니다.

차례

〈밥과 죽〉
1. 현미밥
2. 현미주먹밥
3. 현미죽/미음
4. 아몬드현미죽
5. 김치볶음밥
6. 비빔밥
7. 고기김밥
8. 햄 대신 등심조림
9. 김치김밥

〈국, 찌개류〉
10. 멸치육수
11. 계란탕
12. 된장찌개
13. 김치찌개
14. 감자미역국
15. 쇠고기(닭 가슴살)미역국
16. 닭국
17. 민어탕(여름보양식)
18. 대구탕(겨울보양식)
19. 쇠고기전골

〈밑반찬과 나물〉
20. 콩나물(숙주나물)무침
21. 시금치나물
22. 취나물두부무침
23. 톳두부무침
24. 고사리나물
25. 멸치볶음
26. 가지볶음
27. 표고버섯볶음
28. 감자채볶음
29. 수제단무지
30. 김치무침
31. 오이생채
32. 무생채

〈김치〉
33. 김치양념(김칫소)
34. 배추김치
35. 무김치
36. 백김치
37. 동치미
38. 갓/파김치
39. 부추김치
40. 깻잎김치
41. 물김치
42. 비트깍두기

〈한 그릇 음식〉
43. 건강한 카레라이스
44. 강황잡채
45. 닭 가슴살 채소볶음
46. 한방백숙
47. 닭죽
48. 월남쌈
49. 닭 가슴살 알리올리오
50. 시래기 알리올리오
51. 콩국수
52. 콩물파스타
53. 현미떡국
54. 현미굴떡국
55. 고기김치만두
56. 만두피 10개
57. 감자샌드위치
58. 무반죽통밀빵
59. 천연발효통밀빵
60. 샐러드

〈소스〉
61. 쌈장
62. 깨소스(비건 마요네즈)
63. 토마토소스
64. 호두건포도잼

〈간식〉
65. 콩물핫초코
66. 식혜
67. 볶은콩
68. 웨지감자
69. 현미누룽지
70. 바나나하드
71. 산딸기크림봉봉
72. 통밀쿠키
73. 찐빵
74. 팥소
75. 현미떡볶이

밥과 죽　　　　　　　　　　　　　　　　　　healthy recipes

1. 현미밥

■ 재료 : 현미, 찰현미, 물

1. 일반 현미와 찰현미를 7:3으로 섞습니다. (백미가 남아 있을 경우는 현미 3컵, 찰현미 1컵, 백미 1컵 비율로 밥을 지으면 좋습니다.)
2. 쌀을 세 번 정도 씻고, 물은 백미밥보다 반 눈금에서 한 눈금 정도 더 넣습니다(물 양은 취향껏 가감합니다).
3. 전기 압력솥으로 잡곡 취사를 합니다.

2. 현미주먹밥

■ 재료 : 현미밥 5공기, 잔멸치볶음 1접시, 올리브유, 깻가루, 구운 김 2장

1. 현미밥을 짓습니다.
2. 밥에 멸치볶음, 올리브유, 깻가루, 구운 김을 부셔 넣고 버무립니다.
3. 동그랗게 주먹밥으로 뭉칩니다.

3. 현미죽/미음

■ 재료 : 현미 가루 반 컵, 소금 1작은술, 물

1. 현미를 1~2시간 불립니다.

2. 현미를 믹서에 넣고 갑니다. 죽은 커팅하는 정도로 쌀을 살짝 갈고, 미음은 곱게 갑니다.
3. 현미 5배 이상의 물을 붓고 소금을 한 자밤 넣어 끓입니다.
4. 불을 끄고 뚜껑을 덮어 두면 저절로 식으면서 먹기 좋게 퍼집니다. (덜 퍼져도 괜찮습니다. 천천히 꼭꼭 씹어 먹어서 좋고, 씹다 보면 침이 나와서 입맛이 돌게 돼 일석이조입니다.)

---

4. 아몬드현미죽

■ 재료: 아몬드나 견과류 150g, 현미가루 5큰술, 소금 1작은술, 물

1. 견과류를 곱게 갑니다. 포트에 따로 물 5컵 정도를 끓입니다.
2. 현미가루와 견과류 가루를 냄비에 넣고 찬물 한 컵을 부어 잘 풉니다.
3. 잘 저으면서 끓입니다. 죽이 끓기 시작하면 뜨거운 물을 넣어 죽 농도를 맞추고 소금 간을 합니다.
4. 한 번 더 끓으면 불을 끄고 뚜껑을 덮어 뜸을 들입니다.

(병으로 체력이 떨어졌을 때 영양식으로 좋습니다.)

---

5. 김치볶음밥

■ 재료: 밥 5공기, 김치 1/2포기, 달걀 5개, 견과류 가루 3큰술, 올리브오일, 소금 2작은술

1. 팬을 달군 다음 기름을 두르고 밥에 소금 1작은술을 넣고 볶습니다.
2. 볶은 밥은 다른 그릇에 옮겨 둡니다.
3. 달걀에 소금을 1작은술 넣어 잘 풀어두고 김치는 잘게 다져 물기를 꾹 짜 둡니다.
4. 달군 팬에 기름을 두르고 달걀 물을 넣어 일부 익기 시작하면 주걱으로 휘저어 가며 익힙니다. 달걀은 다른 그릇에 옮겨 둡니다.
5. 팬에 기름을 두르고 김치를 볶습니다.

6. 김치를 볶다가 익으면 밥과 달걀을 섞습니다.

7. 견과류 가루를 섞으면 완성입니다.

* 꼭꼭 씹기 훈련이 잘되면 현미밥을 사용해서 볶음밥이나 비빔밥, 김밥을 해도 좋습니다.

6. 비빔밥

■ 재료: 밥 5공기, 당근 1개, 양파 1개, 애호박 1개, 새송이버섯 2개, 달걀 5개, 고추장 2큰술, 소금 5작은술, 참기름

1. 당근, 양파, 애호박, 새송이버섯은 모두 가늘게 채썰기 합니다.
2. 색이 연한 재료부터 양파, 버섯, 호박, 당근 순으로 소금을 1작은술씩 넣어서 볶습니다 (하나의 팬을 사용하되 세척하지 않고 쭉 사용하기 위한 방법입니다. 신선한 제철 채소를 사용하면 됩니다).
3. 달걀프라이를 합니다.
4. 그릇에 밥을 담고 볶은 채소를 둥글게 담고, 가운데에 달걀프라이를 얹습니다.
5. 아이는 참기름만 두르고, 어른은 취향에 따라 고추장을 넣어서 비빕니다.

7. 고기김밥

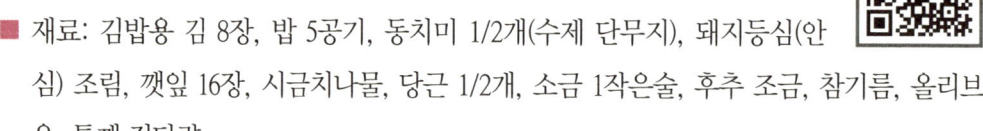

■ 재료: 김밥용 김 8장, 밥 5공기, 동치미 1/2개(수제 단무지), 돼지등심(안심) 조림, 깻잎 16장, 시금치나물, 당근 1/2개, 소금 1작은술, 후추 조금, 참기름, 올리브유, 통깨 적당량

1. 밥을 고슬고슬하게 지은 다음 소금과 참기름, 깨를 뿌려 고루 섞습니다.
2. 잘 익은 동치미를 김밥에 넣기 좋게 길쭉하게 썹니다(매운 음식을 잘 먹으면 무김치를 썰어 넣어도 됩니다).

4. 깻잎도 잘 씻어서 물기를 털어냅니다. 통으로 사용하거나 취향에 따라 반으로 썰어서 얇게 넣어도 됩니다.
5. 당근은 채썰기 해 둡니다.
6. 김 위에 밥을 얇게 펼친 후 깻잎을 깔고 김치, 등심조림, 당근, 시금치나물을 올린 후 밥과 속이 잘 붙도록 꼭꼭 눌러가며 맙니다.
7. 김밥 위에 기름을 바르고 깨를 뿌려서 먹기 좋은 크기로 썰면 완성입니다.
* 김밥을 위해 시금치나물을 무칠 수도 있지만, 시금치나물을 많이 무쳤을 때 김밥을 말아도 좋습니다. 시금치나물 대신 오이를 길쭉하게 썰어 넣어도 되고 생략해도 맛있습니다.

8. 햄 대신 등심조림

■ 재료: 돼지 안심이나 등심 한 팩(500g), 소금 1작은술, 후추 조금, 매실청 2큰술 (강황가루), 올리브유

1. 채썰기 한 것을 구매한 경우, 고기를 물에 헹궈 핏물을 제거하고 체에 밭칩니다.
2. 덩어리째로 구입한 고기는 김밥에 넣기 좋게 길쭉하고 가늘게 썰어 둡니다.
3. 지방 성분이 적은 부위이기 때문에 팬에 기름을 살짝 두르고 소금, 후추, 매실청을 넣어 양념에 조리면 완성입니다.

9. 김치김밥

■ 재료: 김밥용 김 8장, 밥 5공기, 김치 1/2포기, 깻잎 16장, 당근 1개, 달걀 5개, 소금, 올리브유 조금

1. 밥을 고슬고슬하게 짓습니다. 밥에 소금과 깨, 올리브유(참기름)를 넣어 고루 섞습니다.
2. 잘 발효된 김치를 씻어서 김밥에 넣기 좋은 크기로 자르고 물기를 꼭 짜서 기름에 볶습니다.

3. 달걀을 풀어 소금으로 간하고 약한 불에서 지단을 부쳐서 식힙니다.
4. 당근은 채썰기 하고, 달걀지단은 길게 썰어 둡니다.
5. 김 위에 밥을 편 후 깻잎을 깔고 김치, 당근, 달걀을 올려 맙니다.
6. 김밥 위에 기름을 바르고 깨를 뿌려서 먹기 좋은 크기로 썹니다.

국, 찌개   healthy recipes

10. 멸치육수

- 재료: 멸치 15마리, 매운 고추 1개, 양파 껍질, 표고버섯 둥치, 다시마 3쪽(멸치만 빼면 비건 육수가 됨)

1. 양파를 다듬을 때 주황색 껍질 중에서 깨끗한 것이나 안쪽이라도 살짝 질긴 부분을 육수용으로 따로 떼어 바짝 말려 둡니다.
2. 표고버섯 요리를 할 때 둥치를 떼어서 종균이 붙어 있는 부분을 제거하고 길이로 찢어 말려 둡니다.
3. 다시마는 가로세로 5cm 크기로 잘라서 보관합니다.
4. 고추는 청양고추도 좋지만 풋고추 매운 부분을 모아서 냉동해 두었다가 육수용으로 사용합니다(아이가 매운맛을 많이 싫어하면 생략).
5. 물 2L에 육수용 멸치와 매운 고추, 양파 껍질, 표고버섯 둥치, 다시마를 넣어 뚜껑을 열고 끓입니다(멸치의 비린내가 날아감). 한소끔 끓으면 뚜껑을 덮고 약한 불로 10분 더 끓입니다.

11. 계란탕

- 재료: 멸치육수 5컵, 달걀 5개, 다진 마늘 1큰술, 대파 1개, 소금 1큰술

1. 멸치 육수가 끓는 동안 계란에 소금 4자밤을 넣어 풉니다.
2. 마늘은 다지고, 대파는 깨끗하게 씻어서 어슷썰기 합니다.
3. 육수가 끓으면 소금을 넣고, 대파를 넣습니다.
4. 풀어놓은 계란을 3에다 동그라미를 그리듯 줄줄 흘리면서 넣습니다.
5. 계란이 살짝 익을 때까지 기다린 다음 십자로 한 번만 휘젓습니다.
* 대파는 더 많이 넣어도 맛있습니다. 단지 계란탕인지 대파국인지 헷갈리겠지만…. 초기 감기에 마늘과 대파를 더 많이 넣은 계란탕을 먹으면 몸이 따뜻해집니다.

---

12. 된장찌개

- 재료: 멸치육수(닭육수), 감자 1개, 양파 반 개, 애호박(둥근호박) 1개, 두부 1모, 된장 2큰술, 다진 마늘 1큰술

1. 감자, 양파, 호박을 먹기 좋은 크기로 깍둑썰기를 합니다.
2. 냄비에 육수를 담고 육수가 끓으면 1의 채소를 넣습니다.
3. 감자가 익으면 마늘과 된장을 풀고, 두부를 썰어 넣어 한소끔 끓이면 완성됩니다(국물이 많으면 국, 건더기가 많으면 찌개입니다. 취향에 맞게 육수량 조절).

---

13. 김치찌개

- 재료: 돼지고기(앞다리, 사태, 뒷다리) 250g, 김치 1포기, 양파 1개, 콩나물 한 줌, 두부 1모, 새우젓 1작은술, 올리브유 약간, 물 2컵

1. 양파는 다듬어 먹기 좋은 크기로 썰고, 콩나물을 씻어 둡니다.
2. 냄비를 달구어 기름을 두르고 고기가 겉면만 익도록 살짝 볶습니다.

3. 김치를 먹기 좋은 크기로 썰어서 고기와 함께 볶습니다.

4. 물을 붓고 콩나물과 양파를 넣어 끓입니다.

5. 한소끔 끓으면 불을 약하게 줄이고 10분간 더 끓입니다.

6. 두부를 먹기 좋은 크기로 썰어서 넣습니다.

7. 새우젓으로 간을 합니다.

14. 감자미역국

■ 재료: 건미역 50g, 감자 1개, 육수 6컵, 올리브유, 양파, 마늘, 조선간장 5큰술, 액젓 1큰술

1. 미역을 찬물에 담가 불린 다음 먹기 좋은 크기로 자릅니다.
2. 감자는 껍질을 벗기고 세로로 4등분한 다음 가로로 썰면 부채꼴 모양이 됩니다.
3. 양파는 채 썰고, 마늘은 다집니다.
4. 냄비에 기름을 두르고 마늘과 미역, 간장을 넣고 살짝 볶습니다.
5. 육수를 붓고 끓입니다.
6. 한소끔 끓으면 감자와 양파를 넣습니다.
7. 감자가 익으면 간을 본 후 싱거울 경우 액젓으로 간을 맞춥니다.

15. 쇠고기(닭 가슴살)미역국

■ 재료: 미역 50g, 쇠고기 양지 100g(닭 가슴살 200g), 올리브유, 양파 반 개, 다진 마늘 3큰술, 한식간장 5큰술, 액젓 1큰술

1. 미역을 찬 물에 담가 불린 다음 먹기 좋은 크기로 자릅니다.
2. 고기는 먹기 좋은 크기로 썰고, 양파는 채썰기 하며, 마늘은 다집니다.
3. 냄비에 기름을 넉넉히 두르고 마늘과 고기, 간장을 넣고 고기 겉면만 익을 정도로 살짝

볶습니다.

4. 미역을 넣어서 같이 볶은 뒤 물을 붓고 끓입니다.

5. 한소끔 끓으면 양파를 넣습니다.

6. 미역이 먹기 좋게 물러지면 액젓으로 간을 하고 불을 끄면 완성입니다.

16. 닭국

■ 재료: 토막 낸 닭 한 마리, 무 1/4개, 감자 2개, 대파 1뿌리, 소금 5큰술

1. 끓는 물에 닭을 살짝 데친 후 물을 버립니다.
2. 닭의 겉 표면과 안쪽에 묻어 있는 이물질을 깨끗이 씻어냅니다.
3. 감자와 무는 다듬어서 두툼하게 썰어 둡니다.
4. 솥에 닭과 무, 감자를 넣고 물을 닭이 잠길 만큼 부어 소금 간을 하고 끓입니다.
5. 감자와 닭이 익으면 대파를 넣고 불을 끕니다.

17. 민어탕(여름 보양식)

■ 재료: 민어, 무, 대파, 소금, 통마늘, 생강, 미나리

1. 민어를 구입할 때 생선가게에서 잘 손질해서 토막 내 달라고 요구합니다(비늘에 민감하신 분은 토막 내지 말고 사와서 집에서 다시 한번 비늘을 제거한 후에 토막냅니다).
2. 미나리는 깨끗이 씻어서 5cm 길이로 썰어 둡니다.
3. 큼직하게 썬 무와 대파, 통마늘, 생강, 민어를 넣고 물을 붓습니다. 소금을 넣어 푹 끓입니다. 처음부터 민어를 넣어야 뽀얀 국물이 나옵니다.
4. 뽀얀 국물이 나오면 다 된 것입니다. 소금으로 간을 하고 먹기 직전에 미나리를 얹어 냅니다.

18. 대구탕(겨울 보양식)

■ 재료: 멸치육수, 반건대구 1/2마리, 무, 대파, 마늘, 천일염, 깻잎(미나리)

1. 반건대구를 구입할 때 잘라 달라고 요구합니다.
2. 육수에 큼직하게 썬 무와 대파, 마늘, 소금 넣고 한소끔 끓입니다.
3. 육수가 끓으면 씻어놓은 반건대구를 넣어 익힙니다(반쯤 말린 대구라고 해도 대구 살은 연해서 처음부터 넣으면 다 풀어집니다).
3. 대파는 어슷썰기 하고 깻잎은 돌돌 말아서 채썰기 합니다(미나리는 5cm 길이로 썹니다). 생선이 다 익으면 대파를 넣고, 깻잎(미나리)은 국을 뜨기 전에 고명으로 얹어서 냅니다.

*12월에서 2월, 거제 외포 바닷가에는 대구며 아귀, 물메기를 상점 앞에 걸어 말리는 풍경을 볼 수 있습니다. 몸값이 비싼 대구 대신 저렴한 아귀나 물메기로 탕을 끓여도 별미입니다. 깻잎이나 미나리는 둘 중 하나를 선택해서 사용합니다.

19. 쇠고기전골

■ 재료: 불고기감 300g, 멸치육수 4컵, 당면 한 줌, 버섯(표고 5개, 팽이 1뭉치, 양송이 5개), 양파 1개, 당근 1/3개, 청경채 200g, 알배추 1/2개, 대파 1개, 소금 1큰술, 쑥갓 조금.
* **고기양념**: 마늘 2큰술, 조선간장 2큰술, 매실청 2큰술, 액젓 1큰술, 후추 조금

1. 고기는 물에 헹궈서 핏물을 뺀 다음 한 장씩 뜯어서 양념에 잽니다.
2. 당면은 미지근한 물에 불려 둡니다.
3. 양파와 당근은 채썰기 하고 버섯 종류도 손질해서 채썰기 해 둡니다.
4. 청경채와 쑥갓은 씻어서 물기를 빼 두고, 알배추는 먹기 좋은 크기로 썰어 둡니다.
5. 전골냄비에 알배추와 양파를 바닥에 깔고, 그 위에 쑥갓을 제외한 다른 채소를 둥글게 배치합니다.

6. 가운데 쪽에 양념한 고기를 얹습니다.
7. 육수를 부은 뒤 소금 간을 하고, 뚜껑을 덮어 끓입니다(상에 올려서 끓여도 되지만 아이들이 어릴 경우 다 끓인 뒤에 상에 냅니다).
8. 마지막에 대파를 넣고 불을 끕니다. 먹기 직전에 쑥갓을 넣고 남은 열로 익힙니다.

밑반찬과 나물 healthy recipes

20. 콩나물(숙주나물)무침

■ 재료: 콩나물 1팩, 마늘 1쪽, 쪽파/대파 조금, 소금 1작은술, 참기름, 통깨

1. 국산 콩나물을 구입해서 잘 씻습니다(꼬리를 다듬느라 시간을 버리느니 저는 그냥 시간을 아끼는 쪽을 선택합니다).
2. 냄비에 물을 한 컵 넣고 콩나물을 넣은 다음 뚜껑을 덮고 삶습니다(콩나물이나 숙주는 삶을 때 소금을 넣으면 탈수 현상이 일어나 질겨집니다).
3. 김에서 나는 냄새를 맡아보면 비린 맛 대신 콩나물의 고소한 향이 납니다.
4. 이때 불을 끄고 콩나물을 채반에 받쳐 물을 빼면서 한 김 식힙니다.
5. 마늘은 곱게 다지고, 쪽파를 잘게 썹니다(쪽파가 없을 때는 대파를 잘게 썰어서 사용합니다. 대파는 세로로 십자 칼집을 넣은 후 가로로 채썰기 하면 간단하게 다질 수 있습니다).
6. 양푼에 콩나물을 넣고 다진 마늘 1작은술, 소금 1작은술을 넣고 조물조물 무칩니다.
7. 싱거우면 소금을 조금 더 치면 됩니다. 간을 다 맞춘 후에 참기름을 두르고 깨를 뿌리면 완성입니다(참기름을 처음부터 넣으면 간을 맞추기 어렵습니다).

21. 시금치나물

■ 재료: 시금치 250g, 조선간장(멸치액젓) 1큰술, 마늘 1쪽, 소금 1큰술, 참기름, 통깨

1. 시금치의 누런 겉잎을 떼 내고 뿌리를 다듬어서 씻습니다.
2. 끓는 물에 소금을 넣고 시금치를 물에 푹 잠기게 넣은 다음 물이 다시 끓어오르면 불을 끕니다(뚜껑을 열고 데쳐야 초록색이 더욱 선명합니다).
3. 시금치를 건져서 차가운 물에 두어 번 헹군 다음 양손으로 시금치를 눈 뭉치듯이 뭉쳐서 물기를 꾹 짭니다(너무 많이 짜면 질겨지니 적당히 짜세요. 물기를 덜 짜면 간 맞추기가 힘들고 무친 후에 물기가 생깁니다).
4. 도마에 시금치 뭉치를 올려놓고 십자로 칼질하면 먹기 좋은 크기로 잘립니다(김밥에 넣을 때는 자르지 않습니다).
5. 양푼에 시금치, 다진 마늘을 넣고 조선간장이나 액젓 1큰술을 넣어 조물조물 무칩니다(간을 추가할 때는 소금을 조금씩 톡톡 뿌려 무칩니다).
6. 간을 맞춘 다음에 참기름과 통깨를 넣어 한 번 더 무치면 완성입니다.

*거의 모든 나물 무치는 방법이 이와 같습니다.

22. 취나물두부무침

■ 재료: 취나물 300g, 두부 1모, 소금 1큰술, 액젓 1작은술, 깨(견과류)

1. 취나물은 다듬어서 끓는 물에 데친 후 차가운 물로 여러 번 헹궈서 체에 밭칩니다.
2. 데친 나물을 양손으로 쥐고 물기를 꾹 짠 후 취나물 덩어리를 십자로 썰어서 먹기 좋은

크기로 썰고 뭉친 것을 풉니다.
3. 칼을 눕혀서 짓누르듯 두부를 으깬 다음 베보자기에 담고 물기를 꾹꾹 짭니다.
4. 취나물과 두부를 한데 담고 소금과 액젓을 넣어 조물조물 무칩니다.
5. 통깨와 참기름을 뿌려서 마무리합니다. 통깨 대신에 견과류를 갈거나 잘게 다져넣어도 고소하고 씹는 맛이 있어서 좋습니다.

---

23. 톳두부무침

- 재료: 톳 300g, 두부 1모, 소금 1~2작은술, 깻가루(견과류 가루)

1. 톳에 섞여 있는 이물질이나 뿌리를 제거하고 끓는 물에 데칩니다.
2. 데친 톳을 차가운 물로 여러 번 헹군 뒤 체에 밭쳐 물기를 뺍니다.
3. 톳은 먹기 좋은 크기로 자르고, 칼을 눕혀서 짓누르듯 두부를 으깬 다음 베보자기에 담고 물기를 꾹꾹 짭니다.
4. 톳과 두부를 한데 담고 소금 간을 하고 톳과 두부가 고루 섞이도록 무칩니다.
5. 깻가루(견과류 가루)를 넉넉히 넣고 참기름을 뿌려서 마무리합니다.

---

24. 고사리나물

- 재료: 건고사리 한 줌, 깐 바지락 100g, 육수 1컵, 들깻가루 3큰술, 조선간장(액젓), 마늘, 대파(쪽파), 올리브유

1. 건고사리를 물에 한 시간 정도 불리고 이물질이 섞이지 않았는지 살피면서 씻습니다.
2. 솥에 고사리가 잠길 정도의 물을 붓고 끓이다가 불을 줄여서 10분 정도 더 삶습니다.
3. 불을 끈 다음, 뚜껑을 덮어 한 시간 정도 그대로 둡니다(이때 고사리를 하나 건져서 손

으로 만져봤을 때 겉모양은 온전하지만 손으로 누르면 으깨지는 정도면 잘 삶아진 것입니다. 아직 질기면 10분 정도 더 삶습니다).
4. 삶은 고사리가 조금 식으면 찬물에 두어 번 헹굽니다.
5. 고사리를 먹기 좋은 크기로 자릅니다.
6. 달군 팬에 기름을 넉넉히 두르고 마늘과 고사리, 간장(액젓)을 넣어 볶다가 육수를 넣어 끓입니다.
7. 고사리에 간이 배면 바지락을 넣은 후 재료에 간이 고루 배도록 약한 불로 줄이고 뚜껑을 잠깐 덮습니다.
8. 들깻가루 3큰술을 찬물 5큰술에 넣어 개어 놓습니다.
9. 개어 놓은 들깻가루를 붓고 고루 젓습니다.
10. 양념이 고루 배고 국물이 줄어들면 대파를 다져 넣고 불을 끕니다.

* 고사리나물 할 줄 알면 웬만한 건나물(취, 고구마줄기, 피마자, 곤드레)도 잘할 수 있습니다. 토란대나 머윗대는 쓴맛 때문에 한 번 더 삶고 우려 내는 과정이 필요합니다. 그것만 알면 나머지는 똑같습니다.

---

25. 멸치볶음

- 재료: 멸치 150g, 견과류(해바라기씨, 호박씨, 호두, 아몬드, 땅콩)120g, 올리브유, 매실청 1큰술, 다진마늘 1큰술

---

1. 팬을 달군 후 기름을 둘러 마늘을 살짝 볶습니다.
2. 멸치와 견과류를 팬에 넣고 고루 섞습니다.
3. 매실청을 1큰술 넣고 불을 끈 다음 잘 뒤적입니다.

26. 가지볶음

■ 재료: 가지 1개, 양파 중간 크기 반 개, 잔멸치 한 줌, 소금(조선간장/액젓), 올리브유

1. 가지를 길이로 이등분하고, 어슷썰기 합니다.
2. 양파를 채썰기 합니다.
3. 팬에 기름을 두르고 달군 후, 가지와 양파를 넣고 소금 간을 한 뒤 볶습니다.
4. 가지가 익으면 잔멸치 한 줌을 넣어 볶습니다.

27. 표고버섯볶음

■ 재료: 표고버섯 5~10개, 양파 한 개, 소금 1작은술, 올리브유, 깨

1. 표고버섯 둥치는 잘라서 육수용으로 따로 떼어 놓습니다.
2. 표고버섯과 양파를 채썰기 합니다.
3. 팬에 기름을 두르고 달군 후, 표고버섯과 양파, 소금을 넣고 볶습니다.
4. 표고버섯이 익으면 깨를 뿌립니다.

28. 감자채볶음

■ 재료: 감자(특대) 1개, 양파(중) 1개, 당근 1/4개, 부추(쪽파/깻잎) 조금, 소금 1~2작은술, 올리브유

1. 감자와 양파, 당근을 다듬어 채썰기 합니다.

2. 팬에 기름을 넉넉히 두르고 감자와 양파, 당근을 넣고 소금을 쳐서 볶습니다.
3. 어느 정도 익으면 팬에 맞는 뚜껑을 덮고 불을 약하게 줄입니다.
4. 바닥에 눌어붙지 않을 정도로 가끔 뒤집으면서 1분 정도 둡니다.
5. 부추를 씻어 5cm 크기로 썰어 넣습니다.
6. 깨가 있으면 뿌려도 되고 없어도 됩니다. 간만 잘 맞추면 맛있습니다.
* 싱거울 경우 소금을 조금만 더 치면 맛있어집니다. 간을 맞추는 정도의 소금은 건강에 큰 문제가 안 됩니다.
* 감자를 채썰기 한 다음 물에 씻어서 물기를 뺀 후에 볶으면 눌어붙지 않고 잘 볶아집니다. 그러나 감자에 있는 비타민C가 많이 소실됩니다.

29. 수제단무지

■ 재료: 무 1개, 소금 3큰술, 식초 2컵, 설탕 1컵, 물 3컵, 강황가루 1작은술

1. 무를 김밥에 넣기 좋은 크기로 썰어 스테인리스 김치통에 넣고 강황가루를 뿌려 둡니다(무 모양은 먹기 편한 모양으로 썹니다).
2. 설탕과 소금을 물에 넣어 잘 녹여 한소끔 끓입니다.
3. 불을 끈 뒤에 식초를 넣고 한 김 식힌 다음에 무에 부어 둡니다.

30. 김치무침

■ 재료: 김치, 참기름, 통깨

1. 푹 익은 배추김치의 양념을 잘 씻어내고 물기를 꾹 짭니다.
2. 먹기 좋은 크기로 썰어서 양푼에 담아 참기름과 통깨를 뿌려 무칩니다.

31. 오이생채

- 재료: 오이 1개, 깻잎 10장, 고춧가루 1작은술, 소금 1작은술, 액젓 1작은술, 마늘 1쪽, 참기름, 깨

1. 오이를 깨끗이 씻어 길이로 길게 자른 후 어슷썰기 합니다.
2. 마늘을 다지고 깻잎을 씻어 먹기 좋은 크기로 썹니다.
3. 그릇에 오이, 깻잎을 담고 고춧가루, 소금, 액젓, 마늘을 넣고 버무립니다.
4. 참기름과 깨를 넣어 버무립니다.
5. 남으면 물기가 생기고 싱거워지므로 즉시 다 먹는 것이 좋습니다.

32. 무생채

- 재료: 무 1/2개, 고춧가루 1/2큰술, 소금 1큰술, 참기름, 깨, 액젓 2큰술, 마늘 1쪽, 쪽파(대파) 조금

1. 무를 통으로 얇게 썬 후 가지런히 놓고 채썰기 합니다.
2. 무채를 그릇에 담고 소금으로 절입니다(10분).
3. 무가 절여지는 동안 마늘과 쪽파(대파)를 다집니다.
4. 절인 무를 체에 밭쳐서 물기를 꾹 짭니다.
5. 그릇에 무를 다시 담고 고춧가루, 마늘, 쪽파, 액젓을 넣고 버무립니다.
6. 간을 보고 싱거우면 소금이나 액젓을 추가합니다(매우면 싱겁다는 뜻입니다).
7. 참기름과 깨를 뿌려서 버무립니다.

김치

healthy recipes

33. 김치양념(김칫소); 배추 7포기 분량(절임배추 20kg)

■ 재료: 찹쌀 풀 5컵, 디포리(밴댕이) 육수 10컵, 고춧가루 6컵, 쪽파 100g, (미나리), 마늘 20쪽, 생강 2쪽, 갓 200g, 무 1개, 청각 한 줌, 양파 1개, 새우젓 1컵, 멸치액젓 2컵, 매실청 1컵, 소금, 통깨

1. 디포리(밴댕이), 다시마, 파뿌리, 표고기둥, 양파 껍질을 넣어 진한 육수를 냅니다.
2. 육수를 만드는 동안 찹쌀풀을 쑵니다. 찬물 1컵에 찹쌀가루 5큰술을 넣어 풉니다. 물 4컵을 냄비에 끓이다가 물이 끓으면 찹쌀 물을 부어 저어 가면서 끓입니다. 전분이 익으면서 풀처럼 엉기기 시작합니다. 풀이 다 쑤어지면 식혀 놓습니다.
3. 쪽파, 미나리, 갓, 무(절반)는 채썰기 해 둡니다.
4. 청각은 하룻밤 물에 불려서 깨끗이 씻은 다음 칼로 잘게 다집니다(청각은 기계의 칼날을 감는 특성이 있어서 칼로 잘게 다지는 것이 좋습니다. 주로 남도지방 김치에서만 사용합니다).
5. 마늘, 생강, 양파, 새우젓, 무(절반)는 믹서로 갈아 둡니다.
6. 1~5를 모두 합쳐서 버무린 다음 멸치액젓으로 간을 합니다. 양념을 손으로 집었다가 놨을 때 걸쭉하게 천천히 흐를 정도면 됩니다. 간은 '짜지만 맛있다'고 생각될 정도면 딱 맞습니다. 고춧가루에 따라 매운 정도가 다릅니다. 맵다고 느껴지면 싱겁다는 뜻입니다. 그럴 때는 소금이나 조선간장이나 액젓을 추가합니다.
7. 하루 숙성해 두었다가 김치를 버무려도 좋습니다.

34. 배추김치

■ 재료: 절임배추, 김치양념

1. 절임배추를 김장 날에 맞춰 예약 주문합니다.
2. 큰 소쿠리에 배추를 꺼내 물기를 뺍니다.
3. 준비해 둔 양념을 버무립니다[절임배추 한 쪽(배추 1/4통)에 양념 한 주먹 정도: 약 70g]
4. 김치통에 담아 실온에 일주일 두었다가 뽀글뽀글 기포가 올라오고, 새콤한 맛이 나면 김치냉장고에 넣어 숙성시킵니다(취향에 따라 실온에 조금 더 두어도 됩니다).

35. 무김치

■ 재료: 무 한 다발(5~7개), 김치 양념 1컵, 천일염 1컵, 통깨, (조선간장, 액젓)

1. 무를 씻어서 먹기 좋은 크기로 썹니다.
2. 김치 대야에 무가 한 켜 깔리면 그 위에 천일염 한 줌 정도를 고루 뿌립니다. 무를 켜켜이 쌓을 때마다 소금을 사이사이에 넣어 간을 한 다음 전체를 고루 섞어 둡니다(30분 정도 지나서 무를 만져보면 휘어지는데, 그러면 잘 절인 것입니다. 그냥 먹어봐도 간간하게 맛있습니다).
3. 절여지면서 대야를 기울여서 빠져나온 물을 따라내고 간물을 조금 남깁니다.
4. 김치양념을 넣어 버무립니다. 간을 보고 싱거우면 소금이나 간장, 액젓으로 간을 맞춥니다.
5. 통깨를 고루 뿌려 섞고 통에 담습니다.
6. 하룻밤 지나면 무가 양념과 어우러지면서 푹 내려갑니다. 실온에 2~3일 두면 새콤한 향이 나고, 뽀글뽀글 기포가 보입니다. 유산균이 살아 숨 쉬고 있다는 증거입니다. 그때 냉장고에 넣어 보관하면 맛있게 먹을 수 있습니다.

36. 백김치

■ 재료: 절임배추 20kg, 청각 한 줌, 마늘 20쪽, 생강 2쪽, 새우젓 1컵, 갓 한 단, 대파 5뿌

리, 비트 1/4개, 대파 5개

1. 절임배추를 주문합니다.
2. '짜지만 먹을 만한' 농도의 소금물을 만듭니다(물 2L에 천일염 1큰술 비율).
3. 비트는 잘 씻어서 깍둑썰기로 준비합니다.
4. 새우젓, 생강, 마늘에 물을 한 컵 넣어 곱게 갑니다.
5. 청각을 다져서 준비합니다(베보자기에 넣어도 좋습니다).
6. 백김치 담을 통에 배추를 차곡차곡 쌓으며 담습니다. 가운데나 한쪽에 청각을 넣습니다.
7. 소금물을 넉넉히 부어 둡니다. 비트 물이 고루 들도록 비트를 소금물에 띄웁니다.
8. 잘 씻어 둔 갓과 대파를 맨 위에 얹어 공기를 차단합니다. 갓의 시원한 맛과 비트의 색이 우러나면 국물 맛이 일품입니다.
9. 밀봉해서 그늘지고 집안에서 가장 시원한 곳에 열흘에서 한 달 정도 둡니다. 하나를 꺼내 맛보고 맛있으면 김치냉장고로 옮겨서 보관합니다.

37. 동치미

■ 재료: 중간 크기 무 20개, 천일염 2컵, 청각 한 줌, 마늘 20쪽, 생강 2쪽, 새우젓 1컵, 갓 한 단, 비트 1/4개, 대파 5개

1. 무청을 따로 떼 놓고, 무를 깨끗이 씻어서 잔뿌리를 다듬습니다.
2. 큰 김치 대야에 천일염을 넉넉히 퍼 담고 물기가 남아 있는 무를 소금에 굴립니다.
3. 김치 담을 통에 소금을 묻힌 무를 차곡차곡 담아 둡니다.
4. 하루나 이틀 후에 다진 청각을 절인 무 사이에 넣습니다.
5. 새우젓, 생강, 마늘은 물 한 컵 넣어 곱게 갈아 넣습니다.
6. 소금물을 넉넉히 붓고 비트를 띄웁니다(물 2L에 천일염 1큰술 비율).
7. 잘 씻어 둔 무청과 갓이나 대파를 맨 위에 얹어 공기를 차단합니다.

7. 밀봉해서 그늘지고 집안에서 가장 시원한 곳에 열흘에서 한 달 정도 둡니다. 하나를 꺼내 맛보고 맛있으면 김치냉장고로 옮겨서 보관합니다.

38. 갓/파김치

■ 재료: 갓 한 단, 쪽파 한 단, 찹쌀 풀 5컵, 김칫소 5컵, 소금, 액젓, 비정제설탕 2큰술

1. 돌산 갓이나 청갓을 씻어서 진한 소금물(물 1L에 소금 1컵)에 하룻밤 절입니다.
2. 그다음 날 찹쌀 풀을 더 쑤어 식힙니다(김칫소 레시피 참조).
3. 기존 양념과 찹쌀풀을 반반 섞고 멸치액젓으로 간을 맞춥니다.
4. 쪽파는 씻어서 물기를 뺀 후 멸치액젓을 뿌려 1시간 정도 절입니다.
5. 3의 양념으로 갓과 파를 따로 버무리고, 통깨를 뿌립니다.
6. 김치통에 파 한 묶음, 갓 한 묶음 교차해 가며 차곡차곡 담습니다.
7. 실온에 2주 이상 두었다가 새콤한 맛이 나면, 김치냉장고로 옮겨 보관합니다.

39. 부추김치

■ 재료: 부추 1단, 찹쌀 풀 1/2컵, 액젓 1컵, 비정제설탕 1큰술, 김치양념

1. 찹쌀풀을 쑤어 식힙니다.
2. 부추를 가지런히 씻어 물기를 뺍니다.
3. 부추에 액젓을 뿌려 간을 합니다.
4. 김치양념, 찹쌀풀을 고루 섞어서 부추에 바르듯이 양념합니다. 박박 문지르면 풋내가 나기 때문에 살살 발라 절반을 접어 통에 가지런히 담습니다.
5. 실온에 며칠 두었다가 새콤한 향이 나면 냉장고에 넣습니다. 부추김치는 푹 익어도 맛있습니다.

40. 깻잎김치

- 재료: 깻잎 5묶음, 조선간장 5큰술, 액젓 5큰술, 설탕 2큰술, 양파 1개, 당근 1/4개, 부추 한 줌, 고춧가루 2큰술

1. 깻잎은 잘 씻어서 물기를 뺍니다.
2. 양파와 당근은 가늘게 채썰기 하고, 부추는 잘게 다집니다(부추 대신 쪽파도 좋고, 없으면 빼도 됩니다).
3. 모든 양념에 양파와 당근, 부추를 넣고 버무립니다. 간을 봤을 때 약간 짜지만 맛있으면 됩니다.
4. 넓은 그릇이나 볼에 깻잎을 두 장 겹쳐 놓고 숟가락으로 양념을 떠서 첫 번째 장에 펴 바릅니다. 그 위에 깻잎 두 장을 얹고 위쪽에만 양념 바르기를 반복합니다.
5. 방향을 바꿔 가며 깻잎을 쌓으면 김치 산이 잘 만들어집니다. 만드는 사이에 깻잎에서 물이 나와 양념 국물이 생깁니다. 그 국물을 끼얹으면 깻잎 김치에 양념이 고루 뱁니다.
6. 적당한 크기의 용기에 넣어 두고 냉장보관하면서 먹습니다(깻잎김치는 다른 김치와 달리 익기 전이 더 맛있습니다).

41. 물김치

- 재료: 배추 1포기, 무 1개, 사과 1개, 배 1개, 소금물(소금 4큰술, 물 3L 비율), 마늘 10알, 생강 1쪽, 밥 반 그릇

1. 무와 배추는 씻어서 아이가 먹기 좋도록 썹니다(가로세로 2cm 이상, 두께는 5mm 미만).
2. 사과와 배도 비슷한 크기로 썹니다.

3. 소금물을 만듭니다. 간을 봤을 때 살짝 짜지만 먹을 만한 정도면 됩니다(소금에 따라 염도의 차이가 있으니 간을 보고 소금과 물의 양을 조절합니다).
4. 마늘과 생강, 밥을 믹서에 넣고 소금물과 함께 곱게 갑니다.
5. 김치통에 재료와 양념을 넣고 재료가 잠길 정도로 소금물을 붓고 고루 저어 둡니다. 취향에 따라 소금물의 양을 조절합니다.
6. 실온에서 2~7일 지나면 유산균이 만들어 낸 기포가 보글보글 올라옵니다. 이때 냉장보관하면서 먹으면 됩니다(계절이나 소금물 농도에 따라 발효 속도가 다릅니다).

42. 비트깍두기

■ 재료: 비트 2개, 무 1개, 대파 1개, 부추 조금, 소금 한 줌, 김칫소 1/2컵(깍두기 양념은 고춧가루 3큰술, 멸치액젓 5큰술, 소금 2큰술, 마늘 5큰술, 찹쌀풀 1컵만 넣어도 충분합니다.)

1. 먼저 무를 1~2cm 두께로 통으로 썹니다. 그다음 무가 정육면체에 가깝도록 썰어서 천일염으로 절입니다.
2. 무를 절이는 동안 부추는 4~5cm 길이로 썰고, 대파는 초록 줄기 부분을 어슷썰기 하고, 하얀 대 부분은 십자로 칼집을 넣어 다집니다.
3. 비트도 무보다 조금 작게 그러나 비슷한 모양으로 썹니다.
4. 무가 절여지면서 생긴 물을 따라 버리고 약간만 남깁니다.
5. 무에다 비트를 포함한 부재료를 넣고, 양념을 넣어 버무립니다.
6. 간을 보고 싱거우면 소금이나 액젓을 추가합니다.
7. 깨를 뿌리면 완성됩니다.

한 그릇 음식 healthy recipes

43. 건강한 카레라이스

■ 재료: 강황가루 1큰술, 멸치육수, 돼지안심 150g, 감자 1개, 당근 반 개, 양파 1개, 새송이버섯 1개, (통)밀가루 3큰술, 소금 2작은술, 액젓

1. 돼지 안심, 감자, 당근, 양파, 버섯은 모두 깍둑썰기 합니다.
2. 달군 팬에 기름을 두르고 돼지 안심을 넣고 강황가루 1/2큰술과 소금 1작은술을 넣고 볶습니다.
3. 고기의 겉이 익으면 이때 썰어놓은 채소를 모두 넣고 나머지 강황가루 1/2큰술과 소금 1작은술을 넣어 함께 볶습니다.
4. 재료가 잠길 정도의 육수를 붓고 감자가 익을 때까지 끓인 뒤, 멸치액젓으로 간을 맞춥니다(설탕을 넣으면 조금 더 맛이 부드럽지만 설탕을 빼고 요리하는 습관을 기릅시다).
5. 불을 줄인 후 찬물에 밀가루 3큰술을 개어놓은 것을 4에 천천히 저으며 걸쭉해질 때까지 넣어 끓이면 완성됩니다.

44. 강황잡채

■ 재료: 당면 두 줌, 당근 1/2개, 양파(중) 1개, 새송이버섯 1개, 깻잎, 달걀 3개, 올리브유, 소금 2큰술, 멸치액젓 1큰술, 후추 조금, 강황가루 1/2~1 스푼, 통깨 조금

1. 면은 뜨거운 물에 10분간 불립니다.
2. 모든 채소는 채썰기 합니다.
3. 팬에 기름을 두르고 깻잎을 뺀 모든 채소를 넣고 강황가루, 소금, 후추로 간하여 볶습니다.

4. 고기가 익으면 불린 면을 넣고 잘 섞어 한 번 더 볶으면서 멸치액젓으로 간을 맞춥니다.
5. 달걀은 소금을 넣고 잘 풀어서 지단을 부쳐 채썰기 합니다.
6. 불을 끄고 깻잎, 달걀지단, 참기름(선택)을 넣어 섞습니다.
7. 그릇에 담고 통깨를 뿌리면 완성입니다.

45. 닭 가슴살 채소볶음

■ 재료: 닭 가슴살(닭 안심) 400g, 달걀 1~2개, 통밀가루 1~2큰술, 애호박 1개, 감자 1개, 당근 1/4개, 부추(쪽파) 조금, 소금 2작은술, 후추, 액젓, 올리브유

1. 닭 가슴살의 두꺼운 부분은 균일한 크기로 포를 뜨고 칼등으로 전체적으로 두드려서 먹기 좋은 크기로 썹니다(닭 안심을 사용할 경우, 힘줄 부분만 제거하고 살짝 두드립니다).
2. 달걀을 풀고 거기에 닭 가슴살과 오일 1큰술, 소금 1작은술, 후춧가루 조금, 부추 다진 것을 뿌린 후 버무립니다.
3. 고기에 간이 밸 동안 채소를 준비합니다. 호박, 감자, 당근을 길이로 사등분한 다음 가로로 채썰기 하면 부채꼴 모양이 됩니다.
4. 고기에 간이 배면 통밀가루를 넣고 조물조물 무쳐서 튀김옷처럼 밀가루옷을 입힙니다.
5. 달군 팬에 기름을 넉넉히 두르고 중불로 고기를 뒤집어 가며 굽습니다.
6. 구운 고기를 따로 접시에 옮깁니다.
7. 고기를 구운 기름에 준비한 채소와 소금, 액젓을 넣어 볶으면 고기 맛이 채소에 어우러집니다.
8. 감자가 다 익으면 고기와 같이 고루 섞습니다.

*탕수육 같은 느낌을 내려면 탕수육 소스를 만들어 곁들여도 됩니다. 이대로 먹어도 프라이드치킨 맛이 납니다. 고기와 채소를 함께 먹으면 좋습니다.

46. 한방백숙

■ 재료: 한방 팩 1개, 자연방사 토종닭 1마리, 천일염, 현미찹쌀 3컵

1. 닭에 조금씩 남아 있는 내장 잔해를 제거한 후 깨끗이 씻어둡니다(끓는 물에 닭을 데친 후에 깨끗이 씻으면 잡냄새가 사라집니다).
2. 찜솥에 닭을 넣고 닭이 잠길 만큼 물을 충분히 붓고 천일염을 2큰술 넣어 삶습니다.
3. 한방 팩에 들어 있는 재료를 물에 살짝 헹궈서 솥에 넣고 강불로 끓이다가 중불로 낮춰서 2~3시간 푹 삶습니다(압력솥은 압이 올라오면 불을 살짝 낮춰서 30분 더 끓이고 불을 끕니다. 압력이 내려가는 데 1시간이면 충분합니다).
4. 현미찹쌀은 소금 간을 한 후 조금 질다 싶게 밥을 짓습니다.
5. 닭은 따로 먹고, 한방 국물도 따로 마십니다. 국물에 찰밥을 말아 먹으면 죽처럼 먹을 수 있습니다.

47. 닭죽

■ 재료: 토막 낸 닭 1마리, 천일염, 현미 3컵, 당근, 쪽파, 감자, 달걀 2개

1. 현미는 따뜻한 물에 2시간 불려 둡니다.
2. 끓는 물에 닭을 살짝 데쳐 내고, 찬물로 헹구면서 이물질을 제거합니다.
3. 찜솥에 닭을 넣고 닭이 충분히 잠길 만큼 물을 넉넉하게 붓고 천일염을 2큰술 넣어 닭을 푹 삶아줍니다.
4. 당근, 쪽파, 감자는 잘게 다지고, 닭이 익으면 꺼내 살만 발라서 잘게 찢습니다.
5. 닭을 건진 후에 불린 현미를 넣어 끓입니다.
6. 현미가 끓어오르면 당근과 감자를 넣습니다.

7. 달걀은 소금을 한 자밤 넣어 풀어두고, 달걀 물을 동그라미를 그리며 붓고 살짝 익힌 다음 십자로 젓습니다.
8. 쌀이 다 익었으면 불을 끄고 뚜껑을 덮어 뜸을 들입니다. 그릇에 담기 전에 쪽파를 넣어 고루 섞습니다.

*취향에 따라 밤이나 대추, 은행을 넣어도 더욱 깊은 맛이 납니다.

48. 월남쌈

■ 재료: 채소(오이 1개, 당근 1개, 양파 1개, 깻잎 10장, 파프리카 2개, 적양배추 1/8개), 사과 1개, 돼지 안심(닭 가슴살) 300g, 올리브유, 깨소스, 소금 1작은술, 마늘 1큰술, 월남쌈피

1. 채소는 제철에 쉽게 구할 수 있는 채소를 골라 채썰기 합니다.
2. 고기는 돼지 안심(닭 가슴살)을 먹기 좋은 크기로 썰어서 소금, 후추, 마늘, 기름으로 간을 해서 팬에 굽습니다.
3. 사과나 파인애플, 키위 같은 새콤달콤한 제철 과일을 먹기 좋은 크기로 썹니다.
4. 따뜻한 물에 월남쌈피를 적신 뒤 접시에 펼쳐놓고 재료를 고루 얹은 다음 깨소스를 뿌리고 잘 말아서 먹습니다.

49. 닭 가슴살 알리올리오

■ 재료: 유기농 통밀파스타 400g, 마늘 15~20개, 올리브유 반 컵, 닭 가슴살 200g, 양배추 100g, 양파 1개, 당근 1/2개, 깻잎(루콜라) 10장, 소금, 후춧가루, 액젓

1. 끓는 물에 소금 1큰술과 기름 한 방울을 넣어 통밀파스타를 10분간 삶습니다.
2. 양파, 양배추, 당근, 깻잎을 먹기 좋은 크기로 채 썰고 마늘은 납작납작하게 편으로 썹니다.

3. 닭 가슴살도 먹기 좋은 크기로 썰고 소금 1작은술, 후춧가루 한 자밤으로 밑간을 합니다.
4. 팬에 기름을 넉넉히 두르고 마늘과 채소, 고기를 볶으면서 소금으로 간합니다.
5. 재료가 거의 익으면 파스타와 면수를 넣고 양념이 면에 배도록 끓입니다.
6. 액젓으로 간하고 올리브유를 추가합니다. 불을 끄고 깻잎(또는 루콜라)을 넣어 고루 섞습니다.
7. 접시에 담습니다.

* 알리올리오는 마늘과 올리브유가 주재료이므로 다른 채소는 빼도 되지만, 채소 함량을 늘이기 위해 다양한 채소를 넣었습니다. 편으로 썬 마늘을 싫어하는 아이를 위해 모양이 보이지 않게 다져 넣는 것도 좋습니다.

50. 시래기 알리올리오

■ 재료: 유기농 통밀파스타 400g, 마늘 15~20개, 올리브유, 시래기 500g, 소금 1큰술, 액젓

1. 삶은 시래기의 물기를 살짝 짜서 먹기 좋은 크기로 썰어 둡니다.
2. 마늘은 편으로 썰어 둡니다. 아이가 마늘 보이는 걸 싫어해서 반은 다져서 사용했습니다.
3. 팬이 달궈지면 기름을 넉넉히 두르고 편으로 썬 마늘을 볶습니다.
4. 시래기를 넣고 액젓 1큰술과 다진 마늘을 넣어서 시래기에 간이 배게 합니다.
5. 소금물에 삶은 파스타를 팬에 넣고 면수도 한 국자 넣어 함께 볶습니다.
6. 액젓 1큰술을 추가로 넣어 간하고, 오일도 추가합니다.
7. 접시에 담아 냅니다.

51. 콩국수

■ 재료: 통밀국수(메밀국수) 500g(5인분), 대두 300g, 소금, 오이 1개, 방울토마토 5개, 달

갈 3개(또는 달걀지단이나 메추리알)

1. 콩을 하룻밤 정도 불립니다.
2. 콩을 손으로 비벼서 껍질을 벗겨냅니다.
3. 깊고 큰 냄비를 사용해서 콩이 푹 잠길 만큼 물을 넣고 소금을 한 스푼 넣어 삶습니다(푹 삶는다고 가스 불에 얹어 놓고서 잊어버리면 넘칠 수 있으므로 주의).
4. 팔팔 끓으면 불을 줄이고 손으로 뭉개질 정도로 30~40분 더 삶습니다(비린내를 안 나게 하려면, 큰 냄비를 사용해서 콩이 익는 동안 뚜껑을 열어보지 않습니다. 뚜껑을 열지 않고도 삶아진 정도를 알려면 김에서 나는 냄새를 맡아봅니다. 고소한 냄새가 나면 다 삶아진 것입니다. 과하게 삶아지면 메주 냄새가 납니다).
5. 믹서에 콩을 넣고 콩 삶은 물을 부어서 곱게 갑니다(콩 삶은 물을 버리지 않고 콩물을 만들 때 사용하면 더 고소하고, 잣이나 깨를 넣어서 함께 갈아도 좋습니다).
6. 만들어진 콩물을 냉장고에 넣어 둡니다. 얼음을 싫어할 경우 콩물을 조금 연하게 만들면 됩니다(생수로 콩물의 농도를 기호에 맞게 조절합니다).
7. 소면(중면) 삶는 동안, 고명으로 쓸 달걀을 삶고, 오이 채썰기 하고, 방울토마토도 반으로 자릅니다(달걀은 씻어서 국수 삶는 물에 같이 삶습니다).
8. 달걀을 건져내고, 면은 냉수에 두세 번 헹군 다음, 1인분씩 사려 둡니다.
9. 그릇에 면을 먼저 담고, 그 위에 시원한 콩물을 넣고 준비한 고명을 얹습니다. 열무김치를 곁들이면 더욱 좋습니다.

52. 콩물파스타

■ 재료: 유기농 통밀파스타 400g, 콩물 2~3컵, 양파 1개, 마늘, 팽이버섯 1팩, 소금, 액젓, 올리브유

1. 유기농 통밀파스타를 소금물에 10분 정도 삶습니다.
2. 면을 삶는 동안 양파는 채썰기 하고, 마늘은 편으로 썹니다(마늘 편을 싫어하면 다진 마늘 사용).
3. 팬에 올리브유를 넉넉히 두르고 마늘과 양파를 넣고 살짝 볶습니다.
4. 파스타를 넣고 면수와 콩물을 넣어 소금으로 간해 끓입니다.
5. 어느 정도 끓어오르면 면처럼 가늘게 찢은 팽이버섯을 넣고, 약간 걸쭉해질 때까지 저어주면 크림파스타 느낌이 납니다.
6. 간을 보고 멸치 액젓을 반 스푼 정도 넣으면 감칠맛이 돕니다.
7. 그릇에 담고 파슬리 가루(선택)를 뿌려 내면 완성입니다.

* 콩국수를 하고 콩물이 애매하게 남을 경우, 파스타를 하면 색다른 맛을 느낄 수 있습니다. 남은 콩물은 희석해서 아이들 간식으로 마셔도 좋고, 우유 대용으로 다양하게 활용할 수도 있습니다.

53. 현미떡국

■ 재료: 멸치 육수 5~6컵, 현미떡국떡 800g, 달걀 2개, 대파 1개, 다진 마늘 2큰술, 김, 소금 1/2큰술, 액젓

1. 육수가 끓는 동안 찬물에 떡을 헹구면서 붙어 있는 떡을 떼어내 체에 밭칩니다(찬물에 헹구면 떡이 익으면서 서로 붙지 않습니다).
2. 마늘은 다지고, 대파는 어슷썰기 합니다.
3. 육수가 끓으면 떡을 넣고 소금 간을 합니다(이때 간을 해야 떡에 간이 뱁니다).
4. 떡이 떠오르면 대파와 마늘을 넣고 국물 간을 봅니다. 싱거울 경우 액젓으로 간을 합니다.
5. 달걀에 소금 한 자밤을 넣어 잘 푼 다음 떡국에 동그라미를 그리듯 넣습니다.
6. 달걀이 살짝 익으면 십자로 한 번만 저어주고 불을 끕니다(달걀이 익기 전에 휘저으면 달걀이 너무 풀어져서 지저분해 보입니다).

7. 김을 가늘게 잘라서 고명으로 얹어 냅니다(손으로 잘게 부셔도 됩니다).

54. 현미굴떡국

- 재료: 현미떡국떡 400g, 굴(250g) 1봉지, 다진 마늘 2큰술, 대파 1개, 달걀 2개, 김 2장, 조선간장 5큰술, 소금 약간, 올리브유

1. 굴에 굴 껍데기가 붙어 있는지 확인하면서 씻어서 체에 밭칩니다.
2. 씻은 굴을 마늘과 조선간장, 기름을 두르고 살짝 볶습니다.
3. 물 5컵을 붓고 끓입니다(굴에서 검은 빛이 납니다).
4. 물이 끓는 동안 달걀에 소금 한 자밤을 넣어 잘 풀어서 약한 불로 달걀지단을 만들어서 채썰기 합니다(번거로우면 생략해도 됩니다).
5. 김은 살짝 구워서 달걀지단과 같은 크기로 잘라 둡니다.
6. 물이 끓으면 떡을 넣고 한소끔 끓입니다.
7. 떡이 물위로 떠오르면 대파를 넣고 간을 맞춘 다음 불을 끕니다.
8. 떡국을 그릇에 담고 고명으로 달걀지단과 김을 얹어 냅니다.

55. 고기김치만두

- 재료: 두부 1모, 숙주 1봉지, 돼지고기 간 것 500g, 김치 한포기, 부추 한 줌, 소금, 후추, 만두피 30~40개

1. 만두피 반죽을 해서 숙성시키는 동안 만두소를 만듭니다.
2. 칼을 눕혀서 짓누르듯 두부를 으깬 다음 면보에 싸서 물기를 꾹 짭니다.
3. 숙주는 데쳐서 먹기 좋은 크기로 썹니다.

4. 김치는 씻어서 물기를 짜고 잘게 다집니다.
5. 돼지고기는 갈아서 소금, 후추로 간을 하고 고기가 익을 정도로만 볶습니다.
6. 부추도 씻어서 잘게 썰어 둡니다.
7. 모든 재료를 한데 섞어 소금 간을 합니다.
8. 만두피 바깥쪽에 물을 묻혀 만두를 빚습니다.
9. 찜솥에 물이 팔팔 끓으면 빚은 만두를 얹어 10~15분 정도 찝니다. 만두피가 익으면 속도 거의 익습니다.
10. 초간장을 찍어 먹으면 일품입니다.

56. 만두피 10개 [82]

■ 재료: 통밀가루 5큰술, 찹쌀가루 2큰술, 달걀흰자 1개, 소금 2자밤, 오일 1~2방울

1. 밀가루와 찹쌀가루, 소금 두 자밤을 넣고 잘 섞습니다.
2. 달걀흰자와 노른자를 분리해서 흰자만 넣고, 식용유를 한두 방울 넣습니다(달걀흰자와 오일이 천연유화제 역할을 합니다).
3. 손에 묻지 않을 정도로 잘 섞어서 치댑니다.
4. 잘 치댄 반죽은 비닐 팩에 싸서 냉장고에 넣고 1시간 이상 숙성시킵니다.
5. 숙성된 반죽을 길쭉 동글하게 만들어서 일정 크기로 잘라서 밀대로 밉니다.
6. 동그란 주전자 뚜껑으로 반죽을 찍어 냅니다.
7. 만두피가 서로 붙지 않도록 밀가루를 잘 뿌려 둡니다.

57. 감자샌드위치

■ 재료: 무반죽 통밀빵 2개, 감자 3개, 양파 1/2개, 오이 1개, 사과 1개, 달걀 2개, 소금, 건강 마요네즈 5큰술

---

[82] https://www.10000recipe.com/recipe/6841004

1. 감자를 깨끗이 씻어서 냄비에 감자가 잠길 정도의 물을 붓고 껍질째 통으로 삶습니다 (바쁠 때는 껍질을 벗기고 깍둑썰기를 해서 소금물에 푹 삶습니다).
2. 달걀도 감자 옆에 같이 삶아서 껍질을 벗깁니다(달걀이 먼저 익으면 건져 내면 됩니다. 달걀 삶을 시간이 없을 때는 프라이를 해도 됩니다).
3. 감자가 삶기는 동안 양파와 오이는 다져서 소금에 절여 둡니다.
4. 달걀은 칼로 잘게 다지고, 감자는 껍질을 벗기고 으깨 서로 섞습니다.
5. 오이, 양파는 물기를 꾹 짜고, 사과도 잘게 다져서 으깬 감자에 섞습니다.
6. 건강 마요네즈로 버무리고 싱거우면 소금으로 간을 조금 더 합니다. 여기까지 매시드 포테이토 완성입니다.
7. 빵 사이에 두툼하게 매시드 포테이토를 넣어서 빵을 꾹 누르고 먹기 좋은 크기로 썹니다. 오픈 샌드위치로 먹어도 좋습니다.
8. 토마토나 샐러드를 곁들여 먹으면 더욱 맛있습니다.

58. 무반죽통밀빵 - 83)

■ 재료: 통밀가루 200g, 드라이 이스트 5g, 소금 3g, 미온수 180g
(여기에 견과류 50g을 다져서 넣으면 더욱 고소합니다.)

1. 체온 정도로 따뜻한 물을 준비합니다.
2. 볼에 미지근한 물을 넣고 소금을 녹인 후 밀가루를 넣고, 그 위에 드라이 이스트를 넣습니다.
3. 나무주걱이나 숟가락으로 볼 아래에서 위로, 가장자리에서 중심으로 끌어올리듯 고루 섞습니다.
4. 가루가 보이지 않게 한덩어리로 잘 섞은 후 표면을 젖은 수건으로 덮어 1차 발효합니다 (반죽을 넉넉히 해서 일부를 떼어 놓으면 발효종이 됩니다).
5. 여름에는 실온에서 한두 시간, 겨울은 오븐 온도를 50도로 올린 후 오븐을 끄고 그 안에

---

83) 이언화, 힐링 브레드, 다빈치 (2009).

넣어 두세 시간 발효시킵니다. 오븐 자체에 발효 기능이 있으면 그 기능을 이용합니다. 반죽이 두세 배 부풀면 발효를 마칩니다[1차 발효 후 냉장고에 반나절에서 하루 정도 보관하면 발효력과 풍미가 더욱 좋아집니다. 또는 반죽의 일부(200g 정도)를 남겨 냉장 숙성하고 그다음 날(최대 3~4일) 반죽에 섞으면 지난 반죽이 천연 효모 역할을 하여 빵 맛이 한결 깊어집니다. 천연 효모는 드라이 이스트보다는 발효 시간이 오래 걸릴 수 있습니다. 반죽이 부푸는 것으로 발효 정도를 가늠할 수 있습니다].

6. 작업대와 주걱에 밀가루를 충분히 묻힌 후 반죽이 찢어지지 않게 볼 가장자리를 따라 가며 반죽을 분리합니다.
7. 주걱에 밀가루를 묻혀 가며 반죽 가장자리에서 중심으로 접어주듯이 끌어 올려 바닥면을 당깁니다. 손바닥에 밀가루를 묻혀 가볍게 둥글리며 표면을 매끄럽게 만듭니다.
8. 둥근 반죽을 팬이나 빵틀에 올립니다. 위쪽에 칼집을 넣고 밀가루를 살살 뿌립니다. 30분~1시간 동안 2차 발효 과정을 거칩니다(팬에 구우면 둥근 빵이 나오고 빵틀에 구우면 빵틀 모양대로 나옵니다).
9. 오븐을 180~200도로 예열합니다.
10. 오븐 트레이에 물을 한 컵 부어 스팀을 주고, 30~40분간 굽습니다.
11. 뜨거울 때 꺼내 식힘망에서 완전히 식힌 다음 잘라야 수분 손실을 막아 쉽게 메마르지 않습니다.

59. 천연발효통밀빵

■ 재료: 통밀가루 200g, 보관 반죽(천연 효모) 100g, 소금 3g, 미온수 180g, 견과류 50g

1. 볼에 따뜻한 물과 어제 반죽을 넣어 잘 풀어 냅니다(살짝 덩어리진 정도는 괜찮습니다).
2. 소금을 넣어 녹이고, 통밀가루를 넣어 가루가 보이지 않을 정도로 나무주걱으로 잘 섞습니다.
3. 표면을 젖은 수건으로 덮어 섭씨 25~28도에서 2~3시간 1차 발효를 진행합니다.
4. 1차 발효가 끝난 반죽을 밀가루를 뿌려놓은 작업대로 옮기고 잘라 둔 견과류를 고루 섞습니다.

5. 손에 밀가루를 묻히고, 반죽을 빨래 개듯이 접고 누르기를 반복하면 반죽 표면이 매끈해집니다.
6. 둥글게 만든 반죽을 팬이나 빵틀에 올립니다. 위쪽에 칼집을 넣고 밀가루를 살살 뿌립니다.
7. 1~2시간 2차 발효를 합니다.
9. 오븐을 180~200도로 예열합니다.
10. 오븐 트레이에 물을 한 컵 부어 스팀을 주고, 30~40분간 굽습니다.
11. 뜨거울 때 꺼내서 식힘망에서 식힙니다(샌드위치를 만들 것이 아니면 따뜻할 때 먹어도 좋습니다).

60. 샐러드

■ 재료: 양배추 1/4개, 오이 1개, 파프리카 1개, 사과 1개(토마토 2개) 샐러드소스: 소금 1/2큰술, 매실청 4큰술, 천연식초 4큰술, 올리브유 4큰술

1. 채소와 과일을 깨끗이 씻어 먹기 좋은 크기로 썹니다. 재료는 계절마다 구하기 쉬운 것으로 바꿔도 좋습니다.
2. 소금, 매실청, 식초, 올리브유를 섞어서 소금을 잘 녹입니다. 취향에 따라 식초량은 가감합니다. 샐러드 소스를 섞어 그릇에 담아 냅니다.
* 무항생제 닭 가슴살이나 돼지 안심(등심) 부위를 양념한 후 구워서 샐러드와 섞어 먹어도 좋습니다[고기양념: 소금, 후추(강황가루), 오일, 로즈마리나 바질]

소스 healthy recipes

61. 쌈장

■ 재료: 된장 2큰술, 고추장 1큰술, 식초 2큰술, 양파 반 개, 다진 마늘 1큰술, 파, 풋고추, 깨

1. 된장과 고추장 비율은 1:1 비율이 맛있지만, 아이들과 함께 먹을 때는 고추장을 조금 적게 넣습니다.
2. 식초는 개인 취향에 맞게 새콤한 정도를 조절하면 됩니다.
3. 마늘과 양파, 쪽파·대파 모두 잘게 다지고, 풋고추도 취향에 맞게 썹니다.
4. 모든 재료를 잘 섞으면 완성입니다(특별한 반찬이 없어도 싱싱한 채소를 쌈장에 찍어 먹으면 밥 한 그릇을 뚝딱 먹을 수 있습니다. 특히 입맛 없을 때 도전해 보세요).

62. 깨소스(비건 마요네즈)

■ 재료: 볶은 깨(견과류) 5큰술, 소금 1작은술, 식초 5큰술, 매실청 5큰술, 올리브유 5큰술

1. 믹서에 깨(견과류)를 먼저 곱게 갑니다.
2. 소금, 식초, 매실청, 올리브유를 분량대로 넣어 갈아 냅니다(깨나 견과류의 단백질이 유화제 역할을 합니다).
3. 식초나 매실청의 양을 가감하면서 취향에 맞는 맛과 농도를 맞춥니다. 이때 간이 연해지면 소금을 조금 더 넣으면 됩니다.

* 마요네즈 만들기 원리만 알면 모든 소스에 응용할 수 있습니다. 식초가 세균의 성장을 막아주기 때문에 냉장보관하면 1주일은 충분히 사용할 수 있습니다.

63. 토마토소스

■ 재료: 완숙토마토 5개, 양파 2개, 로즈마리 조금, 올리브유, 소금 1~2큰술, 후추 약간

1. 팬을 달구어 버터를 녹입니다.
2. 양파와 로즈마리를 잘게 다져서 소금, 후추를 넣고 팬에 볶습니다.
3. 양파가 익으면 다진 토마토를 넣고 원하는 농도가 될 때까지 끓입니다.
* 이때를 위해 집 베란다에 조그만 로즈마리 화분을 한두 개 장만합니다. 바람과 양분이 충분하면 잘 자랍니다. 기분이 울적할 때 쓰다듬어 주면 로즈마리가 나눠주는 향이 기분 전환에 도움이 됩니다.

64. 호두건포도잼 [84]

■ 재료: 호두 100g, 건포도 100g, 소금 한 자밤, 생수 1/4컵

1. 건포도를 씻습니다.
2. 믹서에 호두와 건포도를 한 줌씩 넣고 소금 한 자밤, 생수를 넣어서 갈아 냅니다. 잼의 묽기는 물 양으로 조절합니다. 빵에 바르기 좋은 농도면 됩니다.

간식 — healthy recipes

65. 콩물핫초코

■ 재료: 콩물 100mL, 코코아 가루 1큰술, 물 300mL, 꿀(설탕) 1/2큰술

1. 냄비에 콩물과 코코아 한 스푼을 잘 풀어 둡니다. 물을 넣은 후 따뜻하게 데웁니다.
2. 컵에 핫초코를 따른 후 꿀을 넣고 저으면 완성입니다(설탕을 사용할 경우는 처음부터 넣어서 끓이고 꿀을 넣을 경우는 영양소 파괴를 막기 위해 끓인 후에 넣습니다).

---

[84] 이화실, 안현필 건강밥상, 소금나무 (2008).

66. 식혜

■ 재료: 쌀(보리쌀) 2컵, 엿기름 250g, 물 4~5L, 비정제 설탕 반 컵

1. 엿기름을 물 2L에 1시간 담가 둡니다.
2. 고두밥을 지어 주걱으로 밥을 잘 저어 둡니다.
3. 엿기름물을 보자기에 밭쳐 꾹 짜냅니다(엿기름 윗물만 따라서 하면 식혜가 하얗게 되고, 이 방법으로 하면 거뭇한 빛깔이 됩니다. 하지만 하얀 식혜보다 훨씬 깊은 맛이 있습니다).
4. 물 1L에 엿기름 보자기를 담가 조물조물 문질러서 엿기름물을 한 번 더 짜냅니다.
5. 고두밥에 엿기름물을 붓고 설탕을 조금 넣습니다.
6. 하룻밤(8시간 이상) 보온합니다.
7. 밥솥을 열어보아 밥알이 동동 떠 있고 밥알이 잘 으깨지면 잘된 것입니다.
8. 큰 솥으로 식혜를 옮겨서 물을 1L 추가하고 한소끔 끓입니다(취향에 따라 생강가루나 생강편을 넣어서 끓여도 좋습니다).
9. 떠오르는 거품을 살짝 걷어내고 식혀서 냉장보관합니다.

67. 볶은콩

■ 재료: 콩(대두 또는 검은콩)

1. 콩을 깨끗이 씻어서 체에 밭칩니다.
2. 달군 팬에 콩을 넣어 중불로 5~7분간 저으면서 볶습니다.
3. 콩이 익으면 껍질이 탁탁 소리를 내며 벌어집니다.
4. 하나를 식혀서 맛보고 구수하면 다 된 것입니다(맛있어서 과식할 수 있습니다. 꼭꼭

씹어서 먹도록 주의합니다).

68. 웨지감자

■ 재료: 감자 2개, 소금 1작은술, 매실청 1큰술, 올리브유 1큰술, 다진 마늘 1큰술, 로즈메리(파슬리, 깻잎)

1. 감자를 깨끗이 씻어서 웨지 모양(뾰족 반달)으로 썰어 둡니다.
2. 소금, 매실청, 올리브유, 마늘, 로즈메리를 잘게 다져서 고루 버무립니다.
3. 오븐 팬이나 에어 프라이어 팬에 감자를 깝니다.
4. 200~230도로 예열한 오븐에서 15분가량 구워 냅니다(오븐 사양에 따라 시간은 조절하면 됩니다. 삶은 감자일 경우는 5분이면 완성됩니다).

69. 현미누룽지

■ 재료: 현미밥 반 공기

1. 식은 현미밥을 찬물로 헹궈서 체에 밭칩니다.
2. 한 주걱 떠서 팬이나 넓은 냄비에 밥알이 가능한 한 겹치지 않게 얇게 폅니다.
3. 약불에 30분에서 1시간 정도 두면 팬에서 저절로 뚝 떨어집니다. 바삭한 누룽지가 만들어집니다.

70. 바나나하드

■ 재료: 바나나

1. 잘 숙성된 바나나를 한입 크기로 썹니다.
2. 밀폐용기에 넣어서 얼립니다.

71. 산딸기크림봉봉

■ 재료: 산딸기 두 컵 반, 생크림[국산 유크림(우유) 100미량영양소, 유지방 38미량영양소 이상] 1컵 반, 설탕 반 컵

1. 산딸기를 방망이나 포크로 으깨(믹서도 가능) 체에 밭쳐서 씨를 걸러 냅니다.
2. 걸러 낸 산딸기에 설탕을 절반을 넣어 녹입니다.
3. 다른 그릇에 생크림과 나머지 설탕을 넣고 섞고, 크림이 부드럽게 엉길 때까지 거품기로 저어 둡니다.
4. 폭신한 생크림 위에 산딸기 액을 붓고, 흰색과 보라색 줄기가 뒤섞여 소용돌이치는 모양이 되도록 둥글게 젓습니다.
5. 냉장고에 3시간 이상 넣어 두었다가 먹습니다.

72. 통밀쿠키

■ 재료: 통밀가루 250g, 방목우 버터 100g, 유정란 2개, 소금 1작은술, 비정제설탕 80g, 견과류 60g

1. 오븐을 180도로 예열합니다. 버터는 말랑하게 녹이고, 계란도 실온에 둡니다.
2. 유정란을 머랭처럼 풀고 소금과 설탕을 넣어 휘핑합니다.
3. 밀가루를 체로 칩니다.
4. 버터를 녹여서 휘핑기로 크림처럼 만듭니다.
5. 휘핑한 달걀에 버터를 조금씩 부어 분리되지 않게 잘 섞습니다.
6. 여기에 체질한 가루를 칼질하듯 섞고 견과류도 넣습니다.
7. 쿠키 모양은 자유롭게 만들되 두께는 일정한 것이 좋습니다.
8. 예열된 오븐에서 15~20분간 굽습니다.

73. 찐빵

■ 재료: 통밀가루 350g, 물 200g, 천연발효종 200g(드라이 이스트 6g), 소금 1작은술, 팥소 500g

1. 통밀가루에 물과 발효종과 소금을 넣어 잘 치댑니다.
2. 35~37도에서 3시간 발효시킵니다.
3. 반죽이 두 배로 부풀면 작게 나눠서 둥글린 다음, 반죽을 오목하게 만들어서 팥소를 듬뿍 넣습니다.
4. 벌어진 부분이 없게 잘 둥글려서 2차로 발효시킵니다(약 2시간).
5. 찜솥에 물이 끓으면 20분간 쪄냅니다(180도로 예열된 오븐에 20분간 구워도 됩니다).

74. 팥소

■ 재료: 팥 500g, 소금 1큰술, 비정제설탕 100g, 꿀, 견과류 100g

1. 팥을 씻어서 물을 2배 정도 넣고 소금을 넣어 압력솥에 무르게 삶습니다

(한 번 할 때 넉넉하게 삶아서 소분해서 냉동보관하면 편리합니다).
2. 소금, 설탕, 꿀, 견과류를 넣어 물기가 없게 졸입니다(기호에 따라 설탕량을 조절합니다).

75. 현미 떡볶이

■ 재료: 현미 떡볶이떡 300g, 멸치육수 1컵, 양배추 200g, 당근 1/4개, 양파 1개, 새송이버섯 1개, 대파 1/2개, 고추장 1큰술, 소금 2작은술, 깨, 올리브유, 참기름

1. 양배추, 당근, 양파, 버섯, 대파를 손질하여 모두 채썰기 합니다.
2. 팬에 오일을 두르고 양배추, 당근, 양파, 버섯에 소금 1작은술을 넣어 볶습니다.
3. 육수를 붓고 고추장, 소금으로 간을 해 끓입니다.
4. 육수가 끓으면 떡과 대파를 넣습니다.
5. 떡이 익고 국물이 적당히 졸아들면 깨와 참기름을 뿌려 완성합니다.

참고문헌

1) 프레드 프로벤자, 영양의 비밀, Bronstein (2020).

2) 박용우, 음식중독, 김영사 (2015).

3) Kaoutar Ennour-Idrissi, Pierre Ayotte, and Caroline Diorio1, Persistent Organic Pollutants and Breast Cancer: A Systematic Review and Critical Appraisal of the Literature, *Cancers (Basel)* 11(8), 1063 (2019).

4) Haiyan Liu, Ali Javaheri, Rebecca J Godar, John Murphy, Xiucui Ma, Nidhi Rohatgi, Jana Mahadevan, Krzysztof Hyrc, Paul Saftig, Connie Marshall, Michael L McDaniel, Maria S Remedi, Babak Razani, Fumihiko Urano, Abhinav Diwan, Intermittent fasting preserves beta-cell mass in obesity-induced diabetes via the autophagy-lysosome pathway, *Autophagy*, 13(11):1952-1968 (2017).

5) Richard J. Johnson, Mark S. Gold, David R. Johnson, Takuji Ishimoto, Miguel A. Lanaspa, Nancy R. Zahniser, and Nicole M. Avena, Attention-Deficit/Hyperactivity Disorder: Is it Time to Reappraise the Role of Sugar Consumption? *Postgrad Med*. 123(5): 39-49 (2011).

6) 오사와 히로시, 식원성 증후군, 국일 미디어 (2005).

7) Barbara Reed Stitt, Food & Behavior: A Natural Connection, Kindle (2012).

8) Barbara Reed Stitt, Nutritional Guidelines for Correcting Behavior, Kindle (2012).

9) 안현필, 안현필의 삼위일체 건강법1, 썰물과 밀물 (2017).

10) Gray, Gregory E. "Diet, Crime and Delinquency: a Critique." *Nutrition Reviews* 44.suppl_3 89-94 (1986).

11) Gambineri, A., Laudisio, D., Marocco, C., Radellini, S., Colao, A., & Savastano, S. Female infertility: which role for obesity? *International Journal of Obesity Supplements*, 9(1), 65-72 (2019).

12) Luke B., Adverse effects of female obesity and interaction with race on reproductive potential. *Fertility and Sterility*, 107(4), 868-877 (2017).

13) 김서연, 비만 난임 여성에게 적용한 비약물적 중재가 임신·출산 결과에 미치는 효과: 체계적 문헌고찰과 메타분석, 서울대학교 대학원 박사학위논문 (2021).

14) 장영란, 김광화, 자연 그대로 먹어라, 조화로운삶 (2008).

15) 시드니 W 민츠, 설탕과 권력, 지호 (2004).

16) https://www.yna.co.kr/view/AKR20221105001451053

17) korea.kr/news/policyBriefingView.do?newsId=156527816

18) https://www.hidoc.co.kr/healthstory/news/C0000591941

19) k-health.com/news/articleView.html?idxno=28827

20) fsnews.co.kr/news/articleView.html?idxno=1628

21) Paul Whittaker, Jane J Clarke, Richard H C San, Timothy H Begley, Virginia C Dunkel, Evaluation of the butter flavoring chemical diacetyl and a fluorochemical paper additive for mutagenicity and toxicity using the mammalian cell gene mutation assay in L5178Y mouse lymphoma cells, *Food Chem Toxicol*. 46(8):2928-33 (2008).

22) Nicolette Ognjanovski, Samantha Schaeffer, Jiaxing Wu, Sima Mofakham, Daniel Maruyama, Michal Zochowski & Sara J. Aton, Parvalbumin-expressing interneurons coordinate hippocampal network dynamics required for memory consolidation, *Nature Communications* 8, 15039 (2017).

23) 식품의약품 안전처 2020년 3월 18일 보도자료

24) P Nawrot, S Jordan, J Eastwood, J Rotstein, A Hugenholtz, M Feeley, Effects of caffeine on human health, *Food Additives and Contaminants*, 20(1) 1-30 (2003).

25) Meltzer, H. M., Risk assessment of caffeine among children and adolescents in the Nordic countries. *Tema. Nord*.551 (2008).

26) 식약처 2015. 6. 30 보도자료

27) 아베 쓰카사, 인간이 만든 위대한 속임수 식품첨가물, 국일미디어, 31-44 (2006).

28) https://monographs.iarc.who.int/list-of-classifications

29) 로라 잉걸스 와일더, 가스 윌리엄스, 초원의 집 첫 번째 이야기, 큰 숲속의 작은 집, 비룡소 (2005).

30) www.chemlocus.co.kr/news/download/33520

31) https://efsa.onlinelibrary.wiley.com/doi/epdf/10.2903/j.efsa.2015.4144?src=getftr

32) https://efsa.onlinelibrary.wiley.com/doi/pdf/10.2903/j.efsa.2015.4239

33) https://www.sciencedirect.com/science/article/abs/pii/0027510780901323

34) https://ko.wikipedia.org/wiki/배스킨라빈스

35) Benoit Chassaing, Omry Koren, Julia K. Goodrich, Angela C. Poole, Shanthi Srinivasan, Ruth E. Ley & Andrew T. Gewirtz, Dietary emulsifiers impact the mouse gut microbiota promoting colitis and metabolic syndrome. *Nature* 519, 92-96 (2015).

36) Katalin F. Csáki Éva Sebestyén. Who will carry out the tests that would be necessary for proper safety evaluation of food emulsifiers? *Food Science and Human Wellness*. 8(2), 126-135 (2019).

37) https://www.eufic.org/en/whats-in-food/article/what-are-emulsifiers-and-what-are-common-examples-used-in-food

38) Kyle S Burger, Eric Stice, Frequent ice cream consumption is associated with reduced striatal response to receipt of an ice cream-based milkshake, *The American Journal of Clinical Nutrition*, 95(4), 810-817 (2012).

39) 이하진, 하주원, 도박중독자의 가족, 열린책들 (2022).

40) 에밀리 젠킨스, 소피 블래콜, 산딸기 크림봉봉, 씨드북 (2016).

41) 라울 아담착, 패밀라 로날드, 내일의 식탁, 월드사이언스 (2011).

42) 프레드 프로벤자, 영양의 비밀, Bronstein (2020).

43) Tsuneyuki Oku, Sadako Nakamura, Threshold for transitory diarrhea induced by ingestion of xylitol and lactitol in young male and female adults, *J Nutr Sci Vitaminol* (Tokyo) 53(1):13-20 (2007).

44) Olutunbi Idowu and Kathryn Heading, Hypoglycemia in dogs: Causes, management, and diagnosis, *Can Vet J.* 59(6): 642-649 (2018).

45) 로라 잉걸스 와일더, 가스 윌리엄스, 초원의 집 첫 번째 이야기, 큰숲속의작은집, 비룡소 (2005).

46) 존 로빈스, 육식의 불편한 진실, 아름드리미디어 (2014).

47) 티에르 수카르, 우유의 역습, 알마 (2009).

48) https://www.hsph.harvard.edu/nutritionsource/milk

49) https://www.healthdirect.gov.au/junk-food-and-your-health

50) 오사와 히로시, 식원성 증후군, 국일 미디어 (2005).

51) Azeem Majeed, Yongseok Seo, Kyungmoo Heo, Daejoong Lee, Can the UK emulate the South Korean approach to covid-19? *British Medical Journal*, 369, m2084 (2020).

52) https://www.gponline.com/bma-demands-return-mask-wearing-patients-covid-19-deaths-hit-200000/article/1792939

53) 이쿠타 사토시, 음식이 아이 두뇌를 변화시킨다, 루미너스 (2022).

54) 찰스 두히그, 습관의 힘, 갤리온 (2012).

55) 제임스 클리어, 아주 작은 습관의 힘, 비즈니스 북스 (2019).

56) EBS다큐프라임(아이의 밥상 제작팀), 아이의 식생활, 지식채널 (2012).

57) 매리언 네슬, 식품정치, 고려대학교출판부 (2011).

58) 엘리아나 리오타, 피에르 주세페 펠리치, 루칠라 티타, 스마트 푸드 다이어트, 판미동 (2018).

59) 안현필, 안현필의 삼위일체 건강법1, 썰물과 밀물 (2017).

60) https://en.wikipedia.org/wiki/Phytic_acid

61) 구로야나기 테츠코, 이와사키 치히로, 창가의 토토, 김영사 (2019).

62) 강민경, 이은지, 냉장고가 멈춘 날, 스콜라 (2018).

63) 양동일, 진은혜, 이천하, 말하는 독서 하브루타 교사 가이드북, ㈜생각나무 (2021).

64) 콜린 캠벨, 토마스 캠벨, 무엇을 먹을 것인가, 열린과학 (2020).

65) 황성수, 현미밥 채식, 페가수스 (2009).

66) http://koreanfood.rda.go.kr/kfi/fct/fctIntro/list?menuId=PS03562

67) van Nielen M, Feskens EJ, Mensink M, Sluijs I, Molina E, Amiano P, Ardanaz E, Balkau B, Beulens JW, Boeing H, et al. Dietary protein intake and incidence of type 2 diabetes in Europe: the EPIC-InterAct Case-Cohort Study. *Diabetes Care* 37:1854-62 (2014).

68) Ke Q, Chen C, He F, Ye Y, Bai X, Cai L, Xia M. Association between dietary protein intake and type 2 diabetes varies by dietary pattern. *Diabetol Metab Syndr* 10:48 (2018).

69) 프레드 프로벤자, 영양의 비밀, Bronstein (2020).

70) 윤환식, 강민정, 황초롱, 심혜진, 김경민, 신정혜, 남해지역 마늘종의 이화학적 특성, 한국식품저장유통학회지, 21(3), 321-327 (2014).

71) https://ko.wikipedia.org/wiki/환원주의

72) https://news.jtbc.co.kr/article/article.aspx?news_id=NB11940986

73) https://www.tasteeducation.com/tasted-at-home

74) 남기성, 허계영, 김경민, 아이를 살리는 음식 아이를 해치는 음식, 넥서스books (2014).

75) 조지 리처, 맥도날드 그리고 맥도날드화, 풀빛 (2017).

76) 에릭 H 에릭슨, 유년기와 사회, 연암서가 (2014).

77) 고현승, 정진우, 하브루타 디베이트 밀키트, 글라이더 (2022).

78) 이언화, 힐링 브레드, 다빈치 (2009).

79) 이덕희, 호메시스, MID(엠아이디) (2015).

80) Volodymyr I. Lushchak, Dissection of the Hormetic Curve: Analysis of Components and Mechanisms, *Dose Response*, 12(3) 466-479 (2014).

81) 김호, 한국의 유기농산물 유통 현황과 과제, 한일 유기농업학회 공동심포지움, 37-55 (2010).

82) https://www.10000recipe.com/recipe/6841004

83) 이언화, 힐링 브레드, 다빈치 (2009).

84) 이화실, 안현필 건강밥상, 소금나무 (2008).

강혜숙 박사의
내 아이를 위한 음식 코칭

초판 1쇄 : 2023년 4월 30일

지은이 : 강혜숙
펴낸이 : 양동일
펴낸곳 : (주)생각나무
등 록 : 2022년 10월 3일 (No. 2019-000015호)
주 소 : 경기도 광명시 시청로 139, 106-1103
카 페 : http://cafe.naver.com/havrutaschool
전 화 : 02) 2625-5088
구입문의 : 010-8865-5828
팩 스 : 02) 2625-5088
이메일 : ydix409@naver.com
인쇄 · 제본 : 로지포스트 032) 422-0877

ISBN | 979-11-92442-04-4
값 25,000원

이 책은 저작권법에 따라 보호받는 저작물이므로 무단전재와 무단복제를 금지하며,
이 책 내용의 전부 또는 일부를 이용하려면 반드시 저작권자와 (주)생각나무의
서면동의를 받아야 합니다.